AF626390

Leben LERNEN
Klett-Cotta

Zu diesem Buch

Coaching zielt darauf ab, Lösungen für Problemstellungen zu finden. Dabei werden vorhandene Stärken und Ressourcen bewusst gemacht sowie ungenutzte Potenziale entfaltet. Dieser Prozess kann entscheidend gesteigert werden, wenn – wie in diesem Buch auf innovative Weise dargestellt – Übungen aus dem Kundalini-Yoga integriert werden. Auf der Basis einer verbesserten Selbstwahrnehmung, Achtsamkeit der eigenen Lebensführung gegenüber und größerer mentaler Ruhe lassen sich Coaching-Ziele nachhaltiger und erfolgreicher umsetzen.

Die Reihe »Leben Lernen« stellt auf wissenschaftlicher Grundlage Ansätze und Erfahrungen moderner Psychotherapien und Beratungsformen vor; sie wendet sich an die Fachleute aus den helfenden Berufen, an psychologisch Interessierte und an alle nach Lösung ihrer Probleme Suchenden.

Alle Bücher aus der Reihe ›Leben Lernen‹ finden Sie unter:
www.klett-cotta.de/lebenlernen

Ulrike Reiche

Yoga-Coaching

Der Weg zu einem gesunden Lebensstil

Klett-Cotta

Leben Lernen 263

Klett-Cotta
www.klett-cotta.de
© 2013 by J. G. Cotta'sche Buchhandlung
Nachfolger GmbH, gegr. 1659, Stuttgart
Alle Rechte vorbehalten
Printed in Germany
Umschlag: Klett-Cotta Design
Unter Verwendung eines Bildes von © A. Boll
Illustration auf S. 86: © Matthias Emde, Fritz-Reuter-Straße 2, 60320 Frankfurt
Gesetzt aus der Minion von Kösel Media GmbH, Krugzell
Gedruckt und gebunden von Esser printSolutions GmbH, Bretten
ISBN 978-3-608-89142-3

Zweite Auflage, 2020

Bibliografische Information der Deutschen Nationalbibliothek
Die Deutsche Nationalbibliothek verzeichnet diese Publikation in der Deutschen Nationalbibliografie; detaillierte bibliografische Daten sind im Internet über <http://dnb.d-nb.de> abrufbar.

Inhalt

4. Die Yoga-Coaching-Toolbox 85

Anhang

»Wir wollen herausfinden, wo bin ich, was bin ich,
was habe ich für Geschenke, was habe ich für Nachteile?
Als Yogis sehen wir, wie die Realität ist,
und fragen dann: ›Was kann ich tun? …‹
Wir sind keine Opfer.
Wir sind nicht ohne Möglichkeiten,
unser Selbst zu verändern, zu entwickeln.«

Yogi Bhajan

Einleitung

Vor Jahren fragte mich ein Freund, was eigentlich der besondere Nutzen des Yoga sei. Heute würde ich kurz und knapp sagen: Yoga befreit dich zum Leben!

Damals konnte ich meinem Freund spontan keine griffige Antwort geben, die auf den Punkt brachte, was mich selbst so sehr am Yoga faszinierte. Das irritierte mich zutiefst, da ich selbst bereits jahrelang intensiv Yoga ausübte und eben dabei war, mich als Yoga-Lehrerin selbstständig zu machen. Ich hätte es doch eigentlich wissen müssen?!

Was habe ich ihm wohl seinerzeit geantwortet? Wahrscheinlich habe ich ausgeführt, dass Yoga eine anerkannte Methode zum Stressabbau ist und zahlreiche positive Effekte auf die physische und psychische Gesundheit hat, die wissenschaftlich glaubhaft belegt sind. Möglicherweise habe ich darauf verwiesen, dass Yoga weit mehr als »Turnen auf der Matte« ist und neben Körper- und Atemübungen auch Entspannungstechniken und verschiedene Meditationsformen sowie Mantra-Chants umfasst; und dass eben diese vielfältige Kombination aus körperlichen Aktivitäten und mentaler Entspannung erst die Stressbewältigungsmechanismen trainiert. Sicherlich habe ich ihm dargelegt, dass der Yoga eine uralte Tradition hat, die mehrere Tausend Jahre alt ist. Als solche ist er an sich keine Religion, wenngleich verschiedene yogische Praktiken, wie z. B. Meditation und Kontemplation, Eingang in die verschiedenen religiösen Strömungen gefunden haben. Ich bin mir sicher, dass ich ihn seinerzeit davon überzeugen wollte, dass der Yoga, so wie ich ihn in der Tradition des Kundalini-Yoga kennen und unterrichten gelernt habe, von jedem Mann und jeder Frau, unabhängig von der jeweiligen Konstitution, gleichermaßen ausgeübt werden kann; weil Kopfstand und andere akrobatisch anmutende Haltungen nicht zwangsläufig zu jeder Yogastunde dazugehören. Und in diesem Stil werde ich wohl damals weitergesprochen haben …

Das alles hat auch heute noch seine Gültigkeit und ist im Grundsatz richtig. So weit gut und schön. Zwischen damals und heute liegen einige arbeitsreiche Jahre, in denen ich umfangreiche Erfahrungen mit meiner eigenen intensiven Yoga-Praxis, als hauptberufliche Yoga-Lehrerin, als systemische Beraterin für Privatpersonen und Unternehmen, als Yoga-Ausbilderin, Autorin und letztlich als Gründerin eines Unternehmens sammeln durfte. Diese intensive Beschäftigung mit den verschiedenen Facetten und Einsatzmöglichkeiten des Yoga hat mich den Yoga selbst wahrhaftig mit Leben füllen lassen. Möglich war dies vor allem aufgrund des Begleitumstandes, dass sich zunehmend viele Menschen für Methoden und Denkansätze interessieren, die die Gesundheit fördern und/oder Heilungschancen verbessern. Nach aktuellen Schätzungen betreiben mittlerweile ca. 5 Millionen Menschen im deutschsprachigen Raum regelmäßig Yoga (Spiegel 14/2012). Viele von ihnen suchen nach Orientierung für eine ausgewogene Lebensführung bzw. eine gesunde Selbststeuerung im Alltag, die die üblichen schulmedizinischen Therapieansätze sinnvoll ergänzt bzw. über sie hinausweist. Von diesem Trend habe ich selbst wie auch viele andere Yoga-Lehrer und -Schulen profitiert. Die zunehmende Ausbreitung des Yoga geht einher mit einer wachsenden Palette von differenzierten Angeboten. Die Bandbreite reicht von Yoga für spezielle Zielgruppen, z. B. Yoga für Kinder oder Business-Yoga, über Programme zu verschiedenen Gesundheitsthemen, z. B. Hormon-Yoga, oder Yoga-Einzelunterricht bis hin zu Gong-Meditation und Mantra-Singen. Gleichzeitig wächst in der Öffentlichkeit der Anspruch an die Professionalität des Yoga-Lehrers und an die Wirksamkeit des jeweiligen Arbeitsansatzes.

So erscheint die Frage nach dem Nutzen des Yoga heute in einem anderen Licht als vor Jahren. Doch letztlich ist und bleibt Yoga immer etwas, das der einzelne Mensch ausübt. Die Yoga-Praxis knüpft stets am Individuum an, das, indem es sich selbst wahrnimmt und aus seinem Potenzial zu schöpfen beginnt, mit seinem Verhalten die Welt beeinflusst und verändert. Die Voraussetzung hierfür ist, dass der Mensch »erwacht«, dass er also erkennt und einsieht, dass er selbst – und letzten Endes nur er selbst und niemand anderes – Einfluss auf das eigene Wohlbefinden hat. Dies umfasst ausdrücklich auch die Option, auf die jeweiligen Lebensbedingungen einzuwirken und diese zu gestalten. Und dass es ihm dank dieses Umstandes möglich ist, sich eigenverantwortlich durch das Leben zu steuern, Herausforderungen zu meistern und sich unter Stress zu regulieren. Ein kompetenter Yoga-Lehrer wird ihn auf diesem Weg begleiten, sein Denken und Verhalten gleich einem Coach reflektieren und ihm hilfreiche Instrumente an die Hand geben.

Dies ist der Ausgangspunkt meiner Arbeit mit Einzelpersonen: mithilfe des Yoga den Menschen quasi bei sich selbst abzuliefern, ihn in seine eigene Kraft zu führen, so dass er sich selbst zu dem Leben ermächtigt, das er für sich wählt. Für mich ist Yoga ein Weg der Persönlichkeitsentwicklung und bewussten Lebensführung. Gesundheitsfördernde Nebenwirkungen eingeschlossen.

In diesem Buch lernen Sie diesen speziellen Ansatz kennen, den ich Yoga-Coaching nenne. Meine Vorgehensweise im Yoga-Coaching basiert einerseits auf der Tradition des Kundalini-Yoga (nach Yogi Bhajan) und andererseits auf Methoden aus der systemischen Arbeit. Diese Kombination erlaubt es, die jeweilige Lebenssituation ganzheitlich zu betrachten und Wirkungszusammenhänge herauszuarbeiten. Je nach Problemstellung werden im Yoga-Coaching folgende Dimensionen berücksichtigt:

- Organisatorische und persönliche Beziehungen: das berufliche und soziale Umfeld.
- Fragen der Identität, Werte und Lebensleitlinien.
- Der ganze Mensch mit allen Erfahrungsebenen = körperliche Wahrnehmung und Achtsamkeit, Emotionen und Gefühle, die Welt der Gedanken, seelische Aspekte.
- Vergangenheit – Gegenwart – Zukunft: der individuelle Lebens- und Berufsweg, familienbiografische Prägungen und Projektionen in die Zukunft.

Neben der systemischen Beratung integriere ich im Yoga-Coaching Körperübungen und Meditationen aus dem Kundalini-Yoga. Diese Tradition umfasst Haltungen und Atemübungen, die der gleichen Quelle wie der Hatha-Yoga entspringen. Die spezielle Kombination von Haltung, Atmung und geistigem Fokus sowie eine ausgefeilte Meditationspraxis unterscheiden sich jedoch von anderen Yoga-Traditionen sowohl hinsichtlich der physischen und energetischen Wirkung. Kundalini-Yoga gilt als effiziente Technik, die sich auch von ungeübten Menschen leicht erlernen lässt und problemlos in jeden Alltag passt.

Auch wenn in dieses Buch Empfehlungen aus dem Kundalini-Yoga nach Yogi Bhajan eingeflossen sind, so lässt sich der hier vorgestellte Coaching-Ansatz auch auf andere Yoga-Traditionen übertragen. Denn das übergeordnete Ziel eines jeden Yogas ist immer dasselbe, so wie es Patanjali am Anfang des *Yoga-Sutra* formuliert hat: *yogas citta-vritti nirodhah* – Yoga ist der innere Zustand, in dem die seelisch-geistigen Vorgänge zur Ruhe kommen[1]. Wenn dies gelingt, ist der Übende mit allen Sinnen ganz im Hier und Jetzt zu Hause und ruht vollkommen in sich selbst. Gemeinhin wird dieser Zustand der mentalen Ruhe als außerordentlich entspannend und erhebend wahrgenommen. Erfahrungsgemäß entfalten sich in diesem Bereich sogenannte Schlüsselkompetenzen wie Reflexionsfähigkeit, Empathie und Mitgefühl ebenso wie die Fähigkeit des emotionalen Selbstmanagements. All dies trägt dazu bei, dass der Übende sich selbst erfolgreich(er) durch sein Leben steuert. Dies lässt sich beispielsweise erkennen an einer verbesserten Selbstregulation unter Stress, einem erhöhten Selbstbewusstsein durch die von ihm selbst eingesetzten Fähigkeiten und Ressourcen und einer inneren Klarheit über die eigenen Werte und Ziele. All diese Aspekte sind besonders wichtig in jenen Situationen, die als herausfordernd erlebt werden und in denen dem Betroffenen persönliches Wachstum durch Veränderung seines Verhaltens oder der Lebensumstände abverlangt werden – und die ihn ins Coaching bzw. die Beratung geführt haben.

Die Yoga-Praxis hat, wie eingangs erwähnt, zahlreiche Effekte. Bei entsprechender Offenheit und/oder Erfahrung des jeweiligen Klienten unterstützt ein spezifisches Übungs-Programm sowohl die Gesundheit als auch die persönliche Entwicklung, fördert Verhaltensänderungen und damit den Fortgang des Coaching-Prozesses.

In diesem Buch wird es in erster Linie darum gehen, das Bewusstsein für einen guten Umgang mit den eigenen Ressourcen zu schärfen.

Um hierbei gezielt vorzugehen und die geeigneten Übungen auszuwählen, benötigen Sie neben einer persönlichen Yoga-Praxis fundierte Kenntnisse über die infrage kommenden Techniken sowie über die elementaren Energiemodelle aus der yogischen Philosophie, dem System der Chakren und Energiekörper. All dies wird in der Regel im Rahmen einer Yoga-Lehrerausbildung vermittelt. Doch auch wenn Sie kein (Kundalini-)Yoga-Lehrer sind, ist die Lektüre dieses Buches hilfreich für Sie. Es ermöglicht Ihnen, sich anhand der hier vorgestellten Konzepte das wertschätzende Welt- und Menschenbild des Yoga zunutze zu machen, um zum Beispiel komplexe Situationen besser zu durchschauen und schneller auf den Punkt zu kommen. Dies erlaubt Ihnen, als Coach gezielte Fragen zu stellen und (körperorientierte) Interventionen auszuwählen, die den Klienten auf seinem Weg unterstützen.

Im Folgenden sind einige Anknüpfungspunkte des Yoga-Coachings aufgeführt, die in diesem Buch vorgestellt werden:

Auf das Coaching-Ziel abzielend

- *Prävention:* Yoga hat nachgewiesenermaßen zahlreiche positive Effekte auf die Gesundheit von Körper und Geist.
- *Stressabbau:* Eine kontinuierliche Yoga-Praxis ist das ideale Mittel, um den Folgen von Stress zu begegnen und Resilienz zu trainieren.
- *Verhaltensänderung:* Yoga, insbesondere Meditation, beruhigt den Gedankenstrom und unterstützt die Entwicklung von Reflexions- und Konzentrationsfähigkeit sowie des Entscheidungsvermögens. Studien belegen zudem positive neurobiologische Effekte, d. h. eine vermehrte Gehirnplastizität.
- *Self-Empowerment & Gesunde Selbststeuerung:* Yoga ist ein Achtsamkeits-Training – er sensibilisiert die Selbstwahrnehmung und trainiert die Sinne. Dies ermöglicht dem Übenden mit voranschreitender Praxis eine vertiefte Selbstbeobachtung und befähigt ihn, sowohl seine ihm innewohnenden Ressourcen als auch seine Gestaltungsspielräume wahrzunehmen und zu nutzen. Auf der Basis von »Erkennen und Einsehen« vollzieht sich schließlich eine intrinsisch motivierte Verhaltensanpassung im Einklang mit den eigenen Überzeugungen.
- *Sinnfindung und Spiritualität:* Yoga ist eine innere Beziehungspflege. Durch die Achtsamkeitsschulung wird ein innerer Raum kreiert, in dem der Mensch zu einem guten Umgang mit sich selbst findet und Klarheit über das eigene Empfinden und seine Werte erlangt. Die meditative Selbstversenkung erlaubt dem Übenden, sich mehr an seinen persönlichen Vorstellungen zu orientieren und sein Handeln mit Sinn zu füllen. In Entscheidungssituationen fällt es ihm leichter, den eigenen Zielen treu zu bleiben, er ist weniger abhängig von äußeren Einflüssen.

Auf den Coaching-Prozess abzielend

- *Vernetztes Denken:* Die Energiemodelle der yogischen Philosophie erlauben es, Wirkungszusammenhänge bzw. mögliche Ursachen hinter Symptomen oder emotionalen/psychischen Zuständen zu erkennen. Dies ist interessant für Coaches und Yoga-Lehrer, die ihre Kompetenzen im Rahmen der Auftragsklärung und Situationsanalyse verbessern möchten.

- *Körperorientiertes Coaching:* Der Coach erweitert seine Tool-Box um körperorientierte Interventionen, die zielgerichtet einsetzbar sind und den Coaching-Prozess optimal unterstützen.
- *Klienten-Aktivierung:* Der Yoga-Lehrer ist in der Lage, spezifische Yoga-Programme zu entwickeln oder einzelne Übungen auszuwählen, die die persönliche Entwicklung und die Selbstheilungskräfte des Klienten aktivieren bzw. notwendige Verhaltensanpassungen fördern. Dies ist insbesondere dann hilfreich, wenn Yoga zu Präventionszwecken oder Therapie begleitend eingesetzt wird. Oder aus energetischer Sicht: immer dann, wenn es gilt, Blockaden jedweder Art zu beseitigen und wieder in Balance bzw. in die Kraft zu kommen.
- *Den inneren Horizont erweitern:* Betroffene/Klienten erhalten Reflexionshilfen, anhand derer ihr Erkenntnisprozess gefördert wird und sie Anregungen für die nächsten sinnvollen Schritte erhalten.
- *Intuitives Coaching:* Wer Menschen berät und begleitet, braucht neben einer professionellen Ausbildung und Erfahrung auch eine sensible Wahrnehmung und einen guten Zugang zur Intuition. Beides wird durch Yoga trainiert – üben Sie und entwickeln Sie Ihre feinfühligen Fähigkeiten!
- *Yoga-Know-how:* Wenn Sie bereits über eine eigenständige Yoga-Praxis verfügen – als Yoga-Lehrer oder -Schüler –, finden Sie im Buch Empfehlungen für die zielgerichtete Zusammenstellung Ihres persönlichen Programms.

Yoga-Coaching bedeutet, aus diesen vielfältigen Einsatzmöglichkeiten zu schöpfen. Trotz dieser offensichtlichen Komplexität habe ich mich um eine systematische Annäherung an die unterschiedlichen Themenfelder und um konkrete Handlungshilfen bemüht, sodass praxisnahe Lösungsansätze im Vordergrund stehen.

Noch eine Empfehlung zur Lektüre dieses Buches: Sie können es von der ersten bis zur letzten Seite lesen. Sollten Sie über einen der zugrunde liegenden methodischen Ansätze – Kundalini-Yoga oder systemische Beratung und Therapie – bereits profunde Kenntnisse und Erfahrung verfügen, lassen Sie das jeweilige Einführungskapitel aus und steigen Sie direkt in die Coaching-Praxis ein. Schließlich eignet sich das Buch als Nachschlagewerk, sofern Sie mit dem Ansatz des Yoga-Coachings vertraut sind und situativ nach Impulsen suchen.

Wie auch immer Sie dieses Buch einsetzen mögen – ich habe meine Arbeit getan, wenn Sie Anregungen und Erkenntnisse gewinnen, die für Sie persönlich und/oder für Ihre Arbeit von Nutzen sind.

In diesem Sinne wünsche ich Ihnen viel Freude und Inspiration beim Lesen!

1. Einführung in den Kundalini-Yoga (nach Yogi Bhajan)

1.1 Die Quelle: Yogi Bhajan

Yogi Bhajans vollständiger Name ist Harbhajan Singh Puri. Er wurde am 26. August 1929 im Norden Indiens (damals Pakistan) geboren und verstarb am 7. Oktober 2004 in Espanola/USA.

Bereits im Alter von 16 Jahren wurde er von seinem Meister Sant Hazar Singh als Meister des Kundalini-Yoga anerkannt. Daneben hatte er weitere Yoga-Lehrer, so z. B. Acharya Narinder Dev von Yoga Smriti, der Hatha-Yoga und dessen Auswirkung auf das Gleichgewicht des Nervensystems unterrichtete. Dieser Ansatz spielt in der später von Yogi Bhajan entwickelten Kundalini-Yoga-Tradition eine wichtige Rolle; es existieren zahlreiche Übungsreihen und Meditationen, die auf das Nervensystem einwirken, den Stressabbau fördern und die Resilienz stärken.

Yogi Bhajan brachte eine konventionelle Ausbildung zum Abschluss, schlug eine Beamtenlaufbahn beim indischen Staat ein und gründete eine Familie. In den 1960er-Jahren folgte er Einladungen nach Kanada und in die USA, um Yoga zu unterrichten. Er verstand Yoga vor allem als ein System, das neben Körper-, Atem- und Meditationsübungen auch Heiltechniken wie *Sat Nam Rasayan* und yogische Massage, *Gatka* – eine Kampfkunst, die vor allem von den Sikhs in Indien entwickelt wurde –, Ernährungs- und Lebensführungslehren des *Ayurveda* sowie yogische Lebensweise umfasst.

1971 wurde Yogi Bhajan zum Meister des *weißen Tantra*, das noch heute in der ganzen Welt in seinem Namen angeleitet wird. Beim weißen Tantra-Yoga kommen in der Regel Hunderte Menschen zusammen, um gemeinsam zu meditieren und ihre Selbsterfahrung zu vertiefen. Da Yogi Bhajan von Hause aus Sikh war, flossen Elemente seiner religiösen Ausrichtung in dieses Yoga-System mit ein. Zwischen Sikhismus und Yoga bestehen historisch belegte Verbindungen, da mindestens ein Teil der Sikh-Gurus auch Yoga-Meister waren. Das mit dem

Sikhismus verbundene Wertesystem spiegelt sich im Lebensweg Yogi Bhajans deutlich wider: So wie der erste Sikh-Guru Nanak bereits lehrte, dass der Pfad zu Gott aus produktiver Arbeit und dem weltlichen Leben eines »Haushälters« bestehe, so beschränkte sich Yogi Bhajan nicht darauf, Yoga zu unterrichten und ein spiritueller Lehrer zu sein. Vielmehr gründete er mehrere Unternehmen, die ihm selbst und seiner Familie sowie zahlreichen seiner Schüler eine unabhängige wirtschaftliche Existenz ermöglichten. In vielen seiner Vorträge hat er erklärt, dass Erfolg und Reichtum keineswegs im Widerspruch zu einer spirituellen Ausrichtung stehen. Vielmehr war für ihn die Entwicklung einer spirituellen Lebenspraxis eine unabdingbare Voraussetzung für all diejenigen, die in der Welt wirksam und erfolgreich sein wollen. Seine Intention war es, den Menschen im Westen eine Yoga-Form zu vermitteln, die in relativ kurzer Zeit Erkenntnisse und Bewusstheit zeitigt, damit sie den Herausforderungen des Alltags gewachsen sind und ihr Leben frei gestalten können. Er vermittelte Kundalini-Yoga als ein starkes und effizientes Übungssystem, das die Basis für einen Lebensweg bildet, auf dem der Mensch gleichermaßen irdisches als auch himmlisches Glück finden kann.

In der von Yogi Bhajan begründeten Tradition des Kundalini-Yoga hat der Sikh Dharma insofern eine wichtige Bedeutung, als er ein bestimmtes Wertesystem repräsentiert und den Maßstab definiert, an dem sich jeder Kundalini-Yoga-Lehrer orientieren soll. Er selbst hat sich zu diesem Zusammenhang wie folgt geäußert:

> »Ich habe Euch Techniken gelehrt, die es Dir erlauben, für alle Formen Deines Seins Sorge zu tragen und sie zu verfeinern. Als ich anfing, Kundalini-Yoga zu unterrichten, begann ich auch, den Menschen Sikh Dharma zu erklären. …
>
> Viele Menschen gewinnen Ansehen und wollen dann in ihrer persönlichen Identität verehrt werden, anstatt die Menschen zu ihrer eigenen unendlichen Identität zu führen. Zusammen mit Kundalini-Yoga müssen Werte vermittelt werden.
>
> Sikh Dharma wird auch als ›der Weg des Schülers‹ bezeichnet. ›Sikh‹ bedeutet eigentlich SchülerIn. Der Weg besteht darin, rein zu werden, voller Integrität, Wahrheit und Bewusstsein. …
>
> Es gibt 3 Dinge, die ich am Sikh Dharma besonders mag: Es ist nicht erlaubt, Leute zu bekehren; es gibt keinen erzwungenen

Wechsel zu einer anderen Religion, und es gibt nichts, was nicht so vollendet wäre, wie Gott es geschaffen hat. …

Kundalini-Yoga ist das Yoga des Menschen, der mit beiden Beinen im Leben steht. Es ist das Yoga, das es einem Menschen ermöglicht, in seiner Welt zu leben, die Ekstase seines Bewusstseins zu erfahren, um dieses Bewusstsein im Dienste der Menschheit anzuwenden.

Die Persönlichkeit des Lehrers beruht auf reinem Dienen. Es ist Dein zu leistender Dienst, zu erheben, die Erhabenheit des Geistes der anderen aufrechtzuerhalten, das Licht weiterzureichen und Wissen zu vermitteln. …

Die Kombination des Wissens aus dem Kundalini-Yoga und der Demut des Sikh Dharma bringt ein gut kombiniertes Gleichgewicht hervor. Es liegt an Dir: Wie weit möchtest Du Dich selbst übertreffen? Mit Deinem Ego und Deinen Werten wirst Du nicht lang überdauern. …

Baue all Deine Vorurteile ab und arbeite mit konzentrierter Kraft und der Ausrichtung auf das Dienen. Die Demut im Kundalini-Yoga und im Sikh-Bewusstsein ist dieselbe. …

Kundalini ist Gewahrsein. Demnach leben wir mit vollem Gewahrsein ein Dharma, und zwar als Menschen, die SchülerInnen des harmonischen, feinsinnigen und selbstlosen Handelns sind. Daraus besteht die Beziehung. Es geht dabei um ein Leben im Einklang mit der Seele und in keinerlei Weise um ›Religion‹.«[2]

Diese grundsätzlichen Aussagen zur Beziehung zwischen Kundalini-Yoga und Sikh Dharma zielen darauf ab, den Yoga nicht etwa im Stile der westlichen Leistungsgesellschaft als reine »Methodik« oder kühle »Technik« zur Körperoptimierung anzuwenden, sondern gleichermaßen seelische und spirituelle Aspekte zu berücksichtigen. Genauso wenig geht es darum, aus dem Yoga eine Religion zu machen oder gar zum Sikhismus zu konvertieren. Vielmehr soll der Praktizierende dafür sensibilisiert werden, seine Yoga-Erfahrungen in Bezug zu seinem eigenen Wohlbefinden und seiner Persönlichkeitsstruktur zu setzen, und selbstkritisch überprüfen, inwiefern sein Denken und Handeln sowohl den persönlichen Bedürfnissen und Maßstäben als auch denen der Gesellschaft gerecht wird.

Diese von Yogi Bhajan bewusst gewählte Beziehung zwischen Yoga-

Praxis und Sikh Dharma soll den Yoga praktizierenden Menschen, insbesondere den Yoga-Lehrer, davor schützen, das durch den Yoga erlangte Wissen und Einsichten allein zum persönlichen Vorteil zu nutzen. Die Yoga-Praxis ermöglicht dem Menschen, das eigene Potenzial zu entfalten und dieses dann für die Gemeinschaft nutzbar zu machen.

Diesen Anspruch hat Yogi Bhajan auch auf seine eigene Person angewendet. Zwei bekannte Aussagen von ihm sind *»Liebe nicht den Lehrer, liebe die Lehren!«*[3] und *»Ich bin gekommen, Lehrer zu erschaffen, nicht, um Schüler zu sammeln.«*[4] Er hat durch sein Wirken und die Ausbildungs- und Organisationsstrukturen, die auf seine Veranlassung hin entstanden sind, dafür Sorge getragen, dass der Grad der Abhängigkeiten von seiner Person soweit wie möglich reduziert wird und die von ihm unterrichteten Schüler schließlich selbst zu Lehrern des Kundalini-Yoga werden konnten und in diesem Geist seine Lehren von Generation zu Generation weitergeben.

Neben dieser grundlegenden Einstellung zur Praxis des Kundalini-Yoga definierte Yogi Bhajan weitere Empfehlungen, die weitgehend in die »Ethischen Richtlinien« für Kundalini-Yoga-Lehrer eingeflossen sind. Im Coaching-Kontext erhalten zwei Regeln eine besondere Bedeutung, da sie explizit auf eine bestimmte Haltung hinweisen, die ein Yoga-Lehrer gegenüber seinen Schülern einnehmen sollte:

Das Gebot des Ablieferns[5]
(Law of Deliverance)

Übergib Deine Schülerinnen der Unendlichkeit und nicht Dir selbst. Erhebe die Schülerinnen zur Erkenntnis ihrer eigenen inneren Unendlichkeit. Verbinde die Schülerinnen mit dem Fluss der Lehren des Kundalini-Yoga, der immer bei ihnen bleiben und sie unterstützen wird.

Dieses Gebot zielt darauf ab, den Schüler mithilfe der Kundalini-Yoga-Praxis in die Lage zu versetzen, sich selbst zu erkennen. D. h., der Schüler wird sich zunehmend seiner Stärken und Fähigkeiten bewusst; er erkennt, welchen Anteil er an seiner derzeitigen Lebenssituation hat. In der Yoga-Praxis macht er die Erfahrung, dass er selbst auf seine Empfindungen, Emotionen und Gedankengänge Einfluss nehmen kann und zudem in der Lage ist, die notwendige physische und psychische Kraft aufzubauen, um Veränderungen in seinem eigenen Sinne herbeizuführen. Die Begleitung bzw. Inspiration durch den Yoga-Lehrer ermöglicht es dem Schüler mehr und mehr, Verantwortung für das eigene Leben zu übernehmen und es aktiv zu gestalten. Dies führt ihn in eine Position der Stärke und insbesondere in die Unabhängigkeit von seinem Yoga-Lehrer und anderen Autoritäten: er wird quasi bei sich selbst abgeliefert und zum Meister seines eigenen Lebens.

Das Gebot der Aufrechterhaltung[6]
(Law of Sustenance)

HALTE DURCH! Sobald Du diejenige oder derjenige bist, die/der das höhere Bewusstsein der SchülerInnen repräsentiert, darfst Du diese Projektion niemals enttäuschen. Wenn Du es tust, ist dies gleichbedeutend mit Karma, durch das Du Dich selbst begrenzt und das Dir eine Lehrerin oder ein Lehrer schicken wird, die/der Dich in die Irre führt. Sei wie der Geist: stabil, zeitlos, würdevoll und vertrauenswürdig.

Diese Regel bezieht sich keineswegs darauf, als Yoga-Lehrer besondere Leistungen vollbringen zu müssen, den Ansprüchen seiner Schüler gerecht zu werden oder gar ihre Probleme zu lösen. Zu unterrichten heißt auch nicht, jemanden zu führen oder zu steuern. Vielmehr geht es darum, das eigene, durch eine kontinuierliche Yoga-Praxis erhöhte Bewusstsein und Energieniveau dafür einzusetzen, den Schüler in seine eigene, tiefe Erfahrung zu führen. Dies ist nur möglich, wenn der Yoga-Lehrer keine egoistischen Ziele verfolgt und sich nicht in Emotionen verliert, sondern in seinem Unterricht einen neutralen Erfahrungsraum kreiert. Eine wesentliche Voraussetzung hierfür ist, dass der Yoga-Lehrer selbst beständig auf einer bestimmten Bewusstseinsebene verankert ist, um seinen Schülern eine Orientierung zu bieten und sie auf diese Ebene anheben zu können. Dies erreicht er durch eine konsequente, regelmäßige Yoga-Praxis, die Basis seiner persönlichen Anbindung ist. Yogi Bhajan hat Kundalini-Yoga als »die höchste Wissenschaft der Erfahrung und Bewusstheit« bezeichnet. In dem Maße, in dem der Yoga-Lehrer praktiziert und sein Bewusstseinsraum entwickelt, kann der Schüler zu Erkenntnis und Einsicht gelangen. Dieser Raum sollte keinesfalls limitiert werden (z. B. dadurch, dass der Yoga-Lehrer seinem Schüler bestimmte Übungen nicht zutraut oder aber sich selbst nicht zutraut, das eigentlich Richtige bzw. Wichtige zu unterrichten oder zu kommunizieren). So kann es notwendig sein, den Schüler »wachzurütteln«, z. B. durch Provokation und Konfrontation. Oder um es in Yogi Bhajans Worten auszudrücken: »*Wenn Ihr seht, dass ein/e SchülerIn Fehler macht, und Ihr habt nicht den Mumm oder Mut zu sagen: ›Du machst Deine Sache schlecht, Du Idiot. Du wirst in der Hölle enden.‹ Dann habt Ihr es vermasselt und nicht er oder sie.*«[7]

Doch der Yoga-Lehrer sollte es nicht dabei belassen, falsches bzw. schädliches Verhalten zu benennen. Ebenso wichtig ist es, die Person an die ihr innewohnenden Stärken zu erinnern und ihr Aufgaben zu stellen, für die sie ihre Fähigkeiten nutzen und ausbauen kann. So wird dem Schüler ein persönliches Wachstum möglich, in dessen Dienst der Yoga-Lehrer steht.

Verletzt der Yoga-Lehrer dieses grundlegende Unterrichts-Prinzip, z. B. indem er zuerst seine eigenen Interessen statt die Entwicklung seines Schülers verfolgt oder aber den Prozess nicht bis zum Ende bringt, wird er keinen nachhaltigen Erfolg haben – es werden sich ihm Hindernisse in den Weg stellen, mit denen er sich auseinanderzusetzen hat.

1.2 Das Übungssystem des Kundalini-Yoga

Kundalini-Yoga ist keine Erfindung der Neuzeit, sondern entspringt den gleichen uralten Quellen wie die anderen großen Yoga-Traditionen. Er vereint verschiedene Elemente, die auch in diesen bekannt sind bzw. praktiziert werden:

- *Asana*[8]
  Als Asana wird eine bestimmte Körperhaltung bezeichnet. Sie wird als Übung verwendet, um Muskelgruppen gezielt anzusprechen. Des Weiteren wirkt eine Körperhaltung immer auch auf bestimmte Punkte oder Bereiche, die als Reflexauslöser die Funktion der Drüsen und Organe stärken. Gleichermaßen kann die Asana einen gewissen Druck auf Körperpartien ausüben, dadurch den Blutkreislauf lenken oder anregen.

  Betrachtet man eine Körperhaltung unter meditativen Gesichtspunkten, erzeugt sie eine besondere Verbindung zwischen Körper und Geist. Häufig empfindet jemand zunächst Unbehagen in einer neuen bzw. schwerfallenden Position. Verweilt man einige Zeit in der Haltung, wird man gewahr, dass sich der Körper auf die Haltung einstellt. So lässt sich erforschen, welche Muskeln an der Asana aktiv beteiligt sind und welche sich entspannen können usw. Dieser Aspekt trainiert die sensitive Selbstwahrnehmung und ermöglicht es dem Praktizierenden, sich mit fortschreitender Praxis besser kennenzulernen und physische Einschränkungen nach und nach zu überwinden.

- *Mudra*[9]
  Eine Mudra ist eine spezifische Hand- und Fingerhaltung. Sie aktiviert bestimmte Reflexzonen und hat über die Nervenbahnen eine Rückwirkung auf das Gehirn. Unter energetischen Gesichtspunkten lenkt und versiegelt sie den Energiestrom, der durch die Yoga-Praxis aktiviert wurde. In der Tradition des Kundalini-Yoga geht man davon aus, dass den einzelnen Bereichen der Hand bestimmte Reflexzonen zugeordnet werden können, die jeweils mit einem bestimmten Teil des Körpers oder des Gehirns verbunden sind. Sie repräsentieren zudem unterschiedliche Emotionen und Verhaltensweisen. Dadurch lässt sich bereits durch das Einnehmen einer bestimmten Mudra eine Wirkung auf Körper und Geist erzielen.
- *Pranayama*[10]
  Unter Pranayama versteht man üblicherweise eine bewusste Atemführung. Im Kundalini-Yoga geht eine spezifische Atmung häufig mit einer vorgegebenen Haltung und Bewegung einher. Doch der Kundalini-Yoga betrachtet den Atem mehr als nur eine Körperfunktion. Der Strom des Atems wird in Verbindung mit den Bewegungen von Gefühlen und Gedanken gesehen. Des Weiteren wird zwischen dem grobstofflichen und dem feinstofflichen Aspekt der Atmung unterschieden: die grobstoffliche ist die Mischung aus Sauerstoff, Stickstoff und allen anderen Elementen, aus denen sich die Luft zusammensetzt. Der feinstoffliche Aspekt ist Prana, die universelle Lebenskraft. Diese energetische Facette nutzt den jeweiligen Atemrhythmus und die Atemtiefe, um verschiedene Energiezustände in Bezug auf Gesundheit, Bewusstsein und Emotion hervorzubringen und zu lenken.
- *Mantra*[11]
  Ein Mantra ist ein Instrument, mit dem der Yoga-Praktizierende seinen Geist ausrichten und seinen emotionalen und geistigen Zustand verändern kann – ein akustisches Hilfsmittel zur Lenkung der

Aufmerksamkeit: ein Meditationswort. MAN bedeutet Geist, TRA bedeutet Projektion/Richtung. Das Wissen über Mantras beruht auf der Erkenntnis, dass Klang eine Form von Energie ist, die Struktur und Kraft besitzt und einen bestimmten Effekt hervorruft. Die Kraft des Mantras beruht auf seinem Klangstrom. Die im Kundalini-Yoga verwendeten Mantras erhöhen bzw. verändern das Bewusstsein durch rhythmische Wiederholung. Häufig werden sie in Verbindung mit einer Mudra und/oder Asana praktiziert, was ihre Wirkung intensiviert.

- *Meditation*[12]
  Zweck jeder Meditation ist die Reinigung des Unterbewusstseins und die Beruhigung des ständigen Gedankenstroms. Der Kundalini-Yoga kennt viele unterschiedliche Formen der Meditation, die in Abhängigkeit des jeweiligen Zustandes einer Person gezielt ausgewählt werden können, um das Ziel der mentalen Stille zu erreichen. Bekannt sind z. B. Atemmeditationen, Meditationen mit gesungenen oder in gedachten Mantren, Meditationen mit bestimmten Handhaltungen (Mudra), Meditationen in Stille u. v. a. m. Grundsätzlich unterscheidet der Kundalini-Yoga drei grundlegende Arten von Meditation:
  - Suspension: Der Gedankenstrom wird beobachtet, ohne sich mit einem einzelnen Gedanken zu identifizieren. Der Geist schaut sich alle Dinge an, ohne zu reagieren.
  - Leere: Die Akzeptanz eines bestimmten Gedankens wird durch Fokus oder Konzentration vertieft. Dies führt schließlich zu einer mentalen Leere, da alle anderen Gedanken nicht beachtet werden.
  - Anahat: Der Geist wird analytisch auf die Unendlichkeit gelenkt. Dies geschieht durch einen vollständigen Rückzug der Sinne *(Pratyahara)* und eine Synchronisation mit dem Raum und den vorherrschenden Umständen. Sobald dies geschieht, wird der Geist unendlich und frei von allen Limitierungen. In diesem Zustand der Stille schwingt der Geist im perfekten Einklang mit allem, was ist. Es heißt, diese Stille ist angefüllt mit Anahat, der »unangeschlagenen Melodie«, in dem das eigene Sein gleich dem Klangstrom eines Mantras widerhallt.
- *Kriya*[13]
  Unter einer Kriya versteht der Kundalini-Yoga eine Abfolge von Hal-

tungen, bewusster Atemführung und Klang, die eine Einheit miteinander bilden und einen bestimmten Zustand möglich machen. Yogi Bhajan hat eine Vielzahl von Kriyas, also Übungsfolgen, unterrichtet, die auf unterschiedliche körperliche und/oder psychische Effekte abzielen. So gibt es beispielsweise Kriyas, die auf die Nierentätigkeit oder das Nervensystem einwirken oder die die Immunkräfte stärken. Ebenso existieren Übungsreihen, die depressiven Verstimmungen entgegenwirken oder die Kreativität anregen u. v. a. m.

Im Yoga-Unterricht wird eine Kriya häufig als Übungsreihe oder Set bezeichnet, manchmal auch als Meditation angeleitet. In allen Fällen handelt es sich – wie oben beschrieben – um eine festgelegte Folge von Übungen, die hinsichtlich Ausführung und Dauer wie vorgegeben auszuführen ist, um den angestrebten Effekt zu ermöglichen.

Kundalini-Yoga operiert also im Rahmen eines ganzheitlichen Körpermodells:

Körperhaltungen *(Asana)* und Körperbewegungen auf der Ebene des physischen, materiellen Körpers, Atemübungen *(Pranayama)* und Handhaltungen *(Mudra)* auf den Ebenen des energetischen, feinstofflichen Körpers und die Meditation auf der mentalen Ebene. Die Übergänge zwischen diesen Ebenen sind fließend, ineinander verwoben und werden gleichzeitig angesprochen:

Körperübungen:	Gespür für sich selbst und die eigenen Grenzen entwickeln, Körpersignale wahrnehmen und zuordnen können, Selbstregulation trainieren.
Bewusstes Atmen:	Kraft tanken und verbrauchte Energie abgeben. Emotionale Balance.
Tiefenentspannung:	Stressbewältigung und Freisetzung von Spannung.
Meditation:	Konzentration, Reflexion und Vorstellungskraft, innere Stille, Achtsamkeitstraining.

Die Yoga-Übungen sprechen den gesamten Körper an. Bei nach innen gerichteter Aufmerksamkeit und einem konzentrierten Nachspüren einzelner Übungen werden die Empfindungen beobachtet, was zu einer verfeinerten Wahrnehmung führt. Unterstützt wird dies durch einen

Rückzug der Sinne *(Pratyahara)* und der Ausführung von Übungen mit geschlossenen Augen, was die Intensität äußerer Impulse mindert und es erleichtert, die Achtsamkeit bei sich selbst zu halten. Die Übungen selbst haben einen massageähnlichen Effekt und wirken stimulierend auf bestimmte Körperzonen, die als Reflexpunkte für verschiedene Organe fungieren. So ist es möglich, mit spezifischen Yoga-Übungen gezielt auf Organfunktionen einzuwirken. Der meditative Aspekt vieler Übungen und die Meditationen selbst führen zu einem Zustand der Betrachtung, der frei ist vom Denken und zu einer ganzheitlichen Wahrnehmung hinlenkt, in der Körpersignale und Gefühle gleichzeitig verarbeitet werden.

Durch die vielfältigen Facetten seiner Übungspraxis führt der Weg des Kundalini-Yoga, bildlich gesprochen, den Menschen von äußeren Anforderungen hin zu den eigenen Bedürfnissen und verschafft ihm damit in schwierigen Situationen mehr Spielraum, mit diesen umzugehen und die Balance zwischen Psyche und Körper zu erhalten.

Der Praxisteil dieses Buches baut auf dem Chakra-Energiesystem auf, einem der grundlegenden Konzepte im Yoga. Das Chakra-System verbindet physische, mentale und seelische Aspekte miteinander. Dieser Ansatz erlaubt einerseits die ganzheitliche Betrachtung des Menschen, und andererseits liefert es dem Yoga-Coach zahlreiche Anknüpfungspunkte für gezielte Fragen und Interventionen. Energetisch betrachtet hat Kundalini-Yoga – ebenso wie der Hatha-Yoga – das Aufsteigen der Kundalini-Energie zum Ziel. Der Hatha-Yoga fokussiert darauf, die unterschiedlichen Energien zusammenzuführen, um durch das entstehende energetische Gleichgewicht das Bewusstsein zu erhöhen. Der Kundalini-Yoga hingegen kombiniert dem Hatha-Yoga ähnliche Körperhaltungen, dynamische Bewegungsabläufe und bewusste Atemführung mit speziellen Meditationen und Mantras und bezieht von Beginn an deren psychomentale Wirkung in die Übungspraxis ein.

Die Vereinigung der wesentlichen Aspekte aller Yoga-Richtungen ermöglicht es dem Praktizierenden, mithilfe des Kundalini-Yoga seine Urteilsfähigkeit zu erhöhen und die Intuition zu entwickeln. Damit wird Selbstbestimmtheit im persönlichen Leben verankert. Es geht darum, den jeweils individuellen Weg zu mehr Gesundheit, Ausgeglichenheit und Selbstentfaltung zu finden. Aus diesem Grunde ergänzt Kundalini-Yoga methodisch alle diejenigen Coachings, die auf persönliche Entwicklung sowie den Erhalt bzw. die Wiedererlangung der Leistungsfähigkeit des Klienten abzielen. Aber auch in anderen Kontexten vermag der umfassende körper- und zugleich achtsamkeitsorientierte Ansatz des Kundalini-Yoga eine wertvolle Unterstützung des Coaching-Prozesses sein. Mehr Details dazu finden Sie im Praxisteil.

1.3 Die Wirkweise des Kundalini-Yoga

Kundalini-Yoga geht zurück auf ein jahrtausendealtes System zur Harmonisierung des ganzen Menschen. Diese Harmonie ist nach yogischem Verständnis eine wichtige Voraussetzung für Gesundheit. Die Übungen und Meditationen aus dem Kundalini-Yoga zielen darauf ab, die Selbstheilungskräfte und die Abwehrkräfte von Körper und Geist zu stärken und den persönlichen Entwicklungsprozess zu fördern. Der Mensch entwickelt ein gesünderes Körper- und Lebensgefühl und ist besser in der Lage, für sich selbst, und damit für eigene Denk- und Verhaltensmuster, Verantwortung zu übernehmen.

Kundalini-Yoga beeinflusst nachgewiesenermaßen physiologische Prozesse im Menschen. Individuell angepasste Yoga-Übungen und Meditationen lassen sich ohne Weiteres auf den jeweiligen Zustand einer Person abstimmen und unterstützen so den Heil- und Genesungsprozess, auf körperlicher Ebene genauso wie auf psychisch-mentaler Ebene.

Der Kundalini-Yoga kennt, wie bereits erwähnt, zahlreiche feststehende Übungsreihen, *Kriya* genannt, die jeweils eine ganz bestimmte Wirkungsweise haben. So ist es möglich, gezielt Körperfunktionen zu stärken oder auf- und auszubauen und mentale Prozesse zu beeinflussen.

Des Weiteren ist Meditation ein zentrales Element eines jeden Kundalini-Yoga-Unterrichts. Sie zielt auf geistige Entspannung ab und ermöglicht es dem Übenden, eine sensible Selbstwahrnehmung zu erreichen, was ihm letztlich eine gesunde Selbstregulation ermöglicht. Mit andauernder Meditationspraxis können unbewusste, negative Gedankenmuster und Blockaden aufgelöst und belastende Stressmuster reduziert werden.

Zahlreiche wissenschaftliche Studien belegen die positive Wirkung meditativer Praktiken auf die Neuropsychologie. Diesem Aspekt kommt mit Blick auf die zunehmende psychomentale Belastung der Menschen eine grundlegende Bedeutung zu. So ist die Zahl der psychischen Erkrankungen, u. a. bedingt durch zunehmende Arbeitsbelastungen, in den letzten 12 Jahren bundesweit um 120 % gestiegen[14]. Dieser Tendenz ist mit wirkungsvollen, allen Bevölkerungsschichten zugänglichen, Vorsorgekonzepten entgegenzuwirken. Kundalini-Yoga ist als ein effektives Verfahren in diesem Sinne anzusehen.

Die folgende Übersicht stellt die vielfältigen Wirkungen[15] der Kundalini-Yoga-Praxis dar, die Anknüpfungspunkte für ein gesundheitsförderndes Coaching und/oder eine Therapie unterstützende Yoga-Praxis bieten:

Physiologische Wirkungen:	Neuropsychologische Wirkungen:
▪ **Kardiovaskuläre Wirkungen:** Yoga hilft bei Bluthochdruck – die Herzfrequenz und systolischer wie diastolischer Blutdruck in Ruhe nehmen durch Yogatraining ab. ▪ **Respiratorische Wirkungen:** wohltuend bei Erkrankungen der Atemwege, z. B. Asthma. Körperliche Yogaübungen und Atemübungen beeinflussen die Lungenfunktionsparameter. ▪ **Gastrointestinale Wirkungen:** gleicht Bewegungsmangel aus: Unterstützung der Verdauungstätigkeit durch Körperübungen. ▪ **Metabolische Wirkungen:** regelmäßige Yogapraxis hilft durch körperliche Aktivität, Ernährungsveränderung sowie durch neue Lebensgewohnheiten, das Körpergewicht zu reduzieren. ▪ **Endokrine Wirkungen:** Stimulation der endokrinen Drüsen und damit direkte Beeinflussung des Stoffwechsels. Nachgewiesene Wirkung z. B. auf den Blutzuckerspiegel, Nebennierenrinde (Cortisolproduktion). ▪ **Muskuloskelettale Wirkungen:** Yoga fördert die Beweglichkeit und dehnt die Muskulatur, verbessert die periphere Durchblutung und sorgt damit für ein besseres Substrat- und Sauerstoffangebot der Extremitäten. Die Muskelkraft nimmt signifikant zu.	▪ **zentrales Nervensystem:** Zunahme der Alpha- und Thetawellen. ▪ **autonomes Nervensystem:** erhöhter parasympathischer Einfluss, insbesondere bei Meditationspraxis. ▪ **psychologische Parameter:** Nervosität und innere Spannungen werden abgebaut, Konzentrations- und Merkfähigkeit und damit die Leistungsfähigkeit werden gesteigert. Das hat positive Rückwirkungen auf das Selbstbild und die Stimmung. Regelmäßige Praxis vermindert Depressivität, Angst und Ablenkbarkeit und wird von gesteigerter Extroversion, Geselligkeit und Glücklichkeit begleitet. Die Stresstoleranz der Übenden steigt, was sich in geringerem Pulsanstieg und einer geringeren mentalen Müdigkeit widerspiegelt.

Im diesem Buch geht es darum, das Bewusstsein für einen ausgewogenen Umgang mit den eigenen Ressourcen zu schärfen, um zu einem gesunden Lebensstil zu finden und sich persönlich weiterzuentwickeln. Die Effekte des Kundalini-Yoga variieren bei jedem Ausübenden; doch jede Person wird bezüglich ihrer Bedürfnisse und Erwartungen einen Nutzen wahrnehmen können. Die energetisierende Wirkung führt zu mehr Elan und Wachheit und zu einer Stressreduktion. Die wohltuenden Wirkungen sind unmittelbar für den Übenden spürbar. Kundalini-Yoga ist nicht dogmatisch, sondern wirkungsorientiert. Generell kann eine konstante Yoga-Praxis folgende Effekte hervorrufen:

- Schärfere Wahrnehmung und verbessertes Konzentrations- und Auffassungsvermögen führen zu einer größeren Kreativität, was Problemlösungen und den Umgang mit Menschen erleichtert.
- Erhöhte Sensibilität für das eigene Wohlbefinden und ein verbessertes Körpergefühl ermöglichen die realistische Einschätzung der eigenen Kapazität und ein frühzeitiges Gegensteuern bei drohender Überlastung.
- Aktivierung und Stärkung aller Körpersysteme (Herz-Kreislauf-, Nerven-, Immun-, Lymph- und Drüsensystem).
- Stärke im Sinne von Muskelaufbau, Durchhaltevermögen, Flexibilität und Willenskraft.
- Emotionale Ausgeglichenheit und gelassener Umgang mit den alltäglichen Herausforderungen.

Neben diesen beobachtbaren oder messbaren Wirkungen, die größtenteils wissenschaftlich nachvollziehbar sind, hat Kundalini-Yoga auch Effekte, die allein im Ermessen des Praktizierenden liegen: Welcher Coach, Therapeut, Arzt oder Wissenschaftler will schon bewerten, wie groß das Ausmaß einer eingetretenen körperlichen Entspannung ist? Wer kann ermessen, wie befreiend das Zurücktreten von Ängsten und Sorgen ist? Oder wie entlastend das Verschwinden unangenehmer Gefühle wie Trauer oder Wut?

Kundalini-Yoga ist zuvorderst eine Erfahrungswissenschaft, die den Praktizierenden selbst in den Mittelpunkt rückt. Damit er selbst das damit einhergehende Potenzial bestmöglichst ausschöpfen kann, erfordert es einen Yoga-Lehrer und/oder -Coach, der jedem seiner Schüler das Recht auf die eigene Erfahrung zugesteht und ihm ermöglicht, in seine individuelle Form zu finden, jenseits aller Vorstellungen, Dogmen, Bewertungen und wissenschaftlicher Studien.

1.4 Die persönliche Yoga-Praxis als spiritueller Entwicklungsweg

Der Weg des Yoga führt uns das Zusammenspiel der verschiedenen menschlichen Dimensionen vor Augen: Ziel des Yoga ist es, die Dualität zwischen der körperlichen und geistigen Ebene zu überwinden und dem Menschen eine Einheitserfahrung zu ermöglichen. Yoga meint stets den ganzen Menschen – darauf weist bereits das Wort *Yoga* hin, das der indischen Wortfamilie *YUI* entstammt und so viel wie *Verbindung* oder *Joch* bedeutet.

Yoga bezieht den Menschen auf allen Seinsebenen ein. Die Wirkung auf den Körper hat nach yogischem Verständnis auch immer eine – beabsichtigte – mentale und psychische Rückwirkung und umgekehrt. Auch wer Yoga als eher körperorientierte, physiotherapeutische Methode betrachtet, wird diese Wirkungszusammenhänge nicht außer Acht lassen können. Gerade hierin liegt die große Chance des Yoga im Gegensatz zu anderen Sportarten und Therapieformen mit ausschließlichem Körperbezug, die auf physische Funktionen fokussieren und die für eine gesunde Lebensweise notwendigen mentalen Einstellungen vernachlässigen.

Das Erfahrungsfeld des Menschen ist in erster Linie sein eigener Körper. Die industrielle Kultur hat jedoch ein eher mechanistisch geprägtes Bild vom Körper und schätzt seine Bedeutung für die Persönlichkeitsentwicklung relativ gering ein. Der Körper erscheint als Objekt, das von der geistigen Identität abgetrennt ist. Die Verbindung von geistiger Einsicht und Körperempfinden muss der moderne Mensch erst wieder einüben, um wieder einen Sinn für sich selbst, seine Atmung, seine Bewegung und seine Emotionen zu entwickeln. Der Verlust an innerer Kommunikation führt zur Unfähigkeit, Körpersignale und Empfindungen als Bedürfnisse zu erkennen und zu verbalisieren. Symptome werden nicht mehr in Beziehung zu ihren Ursachen verstanden. So bekommt der Mensch Informationen über seinen Körper und Geisteszustand nicht aus eigener Wahrnehmung, sondern aus zweiter Hand, indem er sich Ärzten und anderen Experten anvertraut und sich über seinen Zustand unterrichten lässt. Als medizinisches Objekt gibt er seine Subjektivität und die Idee der Einheit, Selbstverantwortung und Selbstverfügung auf.

Was der Körper nicht trägt, trägt die Seele –
was die Seele nicht trägt, trägt der Körper.

Im westlichen Kulturkreis tendieren wir dazu, allein das, was in der Natur sichtbar und messbar ist, für wahr und wirklich zu halten. Geistige und andere nicht fassbare Aspekte scheinen unbedeutsam oder werden vernachlässigt. Dies führt insbesondere dazu, dass bei vielen Beschwerdebildern die Wechselwirkung, die Körper und Psyche aufeinander ausüben, außer Acht gelassen werden und wertvolle Heilungsansätze unberücksichtigt bleiben. Dazu ein Beispiel aus der Praxis:

> Bei einer Routineuntersuchung wird bei einer Yogaschülerin eine Augenkrankheit diagnostiziert, die zur Erblindung führen kann. Auf ihre Frage an den Arzt, welche Behandlungsmöglichkeiten es gäbe, antwortet er: Aus schulmedizinischer Sicht keine, sie müsse eben mit dem Risiko leben lernen. Hilfreich könnte es sein, Stress zu reduzieren. Im weiteren Behandlungsverlauf bleiben jedoch dieser Aspekt und die Frage nach möglichen psychosomatischen Zusammenhängen unberücksichtigt.

Yoga hat die Verbindung von Psyche und Körper zum Ziel. Ist diese Verbindung hergestellt, erlebt sich der Mensch als Einheit – er fühlt sich gesund und kraftvoll. Darüber hinausgehend fördert eine Yoga-Praxis, die die verschiedenen menschlichen Erfahrungsebenen berücksichtigt, die Selbstwahrnehmung und Reflexionsfähigkeit, wodurch dem Yoga-Praktizierenden zunehmend die eigene Lebensweise bewusst und das Anstreben positiver Veränderungen unterstützt wird.

Kundalini-Yoga, wie er von Yogi Bhajan gelehrt wurde, operiert im Rahmen dieses ganzheitlichen Modells und ermöglicht dem Übenden so, sich in einer einzigen Übung vollständig und als Einheit zu erfahren: Körperhaltungen (Asana) und -bewegungen auf der Ebene des physischen, materiellen Körpers, Atemübungen (Pranayama) und Handhaltungen (Mudra) auf den Ebenen des energetischen, feinstofflichen Körpers und die Meditation auf der mentalen Ebene.

Dieser ganzheitliche Ansatz über alle Ebenen hinweg eignet sich insbesondere zur therapeutischen Unterstützung bei komplexen Beschwerdebildern, wie zum Beispiel multiple Sklerose und Rheuma, aber auch bei den immer mehr um sich greifenden psychomentalen Belastungsstörungen. Gerade bei Erkrankungen mit unklarer organischer Ursache und/oder ungewissem Verlauf sind die Betroffenen aufgefordert, sich mit den krankheitsbedingten Auswirkungen auf ihr Leben auseinanderzusetzen und zu einer angemessenen Selbststeuerung zu finden. Der Yoga-Schülerin aus dem obigen Praxisbeispiel gelang dies wie folgt:

> In Zusammenarbeit mit ihrer Yoga-Lehrerin entwickelte sie ein Yoga-Programm, welches das Nervensystem stärkte und die Entspannung der Augen unterstützte. Hierzu gehörten neben speziellen Asanas auch eine Atem-Meditation, um mentalen Stress abzubauen und den Gang der Gedanken zu beruhigen. Im Verlauf der kontinuierlichen Yoga-Praxis wurde sie sich zunehmend ihrer typischen Körpersignale unter Stress bewusst. Allmählich kristallisierte sich heraus, in welchen Situationen diese auftraten. So erkannte sie, dass sie sich – beruflich wie privat – immer wieder bemühte, allen Anforderungen ihres Umfeldes gerecht zu werden, und dabei ihre eigenen Bedürfnisse zurückstellte. Mit der Zeit gelang es ihr, öfter NEIN zu sagen und sich anderen gegenüber besser abzugrenzen.
>
> Nach mehreren Monaten fasste sie selbst ihre Entwicklung so zusammen: »Das Gute an der erschreckenden Diagnose des Arztes ist, dass ich nicht länger die Augen davor verschließen kann, wie sehr ich mich selbst überfordere. Ich bin quasi gezwungen, hinzuschauen und mein Verhalten zu ändern, um den Druck auf ein erträgliches Maß zu reduzieren. Alles in allem bin ich jetzt gelassener und habe das Gefühl, die Lektion, die mir mein Körper mit der Erkrankung erteilt hat, verstanden zu haben.«

Die Überzeugung und die Erfahrung, selbst Einfluss auf das eigene Wohlergehen zu haben, spielt genauso eine wichtige Rolle in Heilungsprozessen wie die Fähigkeit, allen Ereignissen einen (übergeordneten) Sinn zu geben. An diesem Punkt tritt der seelische Aspekt neben das körperlichen Erleben und die Welt der Gedanken.

Gerade in Zeiten des Übergangs, zum Beispiel bei unerwarteter Erkrankung, in Lebenskrisen oder in Phasen des gesellschaftlichen Wandels, greifen Unsicherheit und Ängste um sich. Der Wunsch nach Orientierung nimmt zu – doch an wem oder was findet der Mensch Halt, wenn alles andere infrage gestellt ist? Die eigene geistige Haltung gibt dem einzelnen Menschen die Antwort auf die philosophische Frage: Was soll ich tun? Sie ist die Essenz der Weltanschauung eines Menschen.

Yoga ist keine Religion, sondern die herauskristallisierte Wahrheit.
(Elisabeth Haich/Yesudian)

In diesem Sinne wird die Yoga-Praxis zu einem Weg des persönlichen Wachstums. Sie fördert den Prozess des Sich-bewusst-Werdens, der über die Schulung der Wahrnehmung für den Körper, das eigene Empfinden und Gedankengänge zu der Erfahrung des Eins-Seins mit sich und der Welt führt. Die Yoga-Praxis setzt bei dem Übenden selbst an, der entscheidet, wie er Übungen ausführt, welche Anteile er integriert und in welchem Tempo er voranschreitet. Damit ist Yoga frei von jeder Ideologie oder Religion – oder um es anderen Worten auszudrücken: Das einzige Dogma, das es im Yoga gibt, ist, dass es kein Dogma gibt.

Viele Menschen sehen Spiritualität in religiösem Zusammenhang und verbinden damit die Ausübung eines Glaubens. Das Wort Spiritualität bedeutet sinngemäß *Geistigkeit, geistiges Wesen;* der Begriff wird in Meyers Lexikon wie folgt beschrieben: die durch seinen Glauben grundgelegte und seine konkreten Lebensbedingungen ausgeformte geistig-geistliche Orientierung und Lebenspraxis eines Menschen. Demnach bildet Spiritualität die Grundlage für die Bildung individueller Werte und Lebens-Leitlinien. Da diese häufig durch den jeweiligen Kulturkreis geprägt und von einer oder mehreren Glaubensrichtungen beeinflusst sind, ist die Verbindung mit einer Religionsausübung zwar naheliegend, aber nicht zwingend. Auch jemand ohne Glaubenszugehörigkeit kann durchaus ein spiritueller Mensch sein, wenn er sich über seine eigenen Wertmaßstäbe bewusst ist und danach zu leben trachtet.

Die verschiedenen Kulturkreise kennen zahlreiche Praktiken, um die Spiritualität zu entwickeln, z. B.

- Selbstversenkung
- Kontemplation
- Meditation
- Gebet und Segen
- Körper- und Atemübungen
- Trance-Tänze und Gesänge ...

Vieles davon findet sich in unterschiedlicher Ausprägung und Form in den Yoga-Traditionen wieder. Doch die meisten Traditionen sind an die religiöse Prägung durch ihre Meister gebunden und enthalten fernöstliche Erklärungsmodelle, die mit dem westlichen Wertekontext auf den ersten Blick nicht kompatibel erscheinen. Diese Diskrepanz wird seitens der Yoga-Lehrer meistens durch »Weglassen« begegnet, wodurch jedoch ein essenzieller Teil des Yoga verloren geht. So werden im Yoga-Unterricht der seelische und insbesondere der spirituelle Aspekt in der Übungspraxis ausgeklammert, in dem vorwiegend auf die körperorientierten Übungen fokussiert wird und das Sinn gebende Zusammenspiel zwischen körperlicher Wahrnehmung und dem geistig-seelischen Erleben vernachlässigt wird.

So verliert Yoga als eine Brücke zwischen Körper, Geist und Seele seinen Sinn. Denn über welche Brücke soll der Mensch gehen, wenn nur noch ein einsamer Pfeiler in die Höhe ragt und das verbindende Element zwischen den verschiedenen Erfahrungswelten nicht mehr (oder noch nicht?!) existiert?

Gerade derjenige, der Yoga nicht als Lifestyle-Sport betrachtet, sondern ihn aus Gesundheitsgründen praktiziert, ist gut beraten, die spirituellen Komponenten zu berücksichtigen. Denn die Fragen der persönlichen Werte, der Identität und des Lebenssinns gewinnen zunehmend an Bedeutung. Immer mehr Menschen setzen sich mit Sinn- und Wertefragen auseinander und suchen nach spiritueller Inspiration. Die Antwort auf spirituelle Fragen wird jedoch meistens an Fachleute (z.B. Theologen oder andere Seelsorger) delegiert und in Gotteshäusern wie Kirchen und Moscheen verortet. Dabei wird vernachlässigt, dass Spiritualität eine zutiefst menschliche Erfahrung ist, die eine kontinuierliche (Aus-)Übung voraussetzt. Diesen Erfahrungsraum finden Menschen im Yoga, der eine wunderbare Lebenspraxis zur Entwicklung ihrer individuellen Spiritualität bietet.

2. Einführung ins Coaching

2.1 Was ist »Coaching«?

Grundsätzlich versteht man unter Coaching die Unterstützung einer Person auf ihrem individuellen Entwicklungsweg. Ein Coaching dient der Identifizierung und Analyse von Problemen, wobei der Klient, auch Coachee genannt, seine eigenen Lösungen entwickelt und selbstständig umsetzt. Ein Coach begleitet diesen Prozess durch gezielte Fragen und Interventionen, die dem Coachee neue Blickwinkel ermöglichen und ihm dabei helfen, anders als bislang auf seine Problemsituation zu schauen und so Lösungsansätze zu entdecken.

Eine wesentliche Aufgabe des Coachs ist es, eine Außenperspektive hinzuzufügen und Aspekte anzusprechen, die der Coachee – aus welchen Gründen auch immer – selbst nicht erkennt. Die kommunikative Kunst besteht darin, mithilfe dieser Beobachtungen und/oder Annahmen die Selbstreflexion des Coachees anzuregen, sodass er selbst zu neuen Erkenntnissen oder Einsichten gelangt. Auf dieser Basis entstehen Lösungsideen, deren mögliche Umsetzung im Rahmen des Coaching-Prozesses überprüft und erarbeitet wird. Häufig übernimmt der Coach hierbei die Aufgabe, dem Coachee die ihm innewohnenden Fähigkeiten bzw. zur Verfügung stehenden Ressourcen bewusst zu machen, und hilft ihm dabei, diese gezielt einzusetzen.

Aus diesem Grunde wird oft gesagt, dass die eigentliche Arbeit im Coaching der Coachee selbst übernimmt – der Coach »fragt nur und hört zu«. Das ist wohl wahr, wahr ist aber auch, dass es sich hierbei um eine systematisch gestaltete Kommunikation handelt, bei der der Coach genau weiß, was er tut (oder lässt). Diese Form der Gesprächsführung hat zum Ziel, das Potenzial des Coachees freizusetzen und ihm zu ermöglichen, sich selbst zu helfen. Der Coach dient in diesem Prozess oft als Projektions- und Reflexionsfläche, wobei er seinem Coachee dessen Verhalten aktiv zurückspiegelt und darüber hinausgehend weitere Sichtweisen hinzufügt, Hypothesen bildet oder feststehende Annahmen bewusst infrage stellt, um den Horizont des Klienten zu erweitern. Hierfür ist es hilfreich, wenn der Coach von den Sichtweisen, Ideen und Vorstellungen des Klienten unbeeindruckt bleibt, um überhaupt eine Erweiterung des Denkens anregen zu können. Nichtsdestotrotz ist eine respektvolle Grundhaltung gegenüber der Person des Coachees die Minimalvoraussetzung für eine konstruktive Zusammenarbeit. Vorwissen über die Person und/oder das Umfeld hingegen kann behindernd sein, weil es die Bereitschaft für neue Perspektiven erschwert. Ein neugieriger Coach geht davon aus, dass er »nichts weiß«, ist aber interessiert daran, die Sicht des Coachees kennenzulernen. Die respektvolle und neugierige Einstellung des Coachs gegenüber dem Coachee ermöglicht ihm, die Problemsituation zu erfassen und in der Kommunikation anschlussfähig zu bleiben. In der Psychologie spricht man auch von »Rapport« *(französisch für Verbindung, Beziehung),* d. h. eine vertrauensvolle, von wechselseitiger empathischer Aufmerksamkeit getragene Beziehung.

Aus dieser Grundhaltung heraus kann der Coach dem Coachee durch eine systematisch geführte Kommunikation dabei helfen, die Problemsituation anders als bisher zu betrachten und, daraus resultierend, eine Lösung zu finden sowie diese aus eigener Kraft umzusetzen. Eine derartige Arbeitsweise basiert auf folgenden Grundannahmen:

- **Jede Person gestaltet ihre Situation mit.** Daraus folgt: Der Coachee ist stets an der Entstehung seines Problems beteiligt. Er nimmt somit Einfluss auf das Geschehen und ist aktiv daran beteiligt – er ist Täter statt Opfer, das eröffnet ihm die Möglichkeit der Veränderung!
- **Ressourcenorientierung:** Menschen haben in der Regel die Möglichkeit, ihre (von ihnen selbst mitgestalteten Probleme, s. o.) selbst zu lösen. Sie wissen nur nicht, dass sie es können! Dem Coach obliegt es, dieses Potenzial sicht- und/oder erfahrbar zu machen und es entfalten zu helfen.
- **Das Verhalten eines Menschen ist immer an den Kontext gebunden,** in dem es auftritt. Was isoliert betrachtet oder von außen, aus dem Blickwinkel einer anderen Person, keinen Sinn ergibt, kann sich dennoch für den Coachee als richtig oder unausweichlich darstellen. Aus diesem Grunde ist es wichtig, sich im Rahmen des Coachings ein Bild der jeweiligen Situation zu machen bzw. herauszufinden, was sie von anderen unterscheidet.

Wesentlich ist, dass der Coach gegenüber dem Klienten und dessen Anliegen eine **neutrale Grundhaltung** einnimmt. Das heißt: er bewertet nicht, sondern bewahrt sich eine Außenperspektive. Der Coach hält sich dadurch seine Handlungsoptionen offen und schützt sich vor Verstrickungen mit dem Problem des Klienten. Dies bezieht sich auch auf das Ergebnis des Coachings: Der Coach bleibt auch hinsichtlich der Problemlösung neutral, d. h., sie muss dem Coachee passen, aber nicht dem Coach!

Die neutrale Haltung gilt in der systemischen Arbeit als eine Form der Intervention. Dies basiert auf der Beobachtung, dass, solange die Erwartungen (des Coachees) erfüllt und bestätigt werden, seine alten Denk- und Verhaltensmuster (die zur Problementstehung beitragen) am Leben erhalten werden. Das neutrale Verhalten des Coachs zeigt sich dadurch, dass er zu beteiligten Personen und der Problemlage keine Wertung abgibt und keinerlei Lösung empfiehlt – diese muss sich der Coachee selbst erarbeiten. Das ist etwas, womit der Coachee in der Regel nicht rechnet, denn üblicherweise sind Berater oder andere »Helfer« nicht neutral. Man spricht in diesem Zusammenhang auch von einer Erwartungsenttäuschung aufseiten des Coachees, die ihm jedoch ermöglicht, selbst in die Verantwortung für den Fortgang des Coachings einzutreten.

Die Neutralität bezieht sich stets auf das Verhalten des Coachs, nicht auf seine inneren Reaktionen. Denn selbstverständlich können manche Themen des Klienten auch bei einem Coach auf Resonanz stoßen, vor allem wenn es um Fragen geht, die persönlichen Einstellungen widersprechen. In solchen Fällen besteht die Kunst für den Coach darin, sich der eigenen Gefühle bewusst zu bleiben und diese für sich zu verarbeiten, z. B. im Rahmen einer Supervision *(lateinisch für »Über-Blick«)*. Unter einer Supervision versteht man eine Beratung durch einen qualifizierten Supervisor oder andere Fachkollegen, in der der Coach seine praktische Arbeit und die Rollen- und Beziehungsdynamik mit seinen Klienten reflektiert. Wichtige Aspekte sind häufig die persönlichen Resonanzen oder inneren Konflikte, die der Coach während seiner Arbeit bzw. im Umgang mit seinen Klienten erlebt. Im Rahmen der Supervision überprüft und bearbeitet er diese mit dem Ziel, eine möglichst neutrale Grundhaltung gegenüber seinen Klienten bewahren zu können.

2.2 Coaching als Entwicklungsprozess

Der Begriff »Coach« wird schon lange im Sport-Kontext genutzt und ist daher wohl auch den meisten Menschen ein Begriff. Ein Sport-Coach verfügt in der Regel über eine bestimmte Qualifikation und Erfahrung in seinem Tätigkeitsfeld. Er arbeitet auf Basis eines individuell abgestimmten Plans, der den Sportler oder das Team systematisch auf ein bestimmtes Ziel hin trainiert. Dabei setzt ein Coach den Trainingsrahmen fest, definiert Aufgaben, Trainingsintensität sowie Etappenziele und überwacht bzw. begleitet die kontinuierliche Umsetzung.

Dieses Grundprinzip gilt ebenso für Coaching in anderen Kontexten: Professionelles Coaching beginnt mit einer Zielbestimmung, und ein qualifizierter Coach wird stets für sich in Anspruch nehmen, den Rahmen des Coachings sowie die nächsten sinnvollen Schritte gemeinsam mit dem Coachee festzulegen. Im Verlauf achtet der Coach darauf, dass der Prozess nicht ins Stocken kommt und das Ziel nachhaltig verfolgt wird. Der Coach ist Spezialist dafür, die Situation oder das Verhalten des Coachees zu reflektieren und »Licht ins Dunkel zu bringen«. Er hilft sowohl bei der Problemanalyse als auch dabei, Lösungsansätze zu finden. Erforderlichenfalls stellt er dem Coachee Aufgaben, die ihn darin unterstützen, seine vorhandenen Fähigkeiten zu nutzen und gezielt einzusetzen. Wie im Sport geht es auch im professionellen Coaching darum, vorhandene Ressourcen zu nutzen und/oder sie so weit auszubauen, dass ein einmal gestecktes Ziel auch erreicht werden kann.

Veränderung braucht Zeit – selten vollziehen sich Erkenntnis und Handlung im gleichen Moment. Im Coaching geht es darum, einen Menschen auf diesem Entwicklungsweg zu begleiten. Die Dauer eines Coachings kann variieren: Manchmal bringt schon ein einziges Coaching-Gespräch den entscheidenden Impuls, und der Coachee geht seinen Weg aus eigener Kraft weiter. In anderen Fällen ist eine längere Begleitung über mehrere Termine hinweg erforderlich. Dies trifft erfahrungsgemäß oft dann zu, wenn eine Person eine grundlegende Neuorientierung anstrebt, sie in ihren Denk- oder Verhaltensmustern gefangen ist und keinen Ausweg sieht oder sich eine Situation bereits festgefahren hat. Dem Coach obliegt dann die Aufgabe, die weitere Entwicklung über die gesamte Dauer hinweg systematisch zu gestalten und methodisch zu unterstützen. Der exemplarische Coaching-Prozess lässt sich in den folgenden fünf Phasen abbilden:

Coaching-Phasen

Auftrags-klärung	Sachverhalt klären	Hypothesen bilden	Optionen generieren	Schluss-intervention

1. **Auftragsklärung**
   Die erste Phase kennzeichnet das »Come together«. Es geht darum abzuprüfen, inwieweit Coach und Coachee miteinander arbeitsfähig werden. Der Coachee stellt die Frage: »Bin ich hier an der richtigen Adresse?« Dabei betrachtet er sowohl die fachliche Eignung des Coachs als auch die Rahmenbedingungen des Coachings, letztlich aber auch die vertrauensvolle Arbeitsatmosphäre. Aus Sicht des Coachs stellt sich ebenso die Frage: »Kann und/oder möchte ich diese Person coachen?« Um diese Fragen richtig einschätzen zu können, ist es wichtig, dass beide Seiten ein gemeinsames Verständnis über das Anliegen und Ziel des Coachees sowie über die Vorgehensweise herstellen. Dies geschieht im Rahmen eines Einigungsprozesses, der sogenannten »Auftragsklärung«: Hierbei beschreibt der Hilfe- und Ratsuchende, was er sich vom Coaching erhofft und was er vom Coach erwartet bzw. haben möchte. Der Coach wiederum beschreibt, was er zu welchen Bedingungen (Arbeitsweise, Preis, organisatorischer Rahmen) anbieten kann und will. Die Auftragsklärung ist entscheidend für den Erfolg des gesamten Coachings. Sie umfasst eine klare und eindeutige Zieldefinition, die die angestrebte Lösung konkret und nachvollziehbar, also beobachtbar, beschreibt und aus der eigenen Kraft des Coachees erreicht werden kann. Was sich so einfach anhört, erweist sich in der Praxis oft als das eigentliche Kunststück. Denn oft ist der Rat suchende Mensch nicht prompt in der Lage, das von ihm angestrebte Ziel zu beschreiben, weil dies bereits eine gewisse Loslösung vom Problem und einen veränderten Blickwinkel erfordert. Die Suche nach der richtigen Zielformulierung ist daher schon ein wesentlicher Teil des eigentlichen Coachings und erfordert von beiden Seiten ein gewisses Maß an Aufmerksamkeit. So kann es durchaus vorkommen, dass die Auftragsklärung den kompletten ersten Coaching-Termin umfasst und – scheinbar – noch gar nicht am eigentlichen Thema gearbeitet wird.

2. **Orientierung**
   Auf Basis der gelungenen Auftragsklärung kann nun tiefer ins Thema eingestiegen werden. Vordergründig geht es darum, dass der Sachverhalt gründlich beleuchtet wird und der Coach sich ein Bild über die Problemstellung macht. Doch durch die Art der Fragestellungen wird beim Coachee bereits die Reflektion der von ihm beschriebenen Situation angeregt, und möglicherweise stellen sich dadurch bereits neue Erkenntnisse ein, oder es wird ihm möglich, sein Thema aus unterschiedlichen Blickwinkeln zu betrachten. So dient diese Phase im Coaching-Prozess durchaus der beiderseitigen Orientierung und Verortung des Problems sowie einer erweiterten Sichtweise, die möglichst alle relevanten Aspekte und Informationen beinhaltet sowie sämtliche beteiligten Personen berücksichtigt.

3. **Hypothesen bilden**
   Hierauf aufbauend treffen Coach und Coachee nun Annahmen über künftige Gestaltungsmöglichkeiten. Hypothesen dienen der Aktivierung des Coachees und der Navigation bei der Suche nach der Lösung. Im Grunde geht es darum, fiktiv eine neue Wirklichkeit zu erschaffen. Mit gezielten Fragen wird der Coachee angeregt, sich die Zukunft auf eine neue Weise vorzustellen, sodass er seinen Handlungsspielraum erweitert und alternative Verhaltensmöglichkeiten erkennt. Der Coach hat hierbei die Aufgabe, durch gezielte Fragetechniken und sein eigenes Kommunikationsverhalten eine Außenperspektive einzuführen, bestehende Beziehungsmuster aufzudecken und gemeinsam mit dem Coachee neue Ideen darüber zu generieren, auf welche Weise das Problem entsteht und inwieweit der Coachee es selbst beeinflusst bzw. daran beteiligt ist. Eine derartige Kommunikation hat das Ziel, den Coachee »vom Problemopfer zum Lösungstäter« zu machen, d. h., er kann sich vom Problem lösen und wird sich bewusst, dass er selbst die bestehende Situation mit gestaltet und daher auch eine Veränderung herbeiführen kann. Dieser Sinneswandel ist ein wichtiger und entscheidender Moment im Coaching, denn nur eine Person, die zu der Einsicht gelangt, dass die angestrebte Lösung in ihrem eigenen Einflussbereich liegt, wird motiviert sein, die notwendigen Schritte zu gehen. Häufig spiegelt sich dies in einer Veränderung des Gesprächsklimas wider:

Bis dahin verläuft das Coaching oft schwerfällig und zäh, neue Denkansätze müssen erarbeitet werden und kosten Kraft. Aus diesem Grunde geschieht es häufig, dass Menschen bereits sehr frühzeitig im Gespräch auf die Lösung zusteuern möchten und die ausführlichen Fragestellungen des Coachs abzukürzen suchen. Die Aufgabe des Coachs ist es dann, den Coachee systematisch immer wieder in die Reflektion zu bringen und den Erkenntnisprozess anzustoßen. Ist beim Coachee dann schließlich »der Groschen gefallen«, gewinnt die Kommunikation an Fahrt, sie wird lebendiger und leichter. Erst auf dieser Basis können konkrete Lösungsmöglichkeiten in Betracht gezogen werden.

4. **Optionen generieren**
   In dieser Phase geht es darum, die im Vorfeld erarbeiteten Erkenntnisse in konkrete Handlungsalternativen zu überführen und diese gegeneinander abzuwägen. Hierbei kommt es darauf an, nochmals zu überprüfen, inwieweit der Coachee »Rückfall-gefährdet ist«, also in alten Verhaltens- und Denkmustern feststeckt, und wie dies vermieden werden kann. Darauf aufbauend können konkrete Lösungsschritte ausgearbeitet und die angestrebte Veränderung vorbereitet werden.

5. **Schlussintervention**
   Zum Abschluss blicken Coach und Coachee gemeinsam auf den Gesprächsverlauf zurück. Damit der Coachee die erarbeiteten Veränderungs- und/oder Lösungsschritte auch tatsächlich vollzieht und er es nicht allein bei guten Vorsätzen belässt, gibt ihm der Coach eine abschließende Aufgabe mit auf den Weg. Dabei handelt es sich jedoch nicht um eine stumpf abzuarbeitende Hausaufgabe. Vielmehr zielt diese Intervention darauf ab, das Verhalten des Coachees in die von ihm selbst gewünschte Richtung zu lenken und dafür bislang ungenutzte Potenziale freizusetzen – die Aufgabe sollte ihn »weg vom Problem« und »hin zur Lösung« führen. Die Auswahl der geeigneten Aufgabenstellung erfordert vom Coach eine profunde Kenntnis über die zur Verfügung stehenden Möglichkeiten und eine zutreffende Einschätzung sowohl der Beratungssituation als auch des Coachees.

Diese fünf Phasen können sich sowohl innerhalb eines einzigen Coaching-Termins vollziehen als auch über mehrere Einheiten erstrecken. Bei einem längeren Coaching-Prozess wird man bei jedem Termin neu auf die ursprüngliche Auftragsklärung sowie den bisherigen Verlauf zurückkoppeln und überprüfen, inwieweit der Coachee auf dem Weg zu seinem Ziel bereits vorangekommen ist.

2.3 Der systemische Ansatz im Coaching

Systemisch denken heißt:
Denken in Beziehungen.

Der systemische Beratungsansatz zeichnet sich dadurch aus, dass er Wechselbeziehungen zwischen Menschen oder der am Problem beteiligten Elemente berücksichtigt. Dabei geschieht wechselseitiges Verhalten häufig in wiederkehrenden und sich selbst verstärkenden Mustern, die beobachtet werden können.

Beispiel: In Konfliktfällen neigen die meisten Menschen zu bestimmten Reaktionsmustern. Einige ziehen sich zurück und schweigen. Andere erheben die Stimme, werden laut und brüllen den anderen an. Und: Je leiser die einen werden, desto lauter werden die anderen – je lauter diese sind, desto leiser werden wiederum die einen …

Systeme entstehen dadurch, dass ein Unterschied gemacht wird zwischen *innen* und *außen*, also den Elementen innerhalb des Systems und der Umwelt. Diese Unterscheidung bzw. Abgrenzung ist beobachtbar: Ein System ist nicht etwas, das einem Menschen präsentiert wird, es entsteht dadurch, dass er es als solches erkennt (Maturana 1982, S. 175)[16]. Hier einige typische Beispiele für Systeme, an denen Menschen beteiligt sind:

- Das Paar, das sich aufgrund seiner Zusammengehörigkeit von anderen Menschen abgrenzt: aus der Beobachtung »Die beiden gehören zusammen« folgt auch die Annahme darüber, wer nicht dazugehört.
- Die Familie, deren Mitglieder qua Geburt und Verwandtschaft zueinander in Beziehung stehen und sich aufgrund dessen nach außen hin zu anderen Personen oder Familien abgrenzen.

- Eine Organisation (z. B. Verein, Unternehmen, Schule), die bestimmte Ziele verfolgt und deren Mitglieder bzw. Mitarbeiter bestimmten Regeln unterliegen (z. B. hinsichtlich Vereinseintritt, Hierarchien und Entscheidungswege, Funktion).
- Eine Gruppe von Menschen, die sich auf Zeit zusammenfindet, um eine spezielle Aufgabe wahrzunehmen, z. B. ein Projektteam.
- Der Körper eines Menschen, der sich nach außen durch die Haut abgrenzt und von denen anderer Menschen unterscheidet.

Die systemische Arbeit berücksichtigt die menschliche Erfahrung der Dualität und Abgrenzung (Ich und die anderen; innen und außen), aufgrund der erst Dinge und Geschehnisse wahrnehmbar sind. Des Weiteren regt die systemische Vorgehensweise zur Reflexion des eigenen Denkens und Handelns an und ermöglicht Einsicht bis hin zur Selbsterkenntnis = Erkenntnis des Selbst.

Exkurs
Dieser beobachtende und reflexive Ansatz findet sich auch im Yoga: Die achtsam ausgeführte Yoga-Praxis, insbesondere die Meditation, erweitert den inneren Erkenntnisraum. Die nach innen gerichtete Aufmerksamkeit, also die Selbst-Beobachtung, erlaubt es dem Meditierenden, die eigenen Gedanken und Muster zu erkennen und sich ihrer bewusst zu werden. Diese ermöglicht ihm schließlich eine neue Erfahrung des eigenen Selbst und erlaubt es ihm, anders an seine Alltagsprobleme heranzutreten und neue Handlungsmöglichkeiten zu entdecken. Wie sich systemische Arbeit und Yoga sinnvoll ergänzen und miteinander verbinden lassen, wird in den nachfolgenden Kapiteln näher erläutert.

Im systemischen Kontext gilt die Aufmerksamkeit den Wechselbeziehungen zwischen den beteiligten Personen oder Elementen. Es werden keine isolierten Phänomene oder Symptomatiken betrachtet, vielmehr gilt bei der Problemanalyse: »Blicke weiter um dich. Schau auf das Ganze.« Eine grundlegende Annahme ist, dass sich Verhaltensweisen wechselseitig bedingen, d. h., der andere spiegelt meine eigenen Aktionen mit seinen Reaktionen – und umgekehrt. Man spricht auch von einer zirkulären Verknüpfung von Annahmen und Verhaltensweisen, die auf sich selbst zurückwirken und sich gegenseitig verstärken (siehe obiges Beispiel zu Konfliktreaktionen).

Diese Annahme steht im Gegensatz zu der Vorstellung, dass sich die Welt in einfachen (linearen) Ursache-Wirkungs-Beziehungen beschreiben ließe: »Bestimme die Ursachen, dann hast du die Wirkungen.« Vielmehr berücksichtigt die systemische Theorie die komplexen Wechselbeziehungen, in denen Menschen untereinander und mit ihrer Umwelt stehen. Dies erlaubt es dem systemisch arbeitenden Coach, auf die (sichtbaren!) Verhaltensmuster zu fokussieren und diese in Richtung des angestrebten Ziels zu beeinflussen, statt zunächst langwierige Ursachenforschung zu betreiben.

Die Systemtheorie ist eine Theorie darüber, wie unsere Annahmen unsere Beobachtungen erzeugen und daraus folgend unser Verhalten beeinflussen. Eine ihrer Ursprünge ist die Steuerungslehre technischer Systeme, deren Funktionalitäten man auf Familiensysteme zu übertragen suchte. Die Idee der zielbewussten und geplanten Steuerung von komplexen menschlichen Systemen erwies sich jedoch als trügerisch. Wie bereits dargestellt, gelten Systeme als Konstruktionen von Beobachtern: D.h., sie sind erkennbar und existieren deshalb, weil sie von ihrer Umwelt unterschieden werden können. Dies geschieht jedoch auf Basis der individuellen Denkkonzepte und Glaubenssysteme, denen der Beobachter unterliegt. Was ein Mensch sieht und wie er es bewertet, hängt ganz maßgeblich von seinen individuellen Prägungen und Erfahrungen ab. Diese sind jedoch nie deckungsgleich mit denen anderer Menschen. Folglich beobachten Menschen dieselbe Situation aus verschiedenen Blickwinkeln und kommen zu anderen Ergebnissen. Der systemische Ansatz berücksichtigt diese unterschiedlichen Sichtweisen.

Die Welt, so wie wir sie wahrnehmen, ist unsere Erfindung.
(Heinz von Foerster)[17]

Eine der Kernfragen der systemischen Arbeit ist die Frage nach der Realität: »Was ist wirklich?« Die zugrunde liegende Annahme geht davon aus, dass die Wirklichkeit nie losgelöst von ihrem Betrachter gesehen werden kann. Diese Position wird »konstruktivistisch« genannt, da sie danach fragt, auf welche Weise wir selbst aktiv an der Konstruktion unserer eigenen Erfahrungswelt Anteil haben. Wer etwas erkennt oder um etwas weiß, muss es zunächst gesehen haben. Etwas zu wissen, setzt schlussfolgern voraus: Das Gesehene wird zunächst beschrieben, dann bewertet und erklärt. Ohne diese Fähigkeiten wäre es unmöglich, sich in der Welt zu orientieren und zu überleben.

All dies geschieht auf Basis unserer Konzepte darüber, wie die Welt beschaffen ist. Diese entwickeln sich aus unseren Glaubenssystemen, unserer Erziehung, durch gesellschaftliche Einflüsse und nicht zuletzt aus den Erfahrungen, die wir während unseres Lebens sammeln. So konstruiert sich jeder Mensch eine innere Landkarte über die Welt, in der er lebt. Darin findet er Orientierung und kann sein Handeln daraus ableiten.

Bei unserer Wahrnehmung der Welt vergessen wir alles, was wir dazu getan haben, sie in dieser Weise wahrzunehmen.
(Varela)[18]

Hieraus ist jedoch nicht zu folgern, dass die Konzepte, die man sich selbst konstruiert, mit der Wirklichkeit gleichzusetzen sind. Je öfter wir unsere eigenen Landkarten nutzen und sie als hilfreich erleben, desto weniger aufmerksam schauen wir hin, denn »wir wissen ja bereits, wie es ist«. Diese Neigung hilft zwar dabei, die Komplexität der Welt zu reduzieren und im Alltag handlungsfähig zu sein, führt aber auch zu einer eingeschränkten Wahrnehmung dessen, was wirklich ist. In der systemischen Arbeit geht es darum, dieser Wirklichkeitsreduktion entgegenzutreten und das aufgrund seiner Konzepte limitierte Weltbild des Coachees durch spezifische Kommunikationstechniken und Interventionen zu erweitern. Castaneda, ein amerikanischer Anthropologe, formulierte diesen Ansatz so: *»Die erste Handlung eines Lehrers (→ Coach) besteht darin, die Idee einzuführen, dass die Welt, die wir zu sehen glauben, nur eine Sichtweise, eine Beschreibung der Welt ist. Dies zu akzeptieren, scheint eine der schwierigsten Aufgaben überhaupt zu sein.«*[19]

Wirklichkeit ist das Produkt von Beobachtungen: Wir beobachten die Welt, in der wir leben, und bewerten das, was wir sehen, auf Basis unserer vorhandenen Konzepte. Beobachten setzt also voraus, dass wir zwischen uns als dem Beobachter und dem, das wir betrachten, eine Grenze ziehen, dass wir Unterschiede machen z. B. zwischen Bild und Abgebildetem, zwischen dem Rahmen und Bild (außen ≠ innen), zwischen Geist und Körper usw. Das heißt, wir erleben die Welt als etwas von uns Getrenntes, als ein Gegenüber, als außerhalb von uns liegend. Bewusstsein zu haben, bedeutet in diesem Kontext: nicht ganz bei sich zu sein[20].

Neben dem für uns sichtbaren Weltbild gibt es auch andere Bereiche des Universums, die jenseits unserer Konzepte existieren und/oder sich unserem Zugriff entziehen. Sie werden beispielsweise dann für uns sichtbar, wenn wir Menschen begegnen, die ein und dieselbe Situation vollkommen anders als wir selbst erleben und andere Schlüsse daraus ziehen. Dann erweitert sich unser Horizont – sofern wir Achtung haben vor den inneren Landkarten anderer Menschen und bereit sind, unsere eigene nicht als »der Weisheit letzter Schluss« anzusehen. Dies gilt auch und gerade für einen systemischen Coach, denn »er weiß, dass er nichts weiß« (insbesondere von der inneren Landkarte des Coachees, anhand dieser sich die Wirklichkeit erklärt)!

Diese systemische Grundannahme lenkt den Blick auf die Muster von Beziehungen und Wechselwirkungen, also auf das beobachtbare Verhalten der beteiligten Personen innerhalb eines Systems. Das systemische Denken geht davon aus, dass sich Verhaltensweisen gegenseitig bedingen. Dies impliziert, dass das Verhalten eines Einzelnen durch das der anderen am System beteiligten Personen (mit-)bedingt ist und sich wechselseitig beeinflusst. Man spricht in diesem Zusammenhang auch von »zirkulären Prozessen: das Verhalten des einen (= Ursache) führt zu einer entsprechenden Gegenreaktion des anderen (Wirkung) und wirkt auf den einen zurück, das Tun des einen ist das Tun des anderen – hierdurch entsteht ein Kreislauf von gegenseitigem Verhalten, der zu Mustern und Regeln führt. Gleichzeitig wirkt das Verhalten einer Person immer auch auf sie selbst zurück. Dies lässt sich durch die Metapher des Dominoeffekts – der im Kreis aufgestellten Dominosteine – veranschaulichen: Ich verhalte mich in einer bestimmten Weise (ich stoße den Dominostein an meiner linken Seite um), und diese Handlung wirkt schließlich auf mich selbst zurück (die im Kreis stehenden Dominosteine fallen nacheinander um, bis der letzte, rechts von mir stehende, wieder auf mich selbst zurückfällt). Dieser Effekt wird auch »Selbstreferenz« genannt.

Die Problemanalyse und Suche nach einer Ursache tritt bei der systemischen Arbeit in den Hintergrund, vielmehr wird bedeutsam, welches Verhalten zu einem bestimmten Ergebnis führt. So wird das gezeigte Verhalten selbst quasi zur Ursache, und die direkte Einflussnahme hierauf ermöglicht es, ein gewünschtes Ergebnis hervorzurufen bzw. eine unerwünschte Wirkung zu vermeiden. Damit stellt sich die Frage, wie es möglich ist, die eigenen Landkarten des Beobachtens, Erkennens und Denkens auszubauen und Einfluss auf das Geschehen zu nehmen. Dies geschieht im Wesentlichen durch eine systematisch geführte Kommunikation, die die Selbstreflexion des Coachees anregt.

Im systemischen Verständnis kommt Wirklichkeit über Kommunikation zustande. Indem wir über etwas sprechen oder denken, beschreiben wir mithilfe des gesprochenen oder gedachten Wortes die Welt, so wie wir sie sehen. Das Wort »Stuhl« repräsentiert das Ding »Stuhl« in meinem Kopf. Diese Annahme wird jedoch maßgeblich von Ihrer inneren Landkarte beeinflusst, also von der Vorstellung davon, wie ein Stuhl auszusehen hat. Doch handelt es sich wirklich um einen Stuhl, auf dem man sitzen kann? Oder vielleicht doch um den Stuhl, den man in einer »Sitzung« produziert?

Sicher haben Sie das auch schon erlebt: Sie sehen in einem Geschäft einen Gegenstand, dessen Funktion sich Ihnen nicht sofort erschließt. Sie fangen an zu überlegen, was es sein könnte bzw. wofür es nützlich wäre. Solange Sie niemand aufklärt, sind Sie fest davon überzeugt, dass ihre Vermutungen der Wirklichkeit entsprechen oder ihr zumindest sehr nahe kommen. Letztlich treffen Sie aber lediglich Annahmen über das Ding, weil sie (noch) nicht wissen, was es wirklich ist. Wenn der Verkäufer Ihnen dann aber den Gegenstand und seine Funktion erläutert, stellen Sie womöglich fest, dass Sie mit Ihrer Vermutung falsch gelegen haben. Diese Fehlannahme passiert natürlicherweise, weil Sie auf Ihre vorhandenen Konzepte zurückgreifen, mit denen Sie jedoch dieses Ding nicht begreifen konnten, weil es jenseits davon existiert.

So gesehen finden bei jeder Kommunikation immer Interpretationen auf Basis vorhandener Denkmodelle statt. So wie wir zum Beispiel das Verhalten anderer Menschen, ihre Kleidung, einen Raum, den Zeitpunkt etc. beschreiben, sind unsere Worte nicht mehr als Zeichen und Symbole, mithilfe derer wir bemüht sind, die Welt zu erklären und verstehbar zu machen. Wirklichkeit ist dann zunächst das, was wir für wahr halten, d. h. das, woran wir glauben. Die Wirklichkeit innerhalb eines Systems erschließt sich uns jedoch erst dann, wenn wir uns mit den anderen Systemmitgliedern über das, was wir beobachten und beschreiben, auszutauschen beginnen und eine gemeinsame Bedeutung finden. Daher kommt der Kommunikation bei der Betrachtung von Systemen eine vorrangige Bedeutung zu. Systeme dienen dann weniger dazu, dass deren Mitglieder wechselseitig ihr Verhalten regulieren, sondern sind vor allem auch sprachliche Systeme, in denen Mitglieder durch ihre Konversation eine gemeinsame Darstellung der Wirklichkeit schaffen.

Misslingt dies, sprechen wir von einem Konflikt. Dieser resultiert aus den unterschiedlichen Beobachtungen und Bewertungen der beteiligten Personen. Im Streitfall merken wir, dass wir nicht Herr über die Bedeutungsgebung anderer sind – jeder erschafft seine eigene Wirklichkeit! Demnach hat ein »Problem« (auch: Konflikt) vor allem eine kommunikative Komponente. Möglicherweise besteht es nur, weil die Problem-/Konfliktpartner es durch die von ihnen gewählten Be-Deutungen hervorrufen. Ohne diese sprachliche Organisation würde das Problem möglicherweise gar nicht bestehen, in jedem Fall aber anders in Erscheinung treten. Anders herum gilt aber auch: Probleme stabilisieren ein System (d. h., sie verhindern den Wandel) und rufen immer wieder auf das Neue bestimmte Verhaltensmuster ihrer Mitglieder hervor, bis sich deren Kommunikationsverhalten und/oder -inhalte verändern und neue Bedeutungen zugelassen werden.

Wer etwas ändern will, braucht ein Problem.
(Michael Mary)[21]

In diesem Verständnis sind Probleme an sich nicht fest zementiert, sondern durch Kommunikation und Handlungen erzeugte Zustände, die 1) beobachtbar sind und beschrieben werden können, 2) als unerwünscht und veränderungsbedürftig angesehen werden und 3) veränderbar sind[22].

Sprache bietet uns die Möglichkeit der Reflexion. Wir sind in der Lage, über die Art und Weise, wie wir uns die Welt denken und sie beschreiben, wie wir sie erleben und wahrnehmen, nachzudenken und zu reflektieren. Dieser Umstand hat in der systemischen Arbeit eine wichtige Grundfunktion: Wir verstehen uns als Zeichendeuter und Spurensucher, d. h., wir beobachten das wahrnehmbare Verhalten und versuchen durch eine systematisch geführte Reflexion hierüber,

- auf die inneren Zustände und/oder die zugrunde liegenden Konzepte einer Person zu schließen bzw. sie der Person selbst bewusst zu machen,
- das Weltbild der Person zu erweitern, indem neue Sichtweisen und Annahmen eingeführt werden, woraus sich neue Deutungs- und Handlungsmöglichkeiten ergeben.

Alles, was lebt oder den natürlichen Prozessen, wie z. B. den Jahreszeiten, ausgesetzt ist, unterliegt einem ständigen Wandel. Nichts Lebendiges ist statisch und unveränderbar. Die systemische Sicht auf Problemlagen oder festgefahrene Verhaltensmuster mündet daher in den naheliegenden Fragen: »Wie schafft es jemand, sich *nicht* zu verändern?« und »Wie sorgt er in der Kommunikation mit anderen dafür, dass das Problem dauerhaft bestehen bleibt, anstatt sich nach einiger Zeit von allein aufzulösen?« – wie gelingt es also Menschen, sich dem natürlichen Wandel zu entziehen?

Die Suche nach den Antworten auf diese Fragen ist der Kern der systemischen Arbeit. Denn wenn klar wird, wie jemand ein Problem erzeugt, kann daraus abgeleitet werden, inwieweit es z. B. durch Unterlassen oder Verstärken dieser Verhaltensweisen verändert oder gar beseitigt werden kann.

Der Fähigkeit, Unterschiede zu erkennen, kommt bei dieser Exploration eine wichtige Bedeutung zu. Spezifische Fragestellungen regen eine differenzierte und erweiterte Wahrnehmung der Welt an. So zielt beispielsweise die Frage »Wann zeigt(e) sich das Problem, wann nicht?« darauf ab, dem Ratsuchenden bewusst zu machen, dass sein Problem möglicherweise nicht durchgehend vorhanden ist, sondern nur zu bestimmten Zeitpunkten. Die Beobachtung, was die jeweiligen Situationen voneinander unterscheidet, trägt zu einer erweiterten Weltsicht bei und liefert möglicherweise bereits erste Lösungshinweise. Weitere konkrete Fragestellungen dazu finden sich im Kapitel »systemische Fragen«.

Zusammengefasst basiert die systemische Arbeit auf den folgenden Grundannahmen:

1. Die Komplexität der Welt lässt sich nicht auf das Ursache-Wirkungs-Schema reduzieren.
2. Systeme sind aufgrund der vielfältigen Wechselbeziehungen nicht

berechenbar, sie reagieren auf Interventionen mit unvorhersehbaren und unerklärlichen Reaktionen. Diese können jedoch beobachtet werden, was es erlaubt, über weitere Interventionen erneut auf sie einzuwirken.
3. Die Verhaltensweisen des Einzelnen sind durch die der anderen (mit-)bedingt und bedingen sie gleichzeitig, sodass eine lineare, kausale Sichtweise eine unzulässige Verkürzung darstellt.
4. »Selbstreferenz«: Jede Handlung hat auch Rückwirkung auf die handelnde Person selbst (»zirkulärer Dominoeffekt«). Ebenso wirken Beschreibungen auf den Beobachter zurück.
5. Systeme, an denen Menschen beteiligt sind, sind weder trivial noch linear, sie sind autonom und von außen nicht instruierbar bzw. beherrschbar.

2.3.1 Vorgehensweisen und Haltungen in der systemischen Arbeit[23]

1. Kontextklärung
Der erste Schritt besteht in der systemischen Beratung darin, sich einen Überblick darüber zu verschaffen, in welchem Kontext sich eine Person befindet bzw. ein Problem auftritt. Die zugrunde liegende Annahme geht davon aus, dass jedes menschliche Verhalten nur aus dem Kontext heraus zu verstehen ist, in dem es auftritt. Und: Auf das innere Erleben einer Person können nur anhand des beobachteten Verhaltens Rückschlüsse gezogen werden.

Die Kontextklärung bezieht sich einerseits auf den Arbeitsauftrag an den Coach (***Wer*** will ***was*** von ***wem*** und ***warum?***) und andererseits auf das Problem selbst (Wie passt das Problem in den Kontext, macht es Sinn für mich – welche ***Funktion*** hat das Problem?).

Es ist naheliegend, dass die Klärung des Kontextes an den Anfang eines jeden Coaching-Prozesses gehört, also integraler Bestandteil der Auftragsklärung ist.

2. Vom Opfer zum Täter
Als Nächstes geht es darum, den Coachee vom Problemopfer zum Beteiligten zu machen! Dahinter steht die Annahme, dass eine Person an den wechselseitigen Verhaltensabläufen beteiligt ist und in der Regel die Möglichkeit hat, das Problem aus eigener Kraft zu lösen – es fehlt

ihr lediglich das Wissen darum. Sobald eine Person ihre Mitverantwortung für die eigene Situation erkennt, eröffnet sich ihr automatisch die Möglichkeit der Veränderung, und sie ist bereit, aktiv an der Lösung zu arbeiten.

Dies findet meist in der Phase der Auftragsklärung oder Sachverhaltsklärung Platz.

3. Hypothesenbildung

Coach und Coachee stellen nun gemeinsam Überlegungen darüber an, welches Verhalten zum Erhalt oder Verschlimmerung des Problems führt. Hierbei geht es vorrangig darum, dem Coachee zu verdeutlichen, ***wie*** er und/oder andere auf die Problemlage Einfluss nehmen. Das Ziel der Hypothesenbildung ist jedoch nicht, die *eine richtige* Erklärung zu finden, sondern es werden mehrere unterschiedliche Annahmen gebildet. Diese sind dann nützlich, wenn sie zu einer Vielfalt von Perspektiven und Möglichkeiten beitragen und – zunächst dem Coach – ermöglichen, bedeutsame Informationen herauszufiltern.

4. Positive Konnotation des Problems

Es erweist sich immer wieder als ein wichtiges Moment, das Problem seitens des Coachs positiv zu bewerten. Das meint: Offensichtlich ist das bislang praktizierte Verhalten die bis dato bestmögliche Lösung des Beziehungsdilemmas gewesen und damit eine Leistung und eine Ressource (also kein Defizit!), auf die der Coachee zurückgreifen kann. Diese Form der Anerkennung ermöglicht Distanz zum Problem. Denn solange das Problem ausschließlich als negativ und schlecht bewertet wird, kann der Coachee nicht davon loslassen, seine Aufmerksamkeit bleibt daran gebunden. Dies hindert ihn daran, sich tatsächlich einer Problemlösung zuzuwenden. Erkennbar wird diese Verstrickung dann, wenn der Coachee beginnt, gegen den Coach zu argumentieren, und neue Denkweisen oder Lösungsansätze ablehnt. In diesem Fall ist es erforderlich, das Problem bewusst zu würdigen und den Coachee in Verhaltensweisen zu bestärken, die es hervorrufen (Mehr-Desselben).

5. Ver-Stören und Nicht-Mitspielen

Hiermit ist keinesfalls ein unangebrachtes Benehmen des Coachs gemeint. Vielmehr stört der Coach das Glaubenssystem des Coachees durch bewusstes Infragestellen oder In-Zweifel-Ziehen, er irritiert durch extreme Stellungnahmen oder ungewöhnliche Sichtweisen. Dieses Verhalten zielt darauf ab, die Annahmen des Coachees über die Wirklichkeit der Welt und das Problem infrage zu stellen und sein Glaubenssystem in eine Krise zu stürzen. Erst wenn der Coachee selbst seine eigenen Vorstellungen infrage stellt, ist es ihm möglich, neue Blickwinkel zuzulassen und seinen Handlungsspielraum zu erweitern.

Im Coaching-Verlauf wird der Coachee immer wieder »Einladungen« an den Coach aussprechen, sich auf seine Seite zu schlagen bzw. seiner Sichtweise zuzustimmen. Für den Coaching-Erfolg ist es sehr wichtig, dass der Coach diese Einladungen ablehnt bzw. auslässt, um seine Außenseiter-Rolle als Beobachter beizubehalten. Folgt er der Einladung seines Coachees, wird er als sein Mitspieler zum Teil des Systems und kann den notwendigen Ebenenwechsel nicht mehr vollziehen.

6. Ressourcenorientierung

Soweit sich im Rahmen der Hypothesenfindung die innere Landkarte des Coachees erweitert hat, ergeben sich verschiedenartige Lösungen für das Problem. Nun geht es darum, eine konkrete Lösung ins Auge zu fassen und festzustellen, welche Fähigkeiten und Ressourcen der Coachee bei der Umsetzung nutzen kann.

Die systemische Grundannahme ist, dass jedes System über die erforderlichen Fähigkeiten verfügt, um die Lösung eines Problems herbeizuführen, das es selbst hervorgerufen hat. Um diese Ressourcen zu erkennen, wird auf die Lösung fokussiert und herausgearbeitet, welche Schritte und Maßnahmen erforderlich sind, um zu ihr zu gelangen.

7. Vorstellungen über die Zukunft anregen

In dieser Phase geht es darum, dem Coachee eine Vorstellung davon zu vermitteln, wie die Welt ohne sein Problem aussähe. Dies geschieht durch spezifische Fragestellungen, die dazu anregen, die Gegenwart (mit Problem) zu verlassen und sich in die Zukunft (ohne Problem) hineinzudenken.

8. Neutralität des Coachs

Wie bereits im Kapitel »Einführung ins Coaching« dargestellt, ist die neutrale **Grundhaltung** des Coachs wesentlich für ein erfolgreiches Coaching. Dies bezieht sich auf das »Nicht-Mitspielen« (siehe oben unter 5.) ebenso wie auf das Ergebnis des Coachings: Der Coach bleibt auch hinsichtlich der Problemlösung neutral, d.h., sie muss dem Coachee passen, aber nicht dem Coach!

Dies ist wichtig, um dem Coachee zu ermöglichen, sich autonom für die Veränderung oder aber ganz anders zu entscheiden. Der Coach unterstützt dies dadurch, dass er bewusst eine gegenteilige Position vertritt, z.B. indem er für die Beibehaltung der derzeitigen Situation plädiert. So kann der Coachee nochmals überprüfen, ob er wirklich die Veränderung will, und sich dann frei für (oder gegen sie) entscheiden. Wenn der Coach Ambivalenzen hinsichtlich der angestrebten Lösung zeigt, ermöglicht er dem Coachee zudem, seine eigenen Unsicherheiten wahrzunehmen und sich gegebenenfalls für einen ganz anderen Weg zu entscheiden.

2.3.2 Systemische Fragen

Fragen dienen im systemischen Coaching nicht allein dazu, zusätzliche Informationen zu gewinnen, vielmehr zielen sie ebenso darauf ab, gleichzeitig Informationen zu schaffen. Gemäß dem von Watzlawick begründeten Prinzip »Man kann nicht nicht kommunizieren« ist es demnach unmöglich, Fragen zu stellen, ohne damit bei der befragten Person eigene Ideen anzustoßen. Systemische Fragen stellen Gedanken über ein Geschehen, die Gefühle dazu und Verhaltensweisen neu ein. Sie weichen festgefügte Konstrukte auf, regen zum kreativen Querdenken und einem Denken in Möglichkeiten an. Im Coaching werden sie gezielt eingesetzt, um eine systematisch geführte Selbstreflexion des Coachees anzuregen.

Man unterscheidet verschiedene Typen von Fragen. In der nachstehenden Übersicht werden ihre jeweiligen Einsatzmöglichkeiten erläutert und beispielhafte Formulierungen vorgestellt, die je nach Situation anzupassen sind.

1. Zirkuläre (Triadische) Fragen

Ziel: Sie zielen direkt auf die Metaperspektive einer dritten Person gegenüber dem Problemsystem ab. Von dieser Perspektive aus wird es möglich, andere Standpunkte durchzuspielen und die Vielfalt anderer Sichtweisen zur Kenntnis zu nehmen.

- Was denken Sie, denkt Ihr Mann zu dem Konflikt zwischen Ihnen und Ihrer Tochter?
- Wie bewerten andere Teams die Auseinandersetzung?
- Was ist Ihrer Meinung nach die Meinung von Herrn XY zu diesem Thema?
- Was denken Sie, reden Ihre Nachbarn über die Situation?

Sonderform »Triadischer Fragen« – »Klatsch und Tratsch«

Ziel: Jeder denkt über jeden irgendetwas und vor allem: jeder denkt darüber nach, was mögliche andere wohl von ihm/ihr denken (»Erwartungshaltungen«). In den seltensten Fällen wird darüber offen kommuniziert. Dadurch werden Unterscheidungen, Feedback über individuelle Besonderheiten und Standpunkte vermieden – mit der Gefahr, dass sich kommunikative Teufelskreise entwickeln. »Klatsch-und-Tratsch«-Fragen werden bei Anwesenheit mehrerer Systemmitglieder eingesetzt. Durch die Erlaubnis zu »tratschen« wird eine neue Ebene von Metakommunikation eingeführt.

- Was denken Sie, was Ihr Sohn über das Verhalten seines Vaters denkt?
- Wer in Ihrer Familie stimmt ihm innerlich zu und wer widerspricht dieser Meinung am ehesten?
- Was glauben Sie, denkt Ihre Schwiegermutter, wer in Ihrer Familie am besten miteinander klarkommt?

2. Frageformen, die Unterschiede verdeutlichen

Ziel: Hiermit werden Unterschiede abgefragt zum Zweck des Informationsgewinns und der Differenzierung. Wichtig ist, dass eine Unterscheidung vorgenommen wird. Wenn die Antwort lautet »beide gleich«, muss konkretisiert werden, z. B.: »Wer zu 50,1% und wer zu 49,9 %?«

- Wer sieht das Geschilderte ähnlich, wer anders?
- Wer hat das größte Interesse, das Thema zu lösen, wer das geringste? (Rangreihung bilden lassen)
- Wer hat das Problem als Erstes bemerkt, wer als Letztes?
- Wenn Sie die Belastung Ihrer Familie auf einer Skala von 0 bis 10

einordnen sollen, wo wäre Ihr Wert, der von Ihrem Partner, von den Kindern?

- Wer macht sich die größten Sorgen, wer am wenigsten?

3. Fragen zur Wirklichkeitskonstruktion

Dieser Fragetypus macht die aktuellen Beziehungsmuster deutlich.

Fragen nach relevanten Personen und Fakten zum Beratungskontext

Ziel: Mit diesen Fragen werden alle Personen, die für die Fragestellung bzw. Zielvorstellung relevant sind, erfasst.

- Welche anderen Personen gehören noch zum Kontext des Coachees? Wie schauen diese auf unsere Gespräche?
- Ist das Ziel von den genannten Personen zu erreichen, oder wer ist noch mit einzubeziehen?
- Was ist der Gewinn aus der Lösung der Fragestellung?
- Über was wird gesprochen?

Fragen zum Problemkontext

Ziel: Diese Fragen packen das »Problempaket« auf und erfragen die verschiedenen Beschreibungen rund um das Problem.

- Aus welchen Verhaltensweisen besteht das Problem?
- Wem wird das Problemverhalten gezeigt, wem nicht?
- Wo wird es gezeigt, wo nicht, wann und wann nicht?
- Woran erkennen Sie, dass das Problem gelöst ist?
- Wer hat es zuerst als Problem bezeichnet?
- Wer würde es am ehesten bestreiten, dass es sich überhaupt um ein Problem handelt?

Ziel: Diese Fragen verdeutlichen den »Tanz um das Problem«.

- Wer reagiert am meisten auf das Problemverhalten, wer weniger? Wen stört es, wen weniger?
- Wie reagiert das »Problemkind« auf die Reaktionen der anderen?
- Wie reagieren die anderen auf die Reaktionen des Problemkindes?

Ziel: Mit den folgenden Fragen werden unterschiedliche Erklärungen für das Problem offensichtlich. Durch die Meinungsvielfalt relativiert sich das Problem.

- Wie erklären Sie sich, dass das Problem entstanden ist, wie, dass es dann und dann auftritt und dann und dann nicht? Welche Folgen haben diese Erklärungen?
- Wie erklären Sie sich das Phänomen?
- Wie erklärt es sich der Kollege oder die Kollegin?
- Wie erklärt es sich die Konkurrenz?

Ziel: Die folgenden Fragen gehen der Bedeutung des Problems nach.

- Was hat sich in den Beziehungen verändert, als das Problem begann?
- Was würde sich in den Beziehungen verändern, wenn das Problem wieder aufhören würde?

4. Fragen zur Möglichkeitskonstruktion

Diese Fragen spielen bisher noch nicht verwirklichte Möglichkeiten durch.

Lösungsorientierte Fragen

Fragen nach den Ausnahmen vom Problem
Ziel: Coachees stellen ihr Problem häufig so dar, als bleibe es »immer gleich«. Fragen nach Ausnahmen und Unterschieden erfordern eine Differenzierung.

- Wie oft (wie lange, wann) ist das Problem nicht aufgetreten?
- Was haben Sie und andere in diesen Zeiten anders gemacht?
- Wie haben Sie es geschafft, das Problem in diesen Zeiten nicht auftreten zu lassen?

Fragen nach Ressourcen
Ziel: Diese Fragen machen dem Coachee die eigenen Fähigkeiten bewusst.

- Was möchten Sie in Ihrem Leben gern bewahren, wie es ist?
- Was machen Sie gerne, was machen Sie gut?
- Was müssten Sie tun, um mehr davon zu machen?

Die Wunderfrage

Ziel: Diese Frage bringt Bewegung in festgefahrene Situationen. Sie ist im Grunde ein Fragenbündel und dient dazu, die Lösung konkret zu explorieren. Sie fokussiert auf das schöpferische Denken und den Glauben, dass das Problem ohne eigenes Zutun quasi »über Nacht« verschwinden könnte. Dadurch wird gedanklich der Horizont geweitet und der Coachee in eine andere Stimmung versetzt, die es ihm ermöglicht, sich die Zukunft ohne Problem und sich die Lösung vorzustellen.

- Stellen Sie sich vor, über Nacht passiert ein Wunder und das Problem hat sich gelöst – dummerweise haben Sie das gar nicht mitbekommen. Wer würde es als Erster merken und woran? Und als Zweiter und woran? Usw.
- Was würden Sie dann als Erstes anders machen? Und was danach?
- Wer wäre am meisten überrascht davon?
- Was würden Sie am meisten vermissen, wenn das Problem weg wäre?

Problemorientierte Fragen

Verschlimmerungsfragen haben zum Ziel, das gezeigte Verhalten »ad absurdum« zu führen, und so eine Verhaltensänderung herbeiführen.

- Was müssten Sie tun, um Ihr Problem zu behalten oder zu verschlimmern?
- Wie könnten Sie sich so richtig unglücklich machen, wenn Sie dies wollten?
- Wie können Sie andere/sich dabei unterstützen? Wie könnten die anderen Sie dazu einladen, es sich schlecht gehen zu lassen?

Kombination lösungsorientierter und problemorientierter Fragen

Diese Fragen verdeutlichen den Nutzen, das Problem vorläufig noch zu behalten, und die Möglichkeit, es bewusst hervorzurufen oder zu beenden.

- Wofür wäre es gut, das Problem noch eine Weile zu behalten oder es gelegentlich noch einmal einzuladen?
- Was würde schlechter, wenn das Problem weg wäre?

- Wie lange werden Sie Ihrem Problem noch einen Platz in Ihrer Wohnung einräumen? Wann werden Sie es vor die Tür setzen? Wie lange wäre es dafür noch zu früh?
- Wenn Sie Ihr Problem schon längst verabschiedet hätten, es aber noch einmal einladen wollten, wie könnten Sie das tun?
- Wenn Sie gegenüber anderen nur so tun wollten, als ob Ihr Problem wieder zurückgekehrt wäre, ohne dass es da ist, wie müssten Sie sich verhalten?
- Würden die anderen erkennen, ob Ihr Problem tatsächlich wieder da ist oder ob Sie nur so tun als ob?

5. Fragen, um den Horizont zu erweiteren und Bewegung zu kreieren

Perspektivische Fragen

Ziel: Erfassen Einschätzungen von unterschiedlichen Personen zu unterschiedlichen Zeitpunkten.

- Wie wurde mit der Situation umgegangen, als das Problem noch nicht bestand?
- Wie wird das Problem in zwei Jahren aussehen?
- Wie sieht es aus Sicht der Familie, Freunde, Bekannten aus?
- In welchem Kontext tritt das Phänomen nicht bzw. anders auf?
- Wie sieht das Ganze von außen betrachtet aus?

Hypothetische Fragen

Frageziele: kreative Lösungen entwickeln. Systeme im Engpass erlauben sich selten, neue Ideen zu kreieren oder nach bisher ungelebten Möglichkeiten Ausschau zu halten. Hier gilt es, neue Gedanken und andere Sichtweisen in Spiel zu bringen, um den Zugang zu der Vielfalt des »Universums an möglichen Verhaltensweisen« zu öffnen, das jedem von uns potenziell jederzeit zur Verfügung steht.

Beispiele:

- Angenommen, Sie fangen es morgen ganz anders an …
- Angenommen, Sie wenden das, was Sie in einem anderen Fall gemacht haben, auf diesen Fall an …

- Nehmen Sie an, über Sie und Ihre Familie wird ein Krimi gedreht, welche Rolle bekämen Sie dabei?
- Nehmen Sie an, Sie würden etwas tun, was Ihren Partner überrascht, was wäre das?
- Angenommen, es gibt in Ihrer Firma/Familie ein Geheimnis, wer wüsste am ehesten davon, wer nicht? Was passiert, wenn alle davon erfahren?

Fragen zur Anregung der eigenen Einsatzbereitschaft und Wirkkraft

- Wann wird Ihre Veränderung bemerkt werden? Von wem? Und von wem zuerst?
- Was können Sie in Ihrer Rolle zur Veränderung der Situation beitragen?
- Was können Sie sonst tun, wenn Sie nicht diese Möglichkeit haben?
- Was kann Sie abhalten, etwas zu tun?
- Was müssen Sie tun, damit es tatsächlich *nicht* klappt?

Zukunftsfragen

Ziel: Eine Person, die Hilfe sucht, glaubt sich im Engpass, fühlt sich hilflos und ohnmächtig, wie in einem »schwarzen Loch«, aus dem es keinen Ausweg gibt. Ähnlich wie hypothetische Fragen öffnen Zukunftsfragen Tore zu bisher ungedachten Möglichkeiten. Es wird evtl. zum ersten Mal darüber nachgedacht, dass überhaupt eine Zukunft existiert, wie sie denn anders sein könnte und welche verschiedenen Möglichkeiten es gibt.

- Wie wird sich das Phänomen in zwei Jahren entwickelt haben und wodurch?
- Was wird geschehen, wenn nichts geschieht bzw. Sie nicht handeln?
- Wie wird sich Ihre Familie in ein (oder mehr) Jahren darstellen?
- Wer wird als Erster in Ihrer Familie handeln?
- Welcher Person wird es dann besser gehen, wem nutzt die Veränderung? Wem schlechter?
- Wenn Sie sich von außen sehen, wie Sie in der künftigen Situation agieren, was fällt Ihnen dabei auf?

Beratungssystemfragen

Ziel: Fragen nach der Dynamik des Systems, in dem sich der Coachee befindet.

- Wenn Ihr Mann weiß, dass Sie Coaching nutzen, worauf achtet er jetzt besonders?
- Was müsste Ihr Coach machen, damit es schiefgeht? Was Sie als Coachee?
- Welche anderen Faktoren können fördern oder behindern?

Fragen zu konkretem Verhalten und Transaktionen

Ziel: Menschen, die über ihre Probleme berichten, neigen oft dazu, uns Diagnosen oder linear-kausale Beschreibungen zu geben, die bereits eine Deutung des Geschehens beinhalten. Die Darstellung ist dabei oft von Generalisierungen wie »immer«, »nie«, »keiner«, »alle« geprägt. Ausnahmen davon werden gar nicht mehr wahrgenommen.

- »**Immer** ist es soundso« – Das passiert Ihnen also **oft**. Wann passiert es so und wann nicht?
- »**Alle** sind soundso« – **Einige** in der Familie sind soundso – wer gehört da dazu und wer nicht?

2.3.3 Arbeiten mit Metaphern

Wenn es nur eine einzige Wahrheit gäbe,
könnte man nicht über ein und dasselbe Thema
mehrere Hundert Bilder malen.
(Pablo Picasso)

Der Einsatz von Metaphern ermöglicht es, über die Kommunikation neue kreative Zugangswege zu eröffnen – ein Bild sagt mehr als 1000 Worte! In unserer alltäglichen Sprache verwenden wir – meistens vollkommen unbemerkt – Metaphern: wir *ringen* um Worte, wir lassen uns *hängen*, wir *treffen ins Schwarze* oder *kämpfen gegen Windmühlen.* Mit ihrer Hilfe beschreiben wir das, was wir sehen, denken und fühlen – oft in einem einzigen Wort oder Satz. Aus diesem Grunde kommt ihnen in der systemischen Arbeit eine besondere Bedeutung zu: Die Frage nach oder der gezielte Einsatz von Metaphern hilft in der Kommunikation zwischen Coach und Coachee, die erlebte Situation zu beschreiben und neue Sichtweisen zu entdecken. Dabei hat der Einsatz von Metaphern oft etwas Spielerisches; es wird zum freien Assoziieren angeregt, dazu eingeladen, verschiedene Blickwinkel einzunehmen oder eine mögliche Lösung zunächst einmal gedanklich durchzuspielen.

Das Wort *Metapher* kommt aus dem Griechischen und bedeutet wörtlich »Übertragung«. Mithilfe einer Metapher »übertragen, übersetzen, transportieren« wir ein Wort in eine andere Bedeutung, die jedoch dem ursprünglichen Wortsinn noch ähnlich ist. Metaphern werden aus unterschiedlichen Gründen eingesetzt:

- Es existiert kein eigenes Wort für die zu beschreibende Sache, zum Beispiel: »Fensterrahmen« (zusammengesetzt aus den beiden Worten »Fenster« und »Rahmen«).
- Eine Metapher hilft dabei, komplexe und/oder abstrakte Sachverhalte zu veranschaulichen, Beispiele: »Der Lauf des Lebens«, der »Kampf gegen Windmühlen« oder »Die Mauer des Schweigens«.
- Mithilfe der Metapher lassen sich negativ bewertete Ausdrücke vermeiden und stattdessen unverfänglicher ausdrücken, zum Beispiel: mit dem Blick durch die »rosarote Brille« meinen wir die verklärende (zu) positive Wahrnehmung, oder bei der Bezeichnung von »Rabeneltern« meinen wir Menschen, die sich in unzureichendem Maße um ihr Kind kümmern.

Metaphern sind nicht nur ein sprachliches Element, sondern auch ein Aspekt unseres Denkens, das unsere Vorstellungskraft einschließt. Sie lassen sich daran erkennen, dass sie vor unserem inneren Auge Bilder entstehen lassen. Bilder lassen sich beobachten – und beschreiben. Anhand der Beschreibung unserer »inneren Beobachtungen« verschaffen wir uns Zugang zu dem mentalen Raum zwischen Logik (Sprache) und Fantasie (Bild). Metaphern bringen also unsere inneren Bilder nach außen. Und sie reduzieren Komplexität: Mit einer einzigen Wortwendung wird ein vielschichtiges Bild mit all seinen Facetten beschrieben. So gesehen legen Metaphern unser Denken offen, denn sie liefern Hinweise darauf, wie wir eine Situation tatsächlich wahrnehmen, wie wir sie uns erklären und deuten. Sie repräsentieren *Produkte der menschlichen Natur*[24], denn sie helfen uns dabei, unsere Erfahrungen zu verstehen:

- Unser körperliches Erleben, das die Wahrnehmung über die fünf Sinne einschließt, ebenso wie unsere Motorik und Emotionen, Körperfunktionen und Wohlbefinden.
- Das, was wir in den Kontakten bzw. Beziehungen zu anderen Menschen erleben.
- Das, wie wir unsere Umgebung und unser Lebensumfeld empfinden und bewerten.

Konzepte, die unser Denken strukturieren, strukturieren also auch unsere Wahrnehmung. Demnach werden unsere gesammelten Erfahrungen und die Bedeutung, die wir ihnen beimessen, durch unsere Sprachbilder verdeutlicht. Sie sind Teil unserer inneren Landkarten, sie beschreiben das Bild, dass wir uns vom Leben machen. Auch wenn uns dieses Konzept nicht dauernd bewusst ist, spielt es doch eine wichtige Rolle dabei, wie wir die Wirklichkeit definieren. Wir verstehen Situationen stets von unserem Denken her, daher ist auch die von uns wahrgenommene Wirklichkeit hiervon abhängig. Hierbei handelt es sich jedoch nie um die ganze Wahrheit, sondern immer nur um ein partielles Verstehen (siehe auch Kapitel »Der systemische Ansatz im Coaching«).

Aus diesem Grunde haben Metaphern eine so große Bedeutung in der systemischen Gesprächsführung, denn sie erlauben es, das zugrunde liegende Denkkonzept kommunikativ herauszuarbeiten. Dies geschieht dadurch, dass man die Sprache auf den Gebrauch von Metaphern hin untersucht und diese offenlegt, zum Beispiel indem der Coach durch gezielte Fragestellungen die Metapher hinterfragt und den Coachee selbst beschreiben lässt, was er darunter versteht. Erfahrungsgemäß ist es häufig so, dass Menschen schon in den ersten Sätzen eines Gesprächs von sich aus ein solches Sprachbild nutzen. Im Coaching erhält es einen wegweisenden Charakter für die Problementstehung und eröffnet erste Zugänge zur Lösung.

Praxisbeispiel:

Ich erinnere mich an eine Supervision, die ich selbst in Anspruch nahm, um eine schwierige Arbeitssituation zu betrachten. Im Rahmen der Auftragsklärung beschrieb ich diese als einen »Kampf gegen Windmühlen«. Der Supervisor griff sofort diese Metapher auf, ohne tiefer in die Problemlage einzutauchen. Vielmehr befragte er mich, wie es denn aussähe, gegen eine Windmühle zu kämpfen, welche Waffen dafür vonnöten wären usw. Mir wurde schon nach einigen Sätzen klar, wie aussichtslos und unsinnig mein Bemühen in dem vorgebrachten Fall war. In der Folge konnte ich mich zügig vom »Problem« lösen und einer anderen Front zuwenden, um dort die von mir angestrebte Veränderung zum Positiven herbeizuführen.

Eine weitere Möglichkeit besteht darin, dass der Coach bewusst eine Metapher einführt, um neue Denkansätze oder Betrachtungsmöglichkeiten zu erschließen. Metaphern sind insbesondere dann ein hilfreiches Mittel, um der Angst vor Veränderung entgegenzutreten. Sie ermöglichen es dem Coachee, sich gefahrlos auf unbekanntes Terrain vorzuwagen und auf spielerische Weise Neues auszuprobieren. Voraussetzung ist, dass die Metapher vom Coachee verstanden wird und anschlussfähig bleibt. Wenn der Coachee ein neues Sprachbild annimmt, dann hat dies Einfluss auf sein Denkkonzept. Er baut seine innere Landkarte aus. Dies erlaubt ihm, seine Wahrnehmung auf eine neue Art und Weise zu deuten und/oder Handlungen auszuführen, die vorher undenkbar schienen. So werden Metaphern zu »sich selbst erfüllenden Prophezeiungen«; sie haben die Kraft, neue Realitäten zu schaffen.

Nachstehende Fragestellungen bzw. Formulierungen haben sich im Coaching bewährt, um Metaphern anzuregen, aufzudecken oder einzuführen:

- Direkte Frage nach der Metapher: »Welches Bild stellt sich vor Ihrem inneren Auge ein, wenn Sie auf die Situation schauen?«
- Nennt der Coachee von sich aus eine Metapher, wird diese sofort aufgegriffen und im Folgenden genauer hinterfragt. Das heißt, der Coach lässt sich das Sprachbild ausführlich beschreiben und setzt dafür beispielsweise folgende Fragen ein: »Sie haben gerade gesagt: ›Mein Kollege fällt aus dem Rahmen‹. Wie sieht denn dieser Rahmen konkret aus? Ist er grün oder rot? Aus welchem Material ist der Rahmen? Trägt Ihr Kollege den Rahmen mit sich herum oder hängt mit ihm an der Wand? …«
- Eine andere Möglichkeit seitens des Coachs ist es, eine Metapher bewusst misszuverstehen und auf die Mehrdeutigkeit der verwendeten Worte hinzuweisen. Dies ist insbesondere dann hilfreich, wenn der Coachee eine verengte Wahrnehmung hat oder hartnäckig darauf beharrt, stets recht zu haben. Beispiel: Der Coachee formuliert

beim Hinsetzen: »Der Stuhl ist hart.« Und der Coach erkundigt sich nach den Verdauungsproblemen des Coachees.

- Der Coach kann von sich aus eine Metapher einführen: »Wenn ich Ihnen zuhöre, so wie Sie die Situation beschreiben, dann stellt sich bei mir die Vorstellung ein, es könnte sich auch um … (z. B. ›einen Kampf gegen Windmühlen‹) handeln. Der sähe dann so aus …« (Akzeptiert der Coachee die gewählte Metapher, lädt der Coach ihn ein, das Sprachbild seinerseits auszuschmücken. Schließlich deutet er es gemeinsam mit ihm, möglichst ressourcen- und lösungsorientiert.)
- Der Coach kann eine Geschichte erzählen. In diesem Fall führt die Erzählung in eine neue Denkwelt hinein und ermöglicht es dem Coachee, über die Beobachtung des Handlungsstrangs und der beschriebenen Akteure zu neuen Erkenntnissen zu gelangen. Diese Methodik ist in vielen spirituellen Traditionen weit verbreitet, denken Sie zum Beispiel an Geschichten, die mit Sätzen beginnen wie: »Kommt ein Mann zum Rabbi …« oder »Fragt ein Schüler seinen Meister …« Wichtig beim Geschichtenerzählen ist, dass sie inhaltlich passen und vom Coachee verstanden werden können. Anderenfalls führen sie weg vom eigentlichen Thema und verwirren mehr, als dass sie Nutzen stiften.

Eine weitere kommunikative Technik im systemischen Coaching ist der Gebrauch von Schlüsselwörtern. Als solche werden Worte bezeichnet, die sich durch vielfältige Deutungsmöglichkeiten auszeichnen und sich daher dazu eignen, neue Optionen zu eröffnen[25]. Sie sollen zu neuen Assoziationen anregen und ermöglichen ein tiefer gehendes Nachdenken. Sie erleichtern das Übergehen von einem Sprachbild zum anderen und erweitern den gedanklichen Spielraum. Beispiele für Schlüsselwörter:

- In Konfliktsituationen fällt häufig das Wort *Krieg*. Es erlaubt vielfältige Deutungen: Wer zieht gegen wen in den Krieg? Zieht etwa jemand für einen anderen in den Krieg? Wer wird angegriffen, wer ist der Aggressor? Wer oder was wird verteidigt? Mit welchen Waffen wird gekämpft? Gibt es eine erkennbare Strategie? Ist die Waffengewalt auf allen Seiten gleich verteilt? Ist der Krieg angemessen oder eine überzogene Reaktion? Was ist nötig, damit es zu einem Waffenstillstand oder Kriegsende kommen kann? …

- Ähnlich vieldeutig ist der Begriff *Streik:* Wer ist in den Streik getreten und warum? Wer wird bestreikt, gegen wen wendet sich der Streik? Ist der Streik gerechtfertigt? Wofür wird gestreikt? Was soll erreicht oder verhindert werden? Wie lange wird er wohl noch weitergehen? Was könnte helfen, ihn zu beenden? …
- Ein wichtiges Schlüsselwort ist der *Gedanke*, weil es Mehrdeutigkeit einführt: Die Frage danach, wann dem Coachee das erste Mal ein bestimmter Gedanke gekommen sei, erweitert die Denk- und Handlungsmöglichkeiten. So wird aus der anfänglichen Annahme »Ich bin eine schlechte Köchin!« in der Folge die Aussage »Ich denke, dass ich eine unfähige Köchin sei.« Dies impliziert bereits, dass es auch andere Meinungen dazu geben könnte.

Der zweite Teil dieses Buches berücksichtigt explizit eine besondere Form von Metaphern: Sprachbilder, die sich auf den Körper beziehen. Beispiele hierfür sind Aussagen wie: *Ich zerbreche mir den Kopf. Ich habe die Nase voll. Das verschlägt mir den Atem. Ihm ist eine Laus über die Leber gelaufen.* usw.

Derartige Metaphern ermöglichen es, das körperliche Erleben mit den dazugehörigen Denkkonzepten des Coachees zu verbinden und mögliche psychosomatische Aspekte herauszuarbeiten. Des Weiteren kann der kundige Yoga-Coach anhand dieser Formulierungen Rückschlüsse auf das Energiesystem des Coachees ziehen. Dies erlaubt ihm einerseits, zügig die Problemlage zu erfassen, und andererseits, ein unterstützendes Yoga-Programm zusammenzustellen. Wie dabei konkret vorzugehen ist, davon handelt der Praxisteil.

Eine weitere bekannte systemische Arbeitsweise ist die Methode der Aufstellung. Sie liefert ein »Bild im Raum«, anhand dessen komplexe Strukturen überschaubar und meist verborgene Hintergründe sichtbar und erfahrbar werden. In einer Aufstellung stellt der Coachee unter Anleitung des Coachs, z. B. in einem offenen Seminar, mithilfe von Stellvertretern die an einer Problemstellung beteiligten Personen und Elemente im Raum dergestalt auf, wie er sein System derzeit erlebt. Der Aufstellungsleiter arbeitet über das Feedback der Stellvertreter, die über das von ihnen repräsentierte System keinerlei Informationen haben, das verdeckte Problem heraus. Dies geschieht allein über ihre unmittelbare Wahrnehmung in der aufgestellten Konstellation. Der Coachee beobachtet diesen Prozess von außen, das heißt, er tritt vorübergehend aus seinem System heraus und kann darüber zu neuen Einsichten gelangen.

Die Aufstellungsarbeit berücksichtigt also zunächst das vorhandene Denkkonzept des Coachees (dies entspricht der Ursprungs-Aufstellung, die er vornimmt), führt den Coachee vorübergehend in eine Beobachterposition, sodass er – von außen – erkennen kann, wie über die Wahrnehmung der Stellvertreter ein anderes Bild im Raum entsteht, das ihm neue Sichtweisen und Handlungsoptionen ermöglicht. Auch wenn sich die Aufstellungsarbeit hinsichtlich der Vorgehensweise grundsätzlich von der systemischen Kommunikation unterscheidet, finden dort ähnliche Erkenntnisprozesse statt: Mithilfe der systemischen Fragen und bewusst eingesetzter Sprachbilder wird der Coachee in eine beobachtende und reflektierende Position geführt, die es ihm ermöglicht, seine innere Landkarte zu erweitern und zu neuen Lösungsansätzen zu gelangen.

Nach meiner Erfahrung ist die Arbeit mit Aufstellungen besonders dann von Nutzen, wenn es einem Coachee sehr schwerfällt, über die (systemische) Kommunikation in Reflexion zu gehen und bewusst verschiedene Blickwinkel zur Problemsituation einzunehmen bzw. nachzuempfinden. Häufig geschieht dies, wenn bestimmte Aspekte tabu sind und nicht angesprochen werden können, ja, vielleicht nicht einmal denkbar und damit auch nicht in Worte zu fassen sind. Dann ist es oft hilfreich, das innere Bild mithilfe von Stellvertretern quasi »aus dem Kopf zu holen« und in den Raum zu stellen. So kann aus sicherer Distanz auf das Ganze geschaut werden, und es wird erträglicher, auch tief liegende oder als schwer empfundene Themen anzuschauen, sie zu beschreiben und zu deuten.

Diese Art der Arbeit erfordert seitens des Coachs profunde Kenntnisse über die Vorgehensweise, das geeignete Setting sowie die Chancen und Grenzen der Aufstellung. Häufig werden im Rahmen einer Aufstellung auch verborgene Aspekte sichtbar, die einer geeigneten Interpretation bedürfen. Daher ist es besonders wichtig, dass der Coach in der Lage ist, sowohl die Stellvertreter als auch den Coachee sicher durch diesen Prozess zu führen und ihn dergestalt zu beenden, dass der Coachee mit seinen Erkenntnissen weiterarbeiten kann – und die Stellvertreter die von ihnen eingenommenen Rollen abgeschlossen haben.

Im Praxisteil dieses Buches wird auf die Aufstellungsmethodik insoweit Bezug genommen, wo es sinnvoll erscheint, einen Aspekt zu externalisieren, d.h. das innere Denkkonzept des Coachees nach außen zu transportieren und sichtbar zu machen. In diesem Fall wird die Aufstellung reduziert auf eine nach außen verlagerte Imagination, eine Art der Visualisierung, die es erleichtert, ein Problem zu betrachten.

Wer an Aufstellungsarbeit interessiert ist, sei es als Coach oder als Coachee, sollte in jedem Fall bedenken, dass diese Methode eine entsprechende profunde Qualifikation und Erfahrung seitens des Aufstellungsleiters erfordert. Dies ist nichts, was sich aus Büchern lernen lässt. Aus diesem Grunde sehe ich davon ab, im Praxisteil dieses Buches darauf einzugehen.

2.4 Anforderungen an erfolgreiches Self-Coaching

Üblicherweise versteht man unter Self-Coaching den Umstand bzw. die Fähigkeit, die eigene Entwicklung gezielt und systematisch voranzutreiben. Es handelt sich um einen Prozess, bei dem kein Coach hinzugezogen wird. Im Self-Coaching übernimmt man die Rolle des Beraters selbst, indem man die eigenen Ziele definiert, nach Lösungswegen sucht und Umsetzungsstrategien entwickelt. Der Begriff Coach kommt aus dem Englischen und lässt sich mit »Kutsche« übersetzen. In unserem Kontext fungiert der Coach wie ein Kutscher, der den Weg und die Entfernungen der Reise kennt und für ein stetiges Vorankommen sowie für angemessene Pausen sorgt. Beim Self-Coaching steigt man selbst auf den Kutschbock und steuert sich selbst auf dem Weg zum Ziel.

Diese Form der Selbstermächtigung wird häufig auch als Self-Empowerment bezeichnet und gelegentlich auch für Selbstverantwortung und Selbstbestimmung verwendet. Man versteht darunter all jene Strategien und Maßnahmen, bei der die betreffende Person ihren Handlungsspielraum ausschöpft und erhöht, um das eigene Leben eigenverantwortlich zu gestalten. Dabei geht man mit dem eigenen Vorhaben genauso strukturiert und systematisch vor wie ein professioneller Coach:

1. Zunächst wird das **Ziel** bestimmt, das man erreichen möchte. Bei der Definition kann man sich durchaus ähnliche Fragen stellen, die einem ein Coach zur Auftragsklärung stellen würde.
2. Beim Self-Coaching kommt es sehr darauf an, die eigenen **Poten-**

ziale auszuschöpfen. Dafür empfiehlt es sich, sich zu Beginn einen Überblick über die eigenen Fähigkeiten und Kompetenzen und die zur Verfügung stehenden Ressourcen zu verschaffen.

3. Üblicherweise hat der Coach die Aufgabe, neue Sichtweisen einzuführen. Auch im Self-Coaching werden Rückmeldungen anderer Personen einbezogen. Doch statt dem Coach übernehmen hier Freunde oder Kollegen diese Aufgabe. Anhand des von ihnen eingeholten **Feedbacks** kann die eigene Einschätzung der Problemlage überprüft und der persönliche Blickwinkel erweitert werden. Idealerweise wendet man sich damit an Menschen, von denen man weiß, dass sie zu einer konstruktiven und realistischen Unterstützung in der Lage sind.
4. Auch die notwendige **Reflexion** muss im Self-Coaching aus eigener Kraft geleistet werden. Dazu gehört neben den Überlegungen zur Problemlösung insbesondere die Auseinandersetzung mit widerstrebenden Gefühlen und dem inneren Schweinehund – gute Vorsätze allein reichen nicht aus! So gesehen bedingt Self-Coaching die Bereitschaft, sich aus eigenem Antrieb mit sich selbst zu beschäftigen, sich selbstkritisch zu beobachten und zu hinterfragen. Dieser wichtige Aspekt lässt sich durch die Yoga- und Meditationspraxis aktiv unterstützen, da die Übungen die Selbstwahrnehmung anregen und zu einem achtsamen Umgang mit sich selbst führen.
5. Last but not least führt ein erfolgreiches Self-Coaching nur dann zum Ziel, wenn **Motivation und Leistungsbereitschaft erhalten** bleiben. Dies setzt eine positive Einstellung sich selbst gegenüber voraus, z. B. sich so zu akzeptieren, wie man ist, und bei gleichzeitiger Bereitschaft, sich verändern und weiterentwickeln zu wollen. Wichtig ist es auch, sich nicht zu überfordern und sich stattdessen realistische Ziele zu stecken, die in gangbaren Schritten erreichbar sind. Eine gute Strategie ist es, auf etwas aufzubauen, was schon vorhanden ist. Ein weiterer wichtiger Aspekt ist es, sich für die angestrebte Veränderung ausreichend **Zeit** zu geben. Damit geht einher, sich erst einmal Zeiträume zu verschaffen, in denen man sich dem eigenen Vorhaben widmet.

An den vorgenannten Punkten wird deutlich, dass Self-Coaching ein gewisses Maß an Selbstorganisation und -steuerung erfordert. Den wenigsten Menschen ist dies in die Wiege gelegt.

Aus meiner eigenen Erfahrung weiß ich, dass diese Fähigkeiten erlernbar sind. Meine Ausbildungen zur systemischen Beraterin und Yoga-Lehrerin hatten zwar vorrangig das Ziel, damit andere Menschen zu unterstützen. Doch die verschiedenen Methoden habe ich mir dadurch angeeignet, indem ich sie selbst erprobt habe. Die Erfahrung, selbst gecoacht zu werden, hat mir ermöglicht, das vermittelte Wissen zunächst auf mich selbst anzuwenden und mir selbst zu helfen. So gesehen ist Coaching als Empowerment einzustufen: Es bietet einen Erfahrungsraum, in dem der Coachee lernt, mit Problemen eigenständig umzugehen. Damit ist es nicht nur eine Hilfe bei der Suche nach stimmigen Zielen und Lösungswegen, sondern es fördert zudem die persönliche Entwicklung. Eine Person, die im Rahmen eines Coachings erst einmal die Erfahrung gesammelt hat, wie sie mit Unterstützung durch einen Coach eine für sie schwierige Situation lösen konnte, wird in einem erneuten Problemfall hierauf zurückgreifen können und sich im Sinne des Self-Coachings zunächst selbst helfen können.

Doch Self-Coaching hat Grenzen. Diese liegen genau da, wo wir uns großen Herausforderungen gegenübersehen, die das momentan für uns Leistbare übersteigen. Dann ist es wichtig, sich selbst ehrlich einzugestehen: Ich muss nicht immer alles allein können! Wer sich festgefahren hat, Angst hat und von Sorgen getrieben ist, wenn die eigene Kraft und Zuversicht nicht ausreichen oder niemand da ist, der einem unterstützend zur Seite steht, dann ist es besser, sich professionelle Hilfe bei einem Coach oder einem anderen Spezialisten zu holen.

2.5 Coaching-Anlässe

Gründe, die Menschen in ein Coaching führen, sind so verschieden und vielfältig wie das Leben selbst. Eines ist jedoch allen gemeinsam: Sie wenden sich an einen Coach als Experten, von dem sie sich Unterstützung bei der Lösung eines Problems erhoffen und von dem sie glauben, es aus eigener Kraft nicht bewältigen zu können. Trotz dieser Vielfalt lassen sich die Anlässe für ein Coaching grob einteilen:

- Problemstellungen, die sich – zumindest vordergründig – in Beziehungen zu anderen Personen ergeben oder äußere Anlässe haben, z. B. offene Konflikte in Familie und/oder Beruf; ungünstige Lebens-

oder Arbeitssituation; neue berufliche Aufgabe, die als herausfordernd empfunden wird; finanzieller Engpass; unausgeglichene Work-Life-Balance.

- Problemlagen, die eine Person sich selbst zuschreibt, z. B. innere Konflikte; Entscheidungsunfähigkeit; von Sorgen und Ängsten beherrscht sein; die Unfähigkeit, sich anderen Menschen zuzuwenden und zu öffnen; mangelnder Mut, sich gegenüber anderen abzugrenzen; körperliche oder psychische Handicaps bzw. Gesundheitsbeschwerden; Sinnsuche.

Wie bereits dargestellt, geht man in der systemischen Arbeit davon aus, dass jemand, der ein Problem hat, auch an seiner Entstehung beteiligt ist und daher darauf Einfluss nehmen kann. Dabei blickt man auf das gesamte System, mithin auf alle beteiligten Personen oder Umstände, die für die jeweilige Situation relevant sind. Diese Betrachtung ist dem Menschen- und Weltbild des Yoga ähnlich. Yogi Bhajan hat es in der Formel ausgedrückt: »Innen und außen – alles ist Gott.« Die Aussage verweist darauf, dass der innere Zustand einer Person sich im äußeren Geschehen widerspiegelt wie auch umgekehrt – und damit eine Einheit bildet.

Ich erinnere mich an einen Besuch bei einem Heilpraktiker vor einigen Jahren. Ich beschwerte mich heftig darüber, wie schlecht ich mich fühlte, und machte meine damalige Lebens- und Arbeitssituation dafür verantwortlich. Schließlich beendete er meine Litanei mit der Aussage: *»Liebe Frau Reiche, hören Sie doch auf zu jammern. Sie haben sich selbst Ihr Leben so eingerichtet, wie es jetzt ist. Sie haben selbst entschieden, mit wem sie zusammenleben und -arbeiten. Wenn Ihnen das nicht gefällt, dann ändern Sie es eben wieder.«* So banal dies klingen mag, so sehr hat mir diese Intervention dabei geholfen, den Blick darauf zu lenken, dass ich a) direkt und aktiv beteiligt war und b) mein inneres Leiden sich in eben dieser Situation widerspiegelte. Ich habe dann noch einige Zeit gebraucht, um zu prüfen, was genau ich verändern wollte. Am Ende dieses Prozesses habe ich mich nacheinander aus beiden Umfeldern gelöst und meinem Leben insgesamt eine neue, für mich stimmige Richtung gegeben. Und – wie von Zauberhand – verschwanden im Zuge dessen nach und nach all jene Gesundheitsbeschwerden, die mich seinerzeit zum Heilpraktiker geführt hatten.

Im Yoga-Coaching, das im folgenden Kapitel dargestellt wird, werden die unterschiedlichen Wechselwirkungen zwischen innerer Wahrnehmung und dem eingebundenen System gleichermaßen berücksichtigt. Somit ist es tendenziell nachrangig, aus welchem Anlass jemand zum Coaching findet. Es wird stets auf »das Ganze« geschaut, also gleichermaßen auf die einzelne Person mit ihren verschiedenen Erfahrungsebenen wie auch das Umfeld, in dem sie sich bewegt.

Es mag vermessen klingen, doch mit diesem Ansatz lassen sich im Grunde fast alle Problemlagen einer Person bearbeiten. Ausnehmen möchte ich lediglich jene Fragestellungen, die eine spezifische Fachexpertise erfordern, z. B. juristische Kenntnisse, Vertriebserfahrung, einschlägiges Branchen- oder Produkt-Know-how, aber auch spezielles medizinisches oder therapeutisches Wissen. In solchen Fällen empfiehlt es sich sowohl für Coach als auch den Coachee, im Rahmen der Auftragsklärung genau zu prüfen, ob der Coach über die erforderlichen Voraussetzungen verfügt oder aber ein (weiterer oder anderer) Fachmann hinzugezogen werden sollte.

3. Einführung ins Yoga-Coaching

Neuere wissenschaftliche Studien weisen auf die enge Beziehung zwischen körperlichem Geschehen und psychomentalen Prozessen hin. So wurde im Rahmen einer Studie über demenzielle Erkrankungen nachgewiesen, dass Bewegung nicht nur auf die verschiedenen Organfunktionen und den Muskel-Skelett-Apparat einwirkt, sondern auch die Hirnplastizität günstig beeinflusst und das psychische Wohlbefinden steigert[26]. Im Bereich der aktiven Entspannungsmethoden ist Yoga seit Langem eine von den Krankenkassen anerkannte Methode zur Stressprävention. Darüber hinausgehend belegen zahlreiche Forschungen, dass sich die Yoga- und insbesondere die Meditationspraxis bei der Bewältigung und Behandlung vieler Krankheitsbilder günstig auswirkt[27]. Aber auch der Gesunde profitiert von den positiven Effekten, z. B. durch eine erhöhte Gelassenheit, Erfüllung und Freude.

Ein elementarer Aspekt aus systemischer Sicht ist die Tatsache, dass unsere Hirnstrukturen und -funktionen maßgeblich dadurch beeinflusst werden, wie wir uns bewegen und sprechen. Unser Handeln und unsere Kommunikation spiegeln sich auf körperlicher Ebene in der Beschaffenheit unseres Gehirns wider: Wir werden zu dem, was wir sagen und tun. So gesehen manifestiert sich unsere innere Landkarte und daraus folgend unser Verhalten in Form unseres Denkapparates und unseres Körpers. All diese Erkenntnisse unterstreichen die Notwendigkeit, die Wechselwirkung zwischen der körperlichen, psychischen und intellektuellen Ebene in Beratungs- und Bildungskontexten mehr als bisher zu berücksichtigen und körperorientierte Methoden zu integrieren.

Yoga gilt als der Königsweg, um Körper, Geist und Seele zu verbinden. Die yogische Philosophie und die Yoga-Praxis bieten viele Anknüpfungspunkte für ein ganzheitliches Coaching, das diese verschiedenen Ebenen berücksichtigt und Wirkungszusammenhänge aufdeckt. Damit geht ein Yoga-Coaching deutlich über den kognitiven Ansatz des klassischen Coachings hinaus und eröffnet dem Schüler (= Coachee) weit gefasste Entwicklungsmöglichkeiten. Yoga-Coaching ist weit mehr als das bloße Nebeneinander von Coaching und Yoga-Praxis. Vielmehr verflechten sich das »Denken in Beziehungen« und die reflektorischen Kommunikationstechniken aus der systemischen Arbeit mit den unterschiedlichen Wirkungsebenen des Yoga auf Körper, Geist und Seele. Hieraus erwächst ein Coaching-Konzept, das die sinnliche Wahrnehmung, Gefühle und Gedanken miteinander verknüpft und es dem Coachee erlaubt, sich vollständig zu erfahren, sein inneres Erleben zu beobachten und sich seiner selbst, insbesondere der ihn leitenden inneren Landkarte und spirituelle Erkenntnisse eingeschlossen, bewusst zu werden. Oder um es in den Worten Yogi Bhajans auszudrücken:

> »Die Erfahrung geht direkt in dein Herz und dehnt dein Bewusstsein aus, womit sich auch dein Verständnis von Gnade und Wissen um die Wahrheit erweitert. Schließlich verstehst du dein Dasein in Beziehung zum Universum und erkennst, dass du bereit bist, was wiederum zur praktischen Erfahrung der Unendlichkeit führt. Dann kannst du Kreativität und Unendlichkeit in allen Aspekten deines Lebens ausstrahlen.«[28]

In dem hier vorgestellten Ansatz des Yoga-Coachings werden Übungen und Meditationen aus dem Kundalini-Yoga ergänzt um Aspekte der systemischen Arbeit und um ausgewählte Tools aus der professionellen Erwachsenenbildung. Unter Einsatz des körperorientierten Yoga kann ein Coachee sein inneres Erleben in einem geschützten Raum nachvollziehen und reflektieren. Dies ermöglicht ihm, seine Erfahrungen zu bewerten und zu neuen Einsichten zu gelangen. Darüber hinaus bietet Yoga vielfältige Ansätze,

- um ein gesundheitsförderndes Verhalten des Klienten zu unterstützen.
- die Selbstheilungskräfte des Klienten zu aktivieren und/oder ihn dabei zu unterstützen, mit vorhandenen Beschwerden besser umzugehen.
- Energie und Kraft für anstehende Veränderungen aufzubauen.
- Eine kontinuierliche, tägliche Praxis erlaubt es zudem, gezielt auf Hirnstrukturen einzuwirken. Dies ist insbesondere dann günstig, wenn eine Person durch hinderliche Denk- und Verhaltensmuster blockiert ist oder es gilt, alte Erfahrungen hinter sich zu lassen und sich für neue Denkweisen zu öffnen.

Dem Yoga-Coach bieten die verschiedenen Coaching-Instrumente einen bewährten Handlungsrahmen, innerhalb dessen sich die Entwicklung des Klienten gezielt fördern lässt. Die Arbeitsweise eines Yoga-Coachs wird dadurch transparent und nachvollziehbar – ein nicht zu unterschätzender qualitativer Aspekt in der Abgrenzung zu anderen Beratungsangeboten.

Der hier vorgestellte Ansatz des Yoga-Coachings basiert auf Methoden und Lehren aus dem Kundalini-Yoga, wie er im ersten Kapitel vorgestellt wurde. Es ist davon auszugehen, dass sich dies mit dem Grundverständnis anderer Traditionen weitestgehend deckt:

Ebenen im Yoga-Coaching[29]	Thematische Anknüpfungspunkte
Seelische Ebene: **Die Seele hat die größte Heilkraft.** ***Diese Ebene beeinflusst die …***	Antworten auf Sinn- und Wertefragen suchen; Lebensaufgabe und Berufung hinterfragen. Spirituelle Praxis *(Sadhana)*: tägliche Yoga-Praxis, Meditation oder Gebet. *Erfordert vom Yoga-Coach:* ■ eigene spirituelle Praxis und Entwicklung. ■ Kenntnisse der yogischen Philosophie und/oder anderer geistiger Schulen. ■ ergänzt durch meditative Heiltechniken, z. B. dem geistigen Heilen z. B. mit Sat Nam Rasayan® aus der Tradition des Kundalini-Yoga
… geistige Ebene: **Die Welt der Vorstellungen und Gedanken** **Die mentale Ebene** ***beeinflusst die …*** **… emotionale Ebene:** **Die Welt der Gefühle und Emotionen** ***beeinflusst die …***	Destruktive Denk- und Verhaltensmuster und Gefühle bewusst machen; mentale Blockaden auflösen; Emotionen verarbeiten – Vergangenheitsbewältigung durch Schulung der Selbstwahrnehmung und Achtsamkeit unterstützt durch Meditation, begleitendes Coaching, ggf. Biografiearbeit. *Erfordert vom Yoga-Coach:* ■ Kenntnisse des Systems der Energiekörper, insbesondere der drei Aspekte des Geistes ■ Zielgerichtete Kommunikation unter Einsatz von geeigneten Beratungsmodellen und Coaching-Tools. ■ Auswahl von spezifischen Meditationen, um die Reflexionsfähigkeit des Coachees anzuregen und Denk- oder Verhaltensblockaden zu überwinden.

▶

Ebenen im Yoga-Coaching	Thematische Anknüpfungspunkte
... physische Ebene: Die Welt des Körpers und der fünf Sinne	Auswahl von Yoga-Übungen auf Basis des Chakra-Systems und ergänzender Empfehlungen für einen gesunden Lebensstil. *Erfordert vom Yoga-Lehrer:* ■ Kenntnisse des Chakra-Systems, das Körperfunktionen mit Lebensthemen in Zusammenhang bringt. ■ Kenntnisse über gesunde, ausgewogene Ernährung und Entlastungsdiäten, insbesondere aus dem Ayurveda ■ Anerkannte Ausbildung als Yoga-LehrerIn, umfangreiche Unterrichtserfahrung.

Yoga-Coaching ermöglicht auch eine besondere Form des Self-Coachings. Die Yoga-Praxis ist eine gute Unterstützung dabei, die Aufmerksamkeit auf die eigenen Wahrnehmungen und Gedankengänge zu lenken. Die Fähigkeit, sich selbst zu beobachten, erfordert einen gewissen Abstand zu sich selbst, der sich mithilfe der Meditation trainieren lässt. Indem man die Achtsamkeit auf sich selbst richtet, wird man zum Beobachter des inneren Geschehens.

Die Trennung zwischen uns selbst als Beobachter (innen) und der Welt (außen) ermöglicht uns, uns selbst erkennen und uns über das eigene Bild der Wirklichkeit bewusst zu werden. Im systemischen Sinne ist diese Unterscheidung (Dualität) die Voraussetzung für die Bildung bzw. Entwicklung der Identität einer Person. Die Abgrenzung zwischen sich selbst und den anderen/der Welt lässt uns erkennen, wer wir wirklich sind. Dies geschieht zunächst über Negation, also die Fähigkeit zu erkennen, wer oder was wir NICHT sind – Differenzierung und Negation als der erste Schritt zur Selbstbestimmung. Dieser Aspekt kommt insbesondere in der Suspension, einer Meditationsform, zum Tragen, bei der man den Gedankenstrom beobachtet, ohne sich mit einem einzelnen Gedanken zu identifizieren (vergleiche Kapitel »Das Übungssystem des Kundalini-Yoga«). Dieses mentale Verneinen ermöglicht es, sich von gewohnten Denkmustern zu lösen und die innere Landkarte zu erweitern. In der Ruhe und Leere des Geistes weitet sich der innere Horizont, frei von bisherigen Limitierungen wächst die Vorstellungskraft über die eigenen Möglichkeiten. Jenseits der bisherigen Identifikationen und Sichtweisen scheint schließlich die Frage auf: »Was möchte, was kann ich sein?«

Die yogische Philosophie geht davon aus, dass erst diese meditative Stille und Weite ermöglicht, die seelischen Impulse aufzunehmen und den Kontakt zum eigentlichen, höchsten Selbst aufzunehmen. Entscheidungen, die aus diesem Zustand heraus getroffen werden, sind frei von äußeren Einflüssen und Abhängigkeiten und ermöglichen es, im Einklang mit sich und der Welt zu handeln. Derartige Handlungen sind nach yogischem Verständnis neutral und »frei von Karma«, d.h., sie sind frei von Rückwirkungen. In der systemischen Arbeit spricht man vom »Sprung ins eigene Leben«.

3.1 Die Einbeziehung spiritueller Aspekte

Der Begriff *Spiritualität* kann wie folgt beschrieben werden: die durch seinen Glauben grundgelegte und seine konkreten Lebensbedingungen ausgeformte geistig-geistliche Orientierung und Lebenspraxis eines Menschen (siehe auch Einführungskapitel über Kundalini-Yoga). Je mehr sich jemand seiner geistigen Grundhaltung bewusst ist und diese zum Maßstab seines alltäglichen Handelns macht, desto mehr werden seine Entscheidungen und Handlungen authentisch sein und mit den eigenen Werten übereinstimmen. Spiritualität nimmt demnach wesentlichen Einfluss auf unsere Denkkonzepte, unsere inneren Landkarten, die wiederum unsere Wertungen und unsere Handlungen beeinflussen.

Aus diesem Grund kommt man – eigentlich – im Coaching an spirituellen Aspekten gar nicht vorbei. Eigentlich deshalb, weil wir in unserer Gesellschaft davon ausgehen, dass die religiöse Ausrichtung einer Person ihre Privatsache ist. Wenngleich die Religionsfreiheit ein im Grundgesetz verankertes Grundrecht ist (welches auch Weltanschauungen umfasst) und zudem die Präambel des Grundgesetzes beginnt mit den Worten »… vor Gott und den Menschen …«, vermeiden wir es im Alltag weitgehend, Diskussionen über die damit einhergehenden Themen zu führen. Die meisten Menschen rechnen zudem Spiritualität zwingend einer Religionszugehörigkeit zu und fürchten Konflikte über Glaubensfragen. Die Möglichkeit derartiger Auseinandersetzungen mag besonders in Deutschland ein historisch belastetes Thema, wenn nicht gar ein Tabu sein, aufgrund dessen wir Fragen nach dem Glauben und/oder der spirituellen Praxis einer Person hauptsächlich in religiösen Stätten verorten und Äußerungen dazu den Theologen überlassen.

Auch wenn Spiritualität zweifellos von religiösen, weltanschaulichen und kulturellen Aspekten geprägt wird, muss ein spiritueller Mensch nicht zwangsläufig einer Glaubensgemeinschaft angehören. So entstammt der Begriff *Spiritualität* dem lateinischen Wort *spiritus,* was so viel wie *Geist* oder *Hauch* bedeutet und damit im weiteren Sinne auf alles Geistige verweist. So gesehen entspricht die geistige Grundhaltung eines Menschen seiner spirituellen Dimension. Und sie wird dann zu lebendiger Spiritualität, wenn er sich in seinem alltäglichen Handeln bewusst hierauf bezieht und sie zur Leitlinie seines Verhaltens macht. Dieses kann wiederum in eine religiöse Überzeugung münden, muss es aber nicht. Will sagen: Auch ein Atheist kann ein zutiefst spiritueller Mensch sein.

Die spirituelle Ausrichtung eines Menschen hat also einen elementaren Einfluss auf sein alltägliches Handeln, auch jenseits von religiösen Ritualen hinter Kirchenmauern oder in Moscheen. In den vorangehenden Kapiteln ist eingehend erläutert worden, wie die bestehenden Denkkonzepte unsere Wahrnehmung sowie auch unser eigenes Verhalten beeinflussen. Sie bilden die Grundlage unserer inneren Werteskala, anhand der wir eine Situation einschätzen oder dem Verhalten einer anderen Person eine bestimmte Bedeutung zuschreiben. Wenn man der obigen Definition von Spiritualität folgt, dann ist sie ein ganz wesentlicher Teil unserer inneren Landkarte. Sie gibt uns Orientierung darüber, wie wir die Welt sehen und das Geschehen in ihr bewerten. Und sie bildet die Leitlinie unseres Handelns. Demnach bezeichnet Spiritualität die Fähigkeit, …

- das Leben auf Basis der eigenen geistigen Orientierung zu gestalten,
- den eigenen Wertmaßstäben gerecht zu werden und
- dadurch in Übereinstimmung mit uns selbst, unseren eigenen Vorstellungen und Gefühlen, zu leben.

Jeder Mensch hat Zugang zu seiner Spiritualität und ist in der Lage, diese zu nutzen und zu entwickeln. Spiritualität wird über eine Kombination aus Selbstwahrnehmung, Achtsamkeit und der Reflexion und Kommunikation über die gemachte Erfahrung angeregt. Ihre Entwicklung lässt sich durch verschiedene Methoden trainieren, bei denen jeweils die praktische Übung im Vordergrund steht, um eine ganzheitliche Erfahrung auf allen Ebenen des Seins zu ermöglichen, wie zum Beispiel Meditation und Selbstversenkung, Atem- und Körperübungen, Gesänge, Musik und Tänze. Jede dieser Praktiken ist im Grundsatz weltanschaulich neutral und funktioniert kulturübergreifend. Auch werden die genannten Methoden nicht immer bzw. nicht mehr ausschließlich in einem spirituellen Kontext praktiziert. Das macht es einerseits leichter, sie frei von religiösen Vorstellungen auszuüben. Andererseits geht dabei die ursprüngliche Zielsetzung verloren, über die Übungen das eigene Bewusstsein zu erfassen und zu erweitern.

Wer diese Methoden jedoch für seine spirituelle Entwicklung nutzen möchte, wird die volle Wirkung erst dann erfahren, wenn er sie regelmäßig ausübt, d. h. trainiert und über die sich einstellenden Effekte reflektiert. Erst durch die kontinuierliche Praxis wird es möglich, zu Erkenntnissen zu gelangen und zu einem Teil der inneren Landkarte werden zu lassen. So ist es über die Zeit möglich, die gewonnenen Einsichten in den Alltag zu integrieren und zu einer immer bewussteren Lebensgestaltung zu gelangen. Zur Einordnung der individuellen Erfahrungen in das persönliche Wertesystem und der sich daraus ergebenden Konsequenzen für das eigene Leben bietet ein dementsprechend gestaltetes Coaching den notwendigen Rahmen.

Ein erfolgreiches Coaching ist immer von Vertraulichkeit geprägt. Damit bietet es einen geschützten Raum, in dem zwischen Coach und Coachee alles zur Sprache kommen kann, was der Problemlösung dienlich ist. Spirituelle Fragestellungen gewinnen in Coachings zunehmend an Bedeutung. Dies mag daran liegen, dass unsere schnelllebige Zeit immer mehr Anpassungsleistungen von uns verlangt. Unser äußeres Umfeld bietet aufgrund der ständig wechselnden Lebensbedingungen immer weniger Orientierung darüber, wer wir sind und was uns ausmacht. Die Suche nach den Antworten auf diese Fragen ist heutzutage ein lebenslanger Prozess. Das heißt, wir müssen im Laufe des Lebens häufig unsere Identität immer wieder überprüfen und weiterentwickeln, anpassen und neu definieren. Im Gegensatz hierzu waren die Identität stiftenden Gegebenheiten noch vor wenigen Jahrzehnten relativ stabil: Wir lebten in der gleichen Stadt wie die Eltern, wir heirateten standesgemäß und erwählten denselben Beruf, den auch unsere Vorfahren schon ausübten. Diese einst festgefügten Lebensgrundlagen sind in der Vergangenheit in Bewegung gekommen – Flexibilität in jeder Hinsicht ist gefragt.

Doch was bleibt übrig, wenn die altbekannten Strukturen wegbrechen? Was macht dann noch Sinn? Sobald diese Fragen im Coaching gestellt werden, sind spirituelle Aspekte im Spiel. Wenn sich die tradierte bzw. geprägte Lebens- und Arbeitsweise verändert, stellt das gewissermaßen unsere Welt – unser Denkkonzept, und damit uns selbst – auf den Kopf. Es wird notwendig, unsere Weltanschauung (das heißt: »die Art, wie wir die Welt anschauen«) zu überprüfen, überholte Überzeugungen zu korrigieren, aber auch bewusst an den für uns wichtigen Werten festzuhalten. So lenken wir den Blick von den äußeren, sich ständig verändernden Gegebenheiten nach innen und finden in uns selbst die Stabilität, die im Außen verloren gegangen ist. Dieser Entwicklungsprozess ermöglicht es einer Person, gleich einem Seiltänzer, in der Veränderung (der Bewegung, dem Tanz auf dem Seil) immer noch im Gleichgewicht und damit stabil zu bleiben.

Die Integration dieser Thematik erfordert – neben einer professionellen Kommunikationskompetenz – vom Coach …

- … die Fähigkeit, einen neutralen Raum zu schaffen, in dem zutiefst persönliche Erfahrungen sowie Weltanschauungen ausgesprochen bzw. weiterentwickelt werden können. Dabei tut der Coach gut daran, seine eigene Toleranzfähigkeit gegenüber ihm fremden Weltanschauungen selbstkritisch im Blick zu behalten, um auch in spirituellen Fragen die notwendige Neutralität wahren zu können und seinerseits nicht dogmatisch zu werden.
- … die Auseinandersetzung mit jenen weltanschaulichen Konzepten, die maßgeblich für seine Arbeit sind. Wer also Yoga in sein Methodenspektrum aufnehmen möchte, tut gut daran, sich eingehend mit der dahinter stehenden Philosophie und den Wurzeln der jeweiligen Tradition zu befassen. Dies ist unbedingt notwendig, um aufkommende Fragen richtig einordnen und hilfreiche Interpretationen vornehmen zu können.
- … eigene Erfahrungswerte mit jenen Methoden, auf deren Basis er sich mit seiner Spiritualität auseinandersetzt und die er – mit entsprechender Schulung bzw. Ausbildung – selbst anleiten kann.

Letztendlich entscheidet nicht der Coach, sondern immer der Coachee darüber, inwieweit Spiritualität explizit zum Thema gemacht wird. Doch auch, wenn der Coachee keine erkennbare Offenheit hierfür besitzt, kann der Coach seine persönliche spirituelle Praxis dafür nutzen, die eigene innere Landkarte zu erweitern. Dies erlaubt ihm, neue Denkansätze ins Coaching einzuführen und/oder gemeinsam mit dem Coachee über Sinn- und Wertefragen zu reflektieren.

3.2 Wann ist es sinnvoll, einen Yoga-Coach einzuschalten?

Wie bereits im Vorwort dargestellt, bietet Yoga-Coaching vielfältige Anknüpfungspunkte. Nach meiner Erfahrung hat sich dieser Ansatz insbesondere dann als wertvoll erwiesen, wenn die Problemlage des Coachees eines oder mehrere der nachstehenden Themenfelder berührt:

- **Prävention und Gesundheitsförderung**, z. B. im Kontext von: Burnout-Prophylaxe und Nachsorge; Selbststeuerung unter Stress; Stressabbau; Resilienztraining; psychomentale Entlastung.
- **Aktivierung der physischen Selbstheilungskräfte**, insbesondere begleitend zu herkömmlichen Therapien, z. B. bei folgenden Krankheitsbildern:
  Bluthochdruck; Erkrankung der Atemwege; Migräne und Spannungskopfschmerz; Beschwerden des Bewegungsapparates (Rückenschmerzen, Ischiasbeschwerden, Gelenkerkrankungen etc.); Schlafstörungen; hormonell bedingte Krankheitsbilder; Verdauungsprobleme.
- Besonders wertvoll hat sich Yoga-Coaching erwiesen zur Unterstützung von Menschen mit **chronischen Erkrankungen**, z. B. Allergien; chronische Schmerzpatienten, Autoimmunerkrankungen wie Rheuma oder multiple Sklerose. Im Falle einer dauerhaften Erkrankung ist es erfahrungsgemäß für den Betroffenen von unschätzbarem Wert, über die Yoga-Praxis das eigene Wohlbefinden selbst beeinflussen zu können und mit dem Krankheitsbild leben zu lernen.
- Yoga wirkt über den Körper auf die Psyche ein und eignet sich daher hervorragend zur Begleitung bei **psychomentalen Erkrankungen**, z. B. Depression; Angststörungen und Phobien.
- Lebenssituationen, die eine **Denk- und/oder Verhaltensänderung** erfordern, beispielsweise bei Übernahme neuer beruflicher Aufga-

ben, in Konfliktsituationen, aber auch nach Herzinfarkten, Burnout-Diagnosen oder im Falle chronischer Erkrankungen, siehe oben.

- In **Lebens- und Sinnkrisen** ist das ganzheitliche Welt- und Menschenbild des Yoga besonders hilfreich, da es die verschiedenen Wahrnehmungsebenen berücksichtigt. Der systemische Ansatz bezieht zudem die jeweiligen Lebensumfelder ein. Diese Kombination erlaubt es dem Coachee, sein inneres Erleben mit dem äußeren »großen Ganzen« in Beziehung zu setzen, sich zu orientieren und neu auszurichten.
- Yoga-Coaching ist eine hilfreiche Unterstützung bei der **Vergangenheitsbewältigung**. Eine Facette des systemischen Ansatzes ist die Biografiearbeit, die Reflexion über die eigene Familiengeschichte. Die Verknüpfung mit einer Yoga-Meditations-Praxis erleichtert es, überlieferte Denkweisen hinter sich zu lassen, auch wenn diese über lange Jahre aufrechterhalten worden sind. Der Kundalini-Yoga kennt zudem spezifische Meditationen, die dabei helfen, unangenehme und belastende Erfahrungen zu vearbeiten. Diese setzen auf dem »Gedächtnis des Körpers« auf und ermöglichen es – unter Begleitung eines entsprechend ausgebildeten Yoga-Coaches –, neue Blickwinkel auf die eigene Geschichte zuzulassen sowie Traumata zu verarbeiten.

Die oben beschriebenen vielfältigen Möglichkeiten zeigen, dass Yoga-Coaching weit mehr bietet als ein Personal-Training. Dieses beschränkt sich weitgehend auf das Erlernen von – oft individuell angepassten – Yoga-Asanas mit dem Ziel, zu einer eigenständigen Praxis zu gelangen. Yoga-Coaching geht über den Ansatz des Einzelunterrichts weit hinaus. Es strebt die persönliche Entwicklung des Coachees an und bietet Hilfe zur Selbsthilfe. Wer ein Yoga-Coaching in Anspruch nimmt, will zum einen Lösungen für eine problematische Situation finden. Zum anderen wird der Coachee persönlich wachsen, sein Methodenspektrum ausbauen und die innere Landkarte erweitern, zu neuen Erkenntnissen über sich selbst und die Welt gelangen.

Dieser Anspruch erfordert vom Yoga-Coach besondere Kompetenzen, die in einer regulären Yoga-Lehrerausbildung üblicherweise nicht vermittelt werden. Womit sich die Frage stellt, woran man einen qualifizierten Yoga-Coach erkennen kann.

3.3 Anforderungen an einen professionellen Yoga-Coach

Jedes Coaching setzt eine vertrauensvolle Basis voraus. Aus diesem Grunde wenden sich Menschen mit ihren Anliegen üblicherweise an einen ihnen bereits bekannten oder von anderen empfohlenen Yoga-Coach. Kann dieser die Anfrage nicht selbst beantworten, weil z. B. ein bestimmtes Fachgebiet berührt wird, wird er an eine entsprechende Fachperson verweisen. Wer gezielt nach einem Yoga-Coach sucht, kann sich an folgenden Aspekten orientieren:

- Über welche Berufs- und Lebenserfahrung verfügt der Yoga-Coach?
- Welches Selbstverständnis bzw. welche Philosophie vertritt der Yoga-Coach?
- Welche Erfahrungen hat er als Yoga-Lehrer? Seit wann und in welchem Umfang bietet er Coaching, Einzelunterricht oder Beratung an?
- Welche Methoden setzt er im Coaching ein?
- Macht er seine Arbeits- und Vorgehensweise von vornherein transparent, schafft er einen klaren Rahmen für das Coaching? (Hinweis: viele Coaches stellen dies auf ihren Homepages dar.)
- Welche Coaching-Qualifikationen hat er sich angeeignet? Wo wurde er ausgebildet und wird seine Ausbildung bzw. das Ausbildungsinstitut von einem Fachverband anerkannt?
- Gibt es bzw. nennt der Coach auf Anfrage Empfehlungsgeber, mit denen man Rücksprache halten kann?

Jenseits dieser Fragen ist jedoch ein Faktor entscheidend, der in keiner Ausbildung erworben werden kann oder anderweitig erlernbar ist: Yoga-Coaching kann nur dann erfolgreich sein, wenn der Coachee sich beim Coach gut aufgehoben fühlt und sich eine vertrauensvolle Atmosphäre einstellt. Andernfalls wird es zu keinem offenen Gespräch kommen, und der Coachee wird gegenüber den Anregungen des Coach skeptisch bleiben oder sie gar ablehnen. So kommt der Ratsuchende nicht daran vorbei, sich umzuhören und gegebenenfalls verschiedene Kontakte aufzunehmen, um herauszufinden, wer zu ihm passt.

»Du kannst die Zeit nicht anhalten, doch du kannst Raum geben.«
Yogi Bhajan

Im Coaching selbst offenbart sich die Haltung des Yoga-Coachs: Er bewahrt sich eine neutrale Grundhaltung, haftet weder an den Problemen noch an der Person des Coachees an und verfolgt stets das Ziel, das Potenzial des Coachees herauszukitzeln. Hier fließen die wesentlichen Anforderungen an einen systemischen Coach mit denen an einen spirituellen Yoga-Lehrer zusammen.

Im Laufe unserer Lebenszeit sammeln wir Erfahrungen, aufgrund derer wir lernen und uns weiterentwickeln können, sofern wir uns damit aktiv auseinandersetzen und Erkenntnisse daraus gewinnen. Meistens ziehen Menschen es jedoch vor, die Vergangenheit mehr oder weniger unreflektiert hinter sich zu lassen und zum nächsten Lebensabschnitt überzugehen. Dabei wiederholen sie Denk- und Verhaltensmuster so lange, bis sie die Lektion verstanden und aus ihr gelernt haben.

Im spirituellen Sinne hat ein Yoga-Coach die Aufgabe, diesen Lernprozess zu beschleunigen. Dabei geht er aktiv vor und wartet nicht darauf, bis der Coachee irgendwann von selbst zur Einsicht gelangt. Er legt »Hammer und Meißel« an: Seine Aufgabe ist es, dem Coachee blinde Flecken bewusst zu machen. Das Ziel ist, dass der Coachee schneller an die zu knackenden Themen gelangt und der Kreislauf der sich ständig wiederholenden Erfahrungen durchbrochen wird. Gleich einem spirituellen Lehrer erkennt der Yoga-Coach die Unzulänglichkeit des Coachees und gibt ihm mit Yoga eine Methode, daran zu arbeiten. Dabei bleibt der Coachee stets frei, dies anzunehmen und daran zu arbeiten. In Anlehnung an das typische Vorgehen eines spirituellen Lehrers lässt sich diese Vorgehensweise mit *»poke-provoke-confront-elevate«* zusammenfassen:

- **»poke«**
  Der Yoga-Coach piekt durch gezielte Fragen und bringt den Schüler zum Nachdenken.
- **»provoke«**
  Der Yoga-Coach provoziert Reaktionen, z. B. durch extreme Stellungnahmen oder besonders herausfordernde Aufgabenstellungen (Yoga-Übungen/Meditationen).

- **»confront«**
  Der Yoga-Coach konfrontiert den Schüler mit dem anstehenden Thema, d. h., er spricht auch unangenehme Aspekte mutig und direkt an und hebt sie dadurch ins Bewusstsein.
- **»elevate«**
  Der Yoga-Coach zeigt dem Schüler vorhandene Stärken und Entwicklungspotenziale auf, macht Mut, ist wertschätzend, arbeitet unterstützend und stärkend.

Doch darüber hinausgehend zeichnet sich ein Yoga-Coach vor allem dadurch aus, dass er in der Lage ist, durch seine Kommunikation und seine Aufgabenstellungen die Denkkonzepte des Coachees zu erweitern und bestehende Limitierungen aufzulösen. Er ebnet damit dem Coachee den Weg für eine beschleunigte Entwicklung. Eine solche Haltung setzt ein bestimmtes Maß an persönlichem Wachstum voraus, die sich nur im Rahmen fundierter Ausbildungen und einer kontinuierlichen spirituellen Praxis erreichen bzw. aufrechterhalten lässt.

Auf der nachstehenden Übersicht sind die wesentlichen Techniken zusammengefasst, die im Yoga-Coaching zum Einsatz kommen. Der zweite Teil des Buches fokussiert auf die Integration der Yoga-Praxis in den Coaching-Prozess. Eine wesentliche Grundlage bildet hierbei das Chakra-Energiemodell, das körperliche und psychische Aspekte miteinander in Beziehung setzt und es ermöglicht, spezifische Coachingfragen zu stellen. Auf dieser Basis kann der geübte Yoga-Coach ein gezieltes Yoga-Programm zusammenstellen, das den Coachee in seiner persönlichen Entwicklung optimal unterstützt.

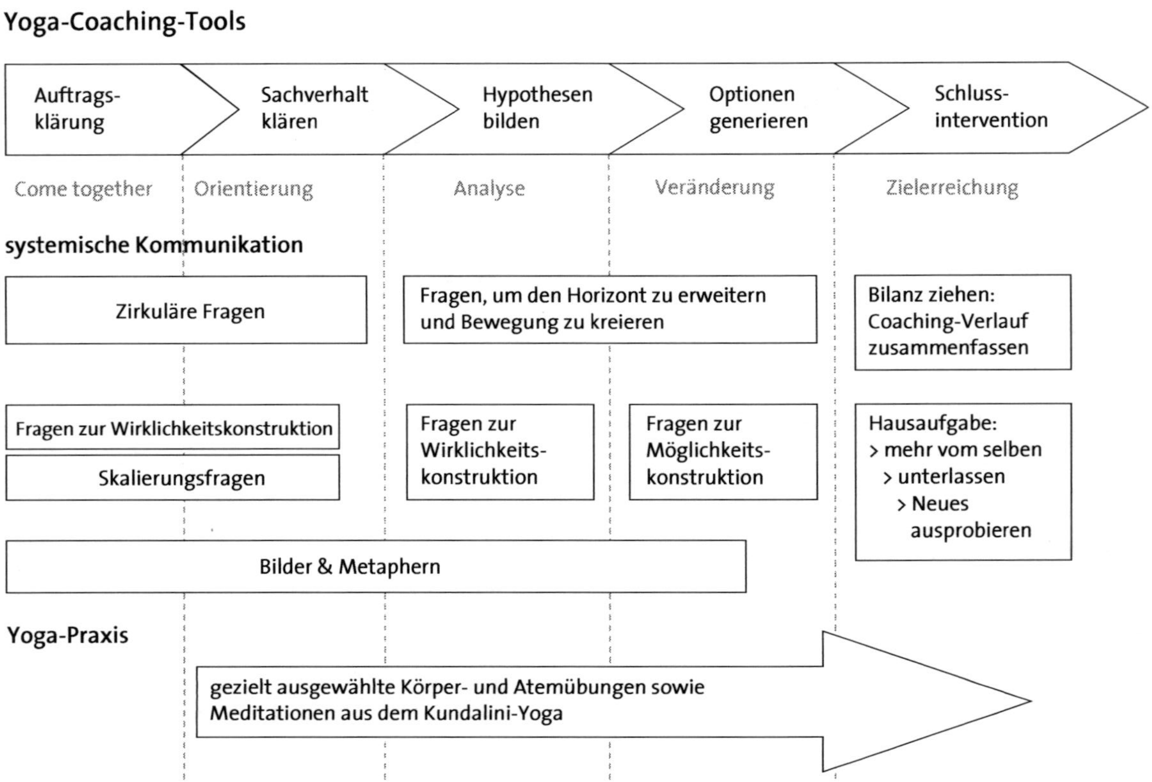
Yoga-Coaching-Tools
Auftrags-klärung
Sachverhalt klären
Hypothesen bilden
Optionen generieren
Schluss-intervention
Come together
Orientierung
Analyse
Veränderung
Zielerreichung
systemische Kommunikation
Zirkuläre Fragen
Fragen, um den Horizont zu erweitern und Bewegung zu kreieren
Bilanz ziehen: Coaching-Verlauf zusammenfassen
Fragen zur Wirklichkeitskonstruktion
Skalierungsfragen
Fragen zur Wirklichkeits-konstruktion
Fragen zur Möglichkeits-konstruktion
Hausaufgabe: > mehr vom selben > unterlassen > Neues ausprobieren
Bilder & Metaphern
Yoga-Praxis
gezielt ausgewählte Körper- und Atemübungen sowie Meditationen aus dem Kundalini-Yoga

4. Die Yoga-Coaching-Toolbox

4.1 Chakren – Eine Landkarte der Energie

Im Einführungskapitel zur systemischen Arbeit ist die Bedeutung unserer Denkkonzepte für die Wahrnehmung der Welt und unser Verhalten ausführlich beschrieben worden. Eines der grundlegenden Modelle des Yoga ist das Chakra-Energiesystem. Die Existenz dieses energetischen Systems ist zwar anatomisch nicht nachweisbar, kann jedoch von feinfühligen Menschen wahrgenommen werden. Die jahrtausendealte Geschichte des Yogas beruht auf dem Erfahrungsschatz unzähliger Meister, die über genaue Kenntnisse über den Aufbau und die Wirkweise der Chakren verfügten und ihre Schüler dementsprechend unterwiesen haben.

Im systemischen Verständnis handelt es sich bei dem Chakra-Modell um eine mögliche Beschreibung der Welt, die es erlaubt, Verbindungen und Rückkopplungseffekte auf körperlicher und psychischer Ebene zu erklären und zu deuten. Auch lassen sich sinnliche Wahrnehmungen und geistige Prozesse in Bezug zum menschlichen Organismus setzen. Das Chakra-System stellt damit ein Interpretationsmodell zur inneren Selbsterfahrung dar. So gesehen ermöglicht diese energetische Landkarte eine Erweiterung der in der westlichen Welt üblichen Denkweise, die dazu tendiert, Körper und Geist voneinander unabhängig und funktional zu betrachten bzw. zu behandeln. Auf Basis dieses Systems lassen sich im Rahmen eines Coachings Wirkungszusammenhänge verdeutlichen und gezielte Fragen stellen, um zum Kern einer Problemlage vorzustoßen. Darüber hinausgehend regen ausgewählte Yoga-Übungen und Meditationen den Energiefluss in dem jeweiligen Bereich an, was wiederum den menschlichen Organismus sowie die Psyche beeinflusst. Diese am eigenen Leib erfahrene Wirkung ermöglicht es dem Praktizierenden, sein Denkkonzept zu erweitern und zu neuen Einsichten zu gelangen sowie Möglichkeiten der Selbststeuerung zu entwickeln.

Das Chakra-System[30]

Das Wort *Chakra* bedeutet sinngemäß Rad, Wirbel oder Lichtrad. Die Chakras werden als feinstoffliche Energiezentren beschrieben, die den physischen Körper permanent mit Energien der unterschiedlichsten Frequenz und Qualität versorgen. Diese verschiedenen Kräfte werden von den Chakras angezogen, umgewandelt und auch wieder abgegeben. Über die Chakras stehen wir energetisch ständig in Kontakt mit unserer Umwelt.

Der Hauptenergiestrom *(Sushumna)* ist ein vertikaler Energiefluss, der entlang des Rückenmarks auf und ab pulsiert. Am Steißbein und am Scheitel reicht er über die Grenzen des physischen Körpers hinaus. Entlang dieses zentralen Energiekanals befinden sich sieben Hauptchakras. Die Chakras haben die Form eines Trichters, dessen Spitze im Hauptkraftstrom wurzelt. Ihre Öffnung reicht über den physischen Körper hinaus in das äußere Energiefeld hinein. Dieses wird nach Yogi Bhajan als eigenständiges Energiezentrum betrachtet: Es handelt sich um den *Aura-Körper*, der den physischen Körper als elektromagnetisches Feld umgibt.

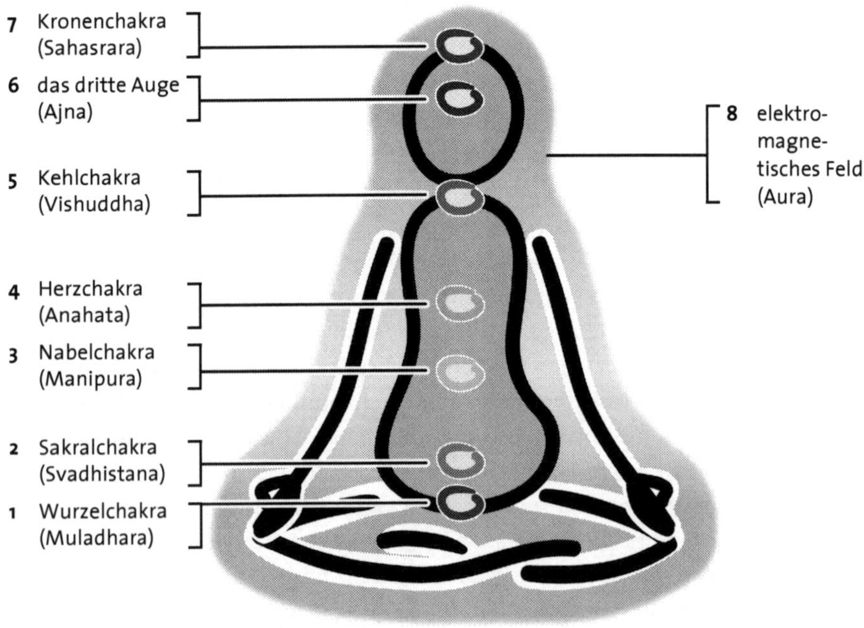

Die Chakras fungieren als Schleusen, die den Energieaustausch zwischen der Aura und der jeweiligen Chakra-Ebene regulieren. Der Energiefluss im Chakra gleicht einem kreisförmigen Wasserwirbel. Je mehr Energie durch das Chakra fließen kann, desto besser wird das menschliche System mit Energie versorgt und desto gesünder ist der Mensch. Grundsätzlich wird die Durchlässigkeit im Chakra verbessert, indem der Prana-Fluss angeregt wird. Prana beseitigt energetische Blockaden und sorgt dafür, dass das Chakra offen bleibt und die Energie fließt.

Die Lage der Chakras entlang der Wirbelsäule bildet eine anatomische Zuordnung ab. So versorgt jedes Chakra bestimmte Körperregionen bzw. beeinflusst die entsprechenden Organfunktionen. Jedes der Hauptchakras entspricht dabei bestimmten Bereichen des endokrinen Systems (des Drüsensystems) und/oder analogen Nervengeflechten im Körper.

Die physische Zuordnung erlaubt es zwar, durch bestimmte Methoden, zum Beispiel gezielt ausgewählte Yoga-Übungen, Einfluss auf den Energiefluss zu nehmen, um ihn zu aktivieren und zu harmonisieren oder auch Blockaden aufzulösen. Dabei ist jedoch die energetische Wechselwirkung im Gesamtsystem zu berücksichtigen. So stehen die unteren drei Chakras (1 – 3) für die Aspekte der Ausscheidung und Reduzierung. Auf physischer Ebene spiegeln sich diese in der Nahrungsaufnahme und -verwertung wider. Die am Verdauungsprozess beteiligten Organe werden energetisch von den unteren drei Chakras versorgt:

3. Chakra: Magen, Leber, Galle, Darm
2. Chakra: Nieren und Blase
1. Chakra: Rektum

Die unteren Chakren werden ausbalanciert von den drei oberen Chakras (5 – 7), die die geistigen Prozesse steuern. Hierzu zählen die Kommunikation (5. Chakra), das Erschaffen von Ideen und Lösungen mithilfe der Vorstellungskraft (6. Chakra) und das Speichern und Verfeinern von Informationen (7. Chakra). Vereinfacht ausgedrückt, steht das obere Chakra-System für die geistige Verdauung von Erfahrungen, während das untere Chakra-System die physische Verdauung reguliert.

Das Zentrum des energetischen Ausgleichs liegt im vierten Chakra, dem Herzzentrum. Dies mag Grund dafür sein, dass in den meisten

Traditionen der Entwicklung der Herz-Chakras eine so herausragende Bedeutung beigemessen wird.

Der energetische Zustand der Chakras beeinflusst jedoch nicht nur das körperliche Wohlbefinden, sondern auch unseren emotionalen und mentalen Zustand. Jedem Chakra lassen sich archetypische Aspekte zuordnen, die für bestimmte Lebensthemen und Aufgaben stehen. Ist ein Chakra energetisch blockiert oder aus dem Gleichgewicht geraten, kann sich das neben körperlichen Beschwerdebildern eben auch in bestimmten Denk- und Verhaltensmustern oder emotionalen Schieflagen äußern. Die Tabelle auf Seite 90/91 gibt eine Übersicht über die möglichen Ausprägungen

In unserem Sprachgebrauch wird das Wort »Energie« üblicherweise in verschiedenen Kontexten benutzt: Es gibt nukleare Energie, elektrische Energie, Wind- und Sonnenenergie, physikalische Energie wie Magnetismus oder Schwerkraft usw. So wie es dem Menschen gelungen ist, die auf natürlichen Ressourcen beruhenden Kräfte zu bündeln und nutzbar zu machen, so zielt die Yoga-Praxis darauf ab, die in ihm vorhandenen Kräfte zu erwecken, aufzubauen und so zu steuern, dass ein Gleichgewicht im »System Mensch« erreicht wird. Diese energetische Balance ermöglicht es dem Menschen, ein gesundes und erfülltes Leben zu führen.

Auf den Menschen angewandt versteht der Yoga unter »Energie« all jene Kräfte, die in unserem menschlichen System aktiv sind und körperliche sowie emotionale und mentale Prozesse beeinflussen.

Die Bezeichnung *Kundalini* beschreibt die schöpferischen Aspekte des universellen Kraftstroms. Alles, was existiert, ist Ausdruck der Kundalini und wird von *Prana* genährt. Prana ist die Ur-Ressource, aus der jedwede Existenz hervorgeht. Doch Prana an sich ist keine gestaltende Kraft, sondern lediglich eine latent vorhandene Energie, die einen Handlungs- bzw. Schöpfungsimpuls braucht, damit sich etwas durch sie materialisieren kann. Prana bekommt erst im Zusammenwirken mit Kundalini eine Zielrichtung. Immer dann, wenn etwas seine Form verändert oder verliert, also von einem Zustand in einen anderen übergeht, ist die Kundalini als der ursprüngliche kreative Aspekt der Natur daran beteiligt. Die Kundalini ist aktiv bei allen natürlichen Wachstums- und Transformationsprozessen, beim Wachsen der Bäume genauso wie beim Verdauungsprozess und anderen Körperfunktionen.

Wie die uralte yogische Philosophie geht auch die Quantenphysik davon aus, dass unterhalb der atomaren Ebene nur Energie und Information (= Geist) existiert. Die moderne Wissenschaft beschreibt das Entstehen von Materie so, dass das Zusammenwirken von Energie und Geist zur Verdichtung von atomaren Teilchen und schließlich zur Materie führt, wobei die Struktur der Materie maßgeblich vom geistigen Input beeinflusst wird. Die moderne Wissenschaft legt also die gleichen ursprünglichen Schöpfungskomponenten zugrunde: Prana = Energie und Kundalini = Information/Geist.

Ist die Kundalini erst einmal aktiv, unterliegt sie einer gewissen Eigensteuerung[31]. Gleich Wasser, das sich über alle Hindernisse hinweg sein eigenes Flussbett sucht, bahnt sich der Strom der Kundalini unaufhaltsam seinen Weg im menschlichen Energiesystem. Dabei löst sie Erkenntnisprozesse aus, zum Beispiel über das Zustandekommen des momentanen Gesundheitszustandes. Dies ermöglicht dem Menschen, die schädlichen Aspekte zu beseitigen und frei von äußeren Abhängigkeiten zu werden[32].

Jede Yoga-Tradition hat letztlich die Erweckung der Kundalini zum Ziel. Im Ursprung geht es im Yoga darum, das eigene Dasein als Aspekt der gesamten Schöpfung zu erkennen. Der Mensch spürt, dass er eins ist mit allem, was IST, und erfährt die Unendlichkeit seiner Natur. Die Kundalini als kreativer Ausdruck der unendlichen Schöpfungsnatur kann nicht gebremst oder unterdrückt werden, wenn sie erst einmal aktiv ist. Vielmehr ist es notwendig, die Energie zu lenken und im menschlichen System nutzbar zu machen, um die von ihr ausgelösten Wachstumsprozesse bewältigen zu können. Der Yoga kennt viele Techniken (Körper-, Atemübungen und Meditationen), die den Praktizierenden dabei unterstützen, immer wieder aufs Neue ein energetisches Gleichgewicht herzustellen und die Erfahrung des EINS-Seins zu ermöglichen.

Jedwede Yoga-Praxis, die lediglich als eine Regel befolgt wird oder einseitig bleibt, ohne die Wirkungszusammenhänge zwischen Körper, Geist und Seele ins Bewusstsein zu heben, verfehlt menschliches Wachstum. Demnach kann also nur eine bewusste Handlung zu einem bestimmten Resultat führen. Das dem Yoga zugrunde liegende energetische Erklärungsmodell liefert die Basis hierfür. Wer die Wirkungsweise der Yoga-Übungen und Meditationen verstehen will, die eigene Praxis an den eigenen Bedürfnissen ausrichten möchte oder Empfehlungen für andere Menschen entwickeln möchte, kommt nicht umhin, sich eingehend damit zu beschäftigen.

Chakra	*Körperliche Ebene*	*Sinn/ Element*	*Aufgabe/Thema*	Auswirkung bei Ungleichgewicht			
				Typische körperliche Beschwerdebilder	Verhalten	Emotionale Störung	Mentale Störung
8	Nervensystem		Ausstrahlung, Abgrenzung, Finden des Lebensauftrags	Mangelnde Stressresistenz, Nerven- und Hauterkrankungen	Nervliche Daueranspannung, überempfindlich reagieren	Gefühl, nicht gesehen zu werden, sich nicht erfüllt fühlen	Vom Pech verfolgt sein, problemorientiertes Denken
7	Gehirn, Zirbeldrüse		Denk- und Verhaltensmuster, Erfahrung von Sinn und Bewusstsein, Gottvertrauen	Stoffwechselstörungen im Gehirn (MS, Alzheimer, ADS)	Angst vor dem Tod, Kontrollverhalten, Dogmatismus	Gefühl der Sinnlosigkeit; Orientierungslosigkeit	fehlende Lernprozesse, nicht zwischen Illusion + Wirklichkeit unterscheiden können, keine Auseinandersetzung mit Leben und Tod/ Sterben
6	Augen, Nase und Stirnhöhlen, Hypophyse		Intuition und Projektion, Zielfindung, Vorstellungskraft, Konzentration	Stirnhöhlenentzündungen, Kopfschmerzen, Augenerkrankungen	Verwirrung, fehlender Fokus und Zielorientierung	Demut; Bescheidenheit	irreale Ängste, Ablehnung des Spirituellen, nur materielle Bedürfnisse
5	Nacken und Schultern, Stimme, Ohren, Zähne, Nebenhöhle, Schilddrüse	hören + sprechen/ Äther	Selbstausdruck, Wortgewandtheit, zuhören können, Wahrhaftigkeit	Schilddrüsenfehlfunktion, Sprech-/ Sprachstörungen, Schwerhörigkeit, Tinnitus, Hals- und Nackenschmerzen	Unfähigkeit, in Konflikte zu gehen: (Selbst-)Verleugnung, überzogene Anpassung; Selbstkontrolle	Gefühl, sich zu verbiegen, Angst, zu sprechen und zu hören	Vergangenheitsschmerz

4	Herz, Lungen, Arme, Thymusdrüse	fühlen/ Luft	(Selbst-)Liebe und Fürsorge, Mitgefühl, Empathie	hoher Blutdruck, Herz-Kreislauf- und Atemwegserkrankungen	Abgrenzungsverhalten, Gefühlskälte, Harmoniesucht	Selbstwertgefühl, Toleranz;	Verletzbarkeit, Angst vor Ablehnung, Gegenwartsangst
3	Verdauungsorgane: Magen, Darm, Leber, Galle, Milz; Bauchspeicheldrüse	sehen/ Feuer	Kraft und Wille, Mut, Ausdauer und Disziplin, Übernahme von Verantwortung, Lebensfreude	Magen-/Darmerkrankungen, Gallensteine, Sehschwäche, Bauchspeicheldrüsen- und Leberfehlfunktionen	Mangel an Struktur, Hang zum Chaotischen, Unpünktlichkeit	Ärgerbereitschaft, Hass, Zorn, Ohnmacht, nachtragend sein	mangelnder Selbstwert, Selbstsucht, Zukunftsangst
2	Geschlechtsorgane, Blase, Nieren; Nebennieren, Keimdrüsen	schmecken/ Wasser	Flexibilität, Beweglichkeit, Neugierde, Kreativität	Blasenentzündung, Nierensteine, Unterleibsbeschwerden, Migräne, Bandscheibenvorfall 3. + 4. Lendenwirbel	Unverantwortliche Beziehungen, Probleme in der Sexualität, Rivalität, Abwertung	Gefühl der Einsamkeit, Neid, Eifersucht, Abwertung, Schuldgefühle, Traurigkeit	übertrieben negatives Denken, Selbstzweifel, Naivität, Pessimismus
1	Rektum, Wirbelsäule Knochen Zähne	riechen/ Erde	Standfestigkeit, (Ur-)Vertrauen, Akzeptanz, Wille zur Existenz	Verstopfung, Fuß-/ Knie-/Hüft-/Ischiasbeschwerden, Depression, Gewichtszunahme	Vorbehalte, Unmut, Missgunst, unausgewogener Umgang mit Geld	Existenzängste, innere Haltlosigkeit	Hemmungen, kein Vertrauen, Unsicherheit bzgl. der materiellen Existenz

Die acht Chakras mit ihren Aspekten und den Ausprägungen bei energetischem Ungleichgewicht

4.2 Analysetool Chakra-System

In dem nachfolgenden Kapitel finden Sie eine ausführliche Beschreibung der einzelnen Chakren. Sie erhalten konkrete Anregungen dafür, woran Sie die Erscheinungsform dieser elementaren Energiezentren auf den verschiedenen Wahrnehmungsebenen – einschließlich der Kommunikation – erkennen und wie Sie sie innerhalb des Yoga-Coachings, aber auch darüber hinausgehend, stärken können. Die Empfehlungen für die unterstützende Yoga-Praxis beziehen sich weitgehend auf Asanas, Kriyas und Meditationen aus dem Kundalini-Yoga nach Yogi Bhajan, deren Ausübung einschlägige Kenntnisse voraussetzt. Kundige Yoga-Lehrer oder -Schüler anderer Traditionen werden in der Lage sein, einen entsprechenden Transfer in ihnen bekannte Übungen vorzunehmen.

4.2.1 Das erste Chakra – Wurzelchakra (Muladhara)

Lage und physische Entsprechung

Der Name »Wurzelchakra« weist auf die Lage dieses Energiezentrums am unteren Ende der Wirbelsäule hin. Es ist trichterförmig nach unten hin zur Erde ausgerichtet, etwa so, als wolle es die irdische Energie in das menschliche System hinaufsaugen.

Gleich diesem Bild versorgt der Energiefluss in diesem Bereich die tragenden bzw. manifesten Strukturen des menschlichen Körpers:

- Beine
- Fuß-, Knie- und Hüftgelenke
- Becken und Beckenboden
- Wirbelsäule
- Knochen und Zähne
- Rektum

Das Wurzelchakra sorgt also dafür, dass wir energetisch wie physisch gut verwurzelt sind. Neben diesem »Anker-Effekt« hat es jedoch auch einen Bewegungsaspekt:

Stabilität und Beweglichkeit sind die Grundlage eines erfüllten Lebens. Diese beiden Pole »Festigkeit« und »Flexibilität« spiegeln sich auf körperlicher Ebene in den Beinen, im Becken und Beckenboden und auch der Wirbelsäule wider. Becken und Beckenboden sind die unterste Haltestruktur des Körpers, sie bilden den »Boden« im Körper, halten das Gewicht der Organe und verbinden die Beine mit dem Rumpf. Das Becken dient der Druckübertragung, die beim Gehen aus dem Körpergewicht und dem Gegengewicht der unteren Extremitäten entsteht. Es ermöglicht uns, sowohl aufrecht als auch geschmeidig und kraftvoll durchs Leben zu gehen.

Einen Fuß vor den anderen zu setzen bedingt, dass wir die Füße nacheinander vom Boden lösen. Diese Facette des Loslassens entspricht auf physischer Ebene der Funktion des Rektums, das die vom Körper verdaute Nahrung ausscheidet. So wie wir über den Enddarm all jenes loslassen, was unser Körper verwertet hat, so lassen wir auch beim Voranschreiten auf unserem Lebensweg all jenes los, was wir künftig nicht mehr benötigen.

Dem Wurzelchakra ist der Geruchssinn zugeordnet. Unangenehme Gerüche können beim Menschen Schutzreflexe auslösen wie zum Beispiel den Würgereflex. Gleich einem Instinkt sorgt der Geruchssinn dafür, dass wir sicher durch das Leben kommen und offensichtlichen Gefahren aus dem Weg gehen.

Energetische (Wechsel-)Wirkungen

Die yogische Wissenschaft beschreibt die Kundalini-Energie als eine vitale Lebenskraft, die am Fuß der Wirbelsäule im Wurzelchakra ruht. Diese Energie kann durch spezifische Körper- und Atemübungen aktiviert werden, sodass sie durch den zentralen Hauptenergiekanal, die Sushumna, in der Wirbelsäule aufsteigt. Dieser Prozess sorgt dafür, dass der Mensch Kraft und Lebenswillen verspürt und sich seiner selbst bewusst wird.

Das erste Chakra zählt zum unteren Chakra-Dreieck, in dem sich auf physischer Ebene die Verdauung der Nahrung widerspiegelt. Es wird energetisch vom 7. Chakra ausbalanciert, dessen Energiefluss das Speichern und Verfeinern von Informationen ermöglicht und damit einem Verdauungsaspekt auf geistiger Ebene entspricht.

Dieses energetische Wechselspiel verweist auch auf die Verbindung zwischen materieller Welt (Erde = Wurzelchakra = Körper) und den seelischen Aspekten (spirituelle Welt = 7. Chakra = die Unendlichkeit der Seele).

Aufgabe

Die zentralen Themen des ersten Chakras sind Standfestigkeit und Stabilität. Aus energetischer Sicht versorgt es Körper und Geist gleichermaßen mit Lebenskraft und Vitalität. Daraus resultieren ein grundlegendes (Ur-)Vertrauen und – im Zusammenspiel mit dem 7. Chakra – der Wille zur Existenz.

Das Wurzelchakra sorgt für das Spannungsverhältnis zwischen Freiheit und Bindung.

Eine Voraussetzung für einen ausgewogenen Umgang mit diesen beiden Aspekten ist es, sowohl die eigene Existenz als auch das Leben als solches zu akzeptieren. Ein energetisch aufgeladenes erstes Chakra vermittelt die körperliche wie auch die mentale Kraft dafür, ein selbstbestimmtes Leben zu führen und ein Gefühl von innerer Freiheit zu entwickeln.

Eine wesentliche Voraussetzung hierfür ist es, mit sich selbst Frieden zu schließen. Inneres Alleinsein (können) ist die Voraussetzung für Souveränität und Gelassenheit und ermöglicht es uns, uns über Ängste zu erheben und mutig unseren eigenen Lebensweg zu verfolgen. In Analogie zum Ausscheidungsprozess unterstützt ein energetisch ausgeglichenes erstes Chakra dabei, alte Erfahrungen und überholte Beziehungen loszulassen, was uns ermöglicht, die Vergangenheit abzulegen, um unsere Entwicklung weiterzuverfolgen.

Auswirkungen energetischer Inbalance

In Situationen, in denen viel in Bewegung kommt und der Mensch zur Anpassung aufgefordert ist, verlieren manche schnell die Orientierung. Lässt sich das innere Gleichgewicht nicht schnell wiederherstellen, reagiert der Körper häufig mit psychosomatischen Beschwerden und spiegelt so die – verdrängte – seelische Not wider. Dabei betreffen existenzielle Krisen aus energetischer Sicht den Einflussbereich des 1. Chakras. Aus dieser Zuordnung ergeben sich folgende typische Krankheitsbilder, die sich häufig bei unbewältigten Veränderungen beobachten lassen:

- **Schmerzen in/Verletzung der Fuß-, Knie- oder Hüftgelenke:** Im Wort »Bewegungsapparat« liegt bereits die Bedeutung verborgen. Wer sich schwertut, notwendige Schritte zu gehen, oder aber zu schnell voranschreiten will, kann es mit Gelenkbeschwerden zu tun bekommen. Insgesamt geht es darum, einen angemessenen Rhythmus zu finden und sich im Einklang mit den eigenen Bedürfnissen und äußeren Anforderungen zu bewegen. Dabei kommt dem emotionalen Ausdruck eine besondere Bedeutung zu: Werden Gefühle verdrängt oder zurückgehalten, entlädt sich die emotionale Spannung über die Gelenke.

- **Hexenschuss:** Deutet darauf hin, dass eine Person innerlich noch nicht dazu bereit ist, eine notwendige Veränderung anzugehen. Eine Entscheidung sowie die daraus folgenden Handlungsschritte werden immer wieder aufgeschoben im Sinne von »der Kelch wird noch einmal an mir vorbeigehen«.
- **Ischiasbeschwerden:** Stehen im Zusammenhang mit überzogenen existenziellen Ängsten, die sich in dem Gedanken ausdrücken: »Ich werde unter der Brücke landen.« Dieser innere Kampf zwischen materiellen Notwendigkeiten und seelischen Bedürfnissen kann sich auf körperlicher Ebene bis zu einem entzündlichen Verlauf steigern.
- **Plötzliche Zunahme des Körpergewichts:** Lässt sich häufig beobachten, wenn Menschen ungeplant den Standort wechseln müssen. Wer z. B. aufgrund einer Arbeitsplatzverlagerung in eine andere Stadt umziehen muss, wird quasi »entwurzelt«. In diesem Fall macht sich der Körper schwer und strebt nach Erdung, indem er zusätzliche Pfunde anlagert.
- **Schwindel:** Spiegelt die geistige Orientierungslosigkeit wider – der Mensch hat im übertragenen Sinne den Boden unter den Füßen verloren und weiß nicht mehr, in welcher Richtung er unterwegs ist.
- **Depressives Stimmungsbild:** Energetisch werden Depressionen in Verbindung gebracht mit der Unterversorgung des 1. Chakras. Typische Anzeichen hierfür sind anhaltende Sinn- und Hoffnungslosigkeit, mangelndes Urvertrauen und das Gefühl, seinen Platz in der Welt nicht (mehr) zu kennen.
- **Verstopfung:** Korrespondiert mit einer seelischen Stagnation bei mangelnder Bereitschaft, überholte Muster loszulassen, und mangelnder Offenheit gegenüber Neuem.

Beobachtbares Verhalten

Eine Person mit einem energetischen Ungleichgewicht im ersten Chakra ist daran zu erkennen, dass sie viele Vorbehalte äußert, Unmut oder

Missgunst zeigt. Auf der mentalen Ebene zeigt sich dieses durch mangelndes Vertrauen und Hemmungen vor notwendigen Entscheidungen bzw. Handlungen. Dazu gehört auch Unsicherheit bezüglich der materiellen Existenz oder der unausgewogene Umgang mit Geld, möglicherweise bis hin zu Überlebenskämpfen.

Emotionale Störung

Unsicherheit und mangelndes (Ur-)Vertrauen können in uns existenzielle Ängste auslösen, auch wenn in der Realität eigentlich keine Veranlassung dazu besteht. Wer *halt-los* ist und *keinen Boden unter den Füßen spürt,* wird schnell von aufwallenden Gefühlen und Emotionen mitgerissen. Um diese bewusst steuern zu können, ist es erforderlich, *Bodenhaftung zu behalten* und *standfest zu sein.*

Entwicklungspotenzial

Wer von innerer Unsicherheit geplagt wird, tut gut daran, für festen Boden unter den Füßen zu sorgen und darauf zu achten, dass diese Bodenhaftung erhalten bleibt. Dafür ist es wichtig, existenzielle Bedürfnisse im Blick zu behalten und ein angemessenes Entwicklungstempo zu finden, um nicht ins Stolpern zu kommen.

Immer wenn wir uns von bislang Bewährtem und Vertrautem verabschieden, haben wir Trauerarbeit zu leisten. Wer im Rückblick das Gute erkennen und würdigen kann, bewahrt sich diese Erinnerung als einen Schatz, den man mit in die Zukunft nimmt. Dann fällt es leichter, sich aus den alten Strukturen zu lösen und den neuen Möglichkeiten zuzuwenden.

Andererseits werden wir aber auch von – mehr oder weniger bewussten – Erinnerungen festgehalten. Dies ist vor allem dann der Fall, wenn wir in der Vergangenheit liegende Geschehnisse noch nicht vollständig abgeschlossen haben. Ein Anzeichen hierfür können aufflammende Emotionen sein. Sie weisen auf zurückliegende Verletzungen bzw. eine noch nicht bewältigte Vergangenheit hin, die es zu verarbeiten gilt, wenn wir auf unserem Lebensweg voranschreiten wollen.

Ein spiritueller Weg, wie die tägliche Yoga-Praxis begleitet von Meditation und Gebet, führt nach innen und öffnet uns für die Impulse auf seelischer Ebene. Wer sich seiner SELBST bewusst ist, findet auch in unruhigen Zeiten eine gute Ausrichtung in sich selbst und kann auf die eigene Stärke bauen. In dem Moment, wo der Mensch ein Ziel wählt, das im Einklang mit ihm selbst ist, kann alle begrenzenden Denkmuster hinter sich lassen und ist bereit, das in sich schlummernde Potenzial voll zu entfalten. Der Mensch ist eins mit sich und der Welt: Er handelt aus innerer Kraft, nicht aus äußerer Anstrengung. So wird Spiritualität zu einem gangbaren Weg – lebendig, alltagstauglich und ganz und gar pragmatisch.

Metaphern – Beispiele

Folgende, beispielhafte Sprachbilder deuten darauf hin, dass eine Problemlage im Bereich des ersten Chakras vorliegt:

Assoziationen rund um das Element »Erde«, z. B. Schwerkraft, Dichte, geerdet sein.
Es zieht mir den Boden unter den Füßen weg.
Es haut mich um.
Ich verliere den Halt.
Ich bin ins Stolpern gekommen.
Mir geht das zu schnell/zu langsam.
Mir wird ganz schwindelig davon.
Man muss standhaft sein und Haltung bewahren.
Jemand ist in die Knie gegangen/hat weiche Knie bekommen.
Das ist wie ein Klotz am Bein.
Aus der Hüfte schießen.
Ich kann den anderen/etwas nicht riechen.
Ich bin hier fest verwurzelt/verankert.

Coaching-Fragen

Mit den nachstehenden Fragen lässt sich die Reflexion über den Themenkreis des Wurzelchakras anregen:

- *»Was brauche ich wirklich, um zufrieden zu leben und mich sicher zu fühlen?«*

- *»Was wäre in materieller Hinsicht das Schlimmste, was mir passieren könnte? Wie real ist diese Angst? Welche Schutzmaßnahmen/Risikobegrenzungen stehen mir zur Verfügung?«*

- *»Wer oder was gibt mir Halt, wenn das bislang Bewährte und Vertraute ins Wanken gerät?«*

- *»Kenne ich meinen Platz im Leben/im Beruf/in der Familie?«*

- *»Was könnte mir helfen, meine Ängste/Hemmungen zu überwinden und den nächsten Schritt zu tun?«*

- *»Was sind die Klötze an meinem Bein – wovon möchte ich mich definitiv verabschieden, wen oder was brauche ich künftig nicht mehr?«*

Folgende Fragen entspringen dem systemischen Ansatz und erweitern die Perspektive, die es erlaubt, in Richtung möglicher Problemlösungen und Handlungsalternativen zu denken:

- *Wann trat das Problem zum ersten Mal auf? In was für einer Lebens-/Arbeitssituation war ich damals? Ist damals etwas Besonderes als sonst üblich geschehen, hat sich – plötzlich – etwas Wesentliches verändert? Wenn ja, was?*

- *Wie oft (wie lange, wann) ist das Problem seitdem NICHT aufgetreten? Was habe ich und andere in diesen Zeiten anders gemacht?*

- *Wenn ich mir ein Bild machen möchte – wie sieht das Ganze von außen betrachtet aus? Wie sieht es aus Sicht meiner Familie, Freunde, Bekannten aus?*

- *Wie wird das Problem in zwei Jahren aussehen?*

Weitere systemische Fragen siehe Einführungsteil zum systemischen Coaching.

Yoga-Praxis

Yoga bietet gute Unterstützungsmöglichkeiten, um die energetischen Reinigungs- und Loslass-Prozesse auf körperlicher wie auch auf geistig-seelischer Ebene zu fördern und sich gleichzeitig physisch und mental zu stärken. Den Energiefluss im Wurzelchakra regen all jene Asanas an, bei denen das ausgerichtete, geerdete Stehen geübt wird, wie z. B. der Baum. Des Weiteren eignen sich Übungen, die den Bereich des Beckens ansprechen oder die die Beinmuskulatur dehnen und stärken.

Beispiele für Körper- und Atemübungen sowie Meditationen aus dem Kundalini-Yoga nach Yogi Bhajan:

- Wurzelschleuse (Mulabhandha)
- Sufikreise im Sitzen und Stehen
- Zangenhaltung
- Frösche
- Krähe
- Kriya zur Anregung des Lebensnervs (Sadhana Guidelines)
- Meditation für das 1. Chakra (Physical Wisdom)

4.2.2 Das zweite Chakra – Sakralchakra (Svadhistana)

Lage und physische Entsprechung

Das zweite Chakra sitzt zwischen Schambein und Nabel, seine Energiewirbel reichen trichterförmig jeweils an der vorderen und hinteren Körperhälfte in das den Menschen umgebende elektromagnetische Feld hinein. Auf körperlicher Ebene sind ihm die Lendenwirbelsäule sowie die Geschlechtsorgane, Keimdrüsen, Blase, Nieren und Nebennieren zugeordnet. Der dazugehörige Sinn ist der Geschmackssinn. Aus gesundheitlicher Sicht ist beachtenswert, dass zwischen dem 3. und 4. Lendenwirbel die Nervenbahnen der Unterleibsorgane verlaufen – und dass in diesem Bereich der Wirbelsäule die meisten Bandscheibenvorfälle geschehen.

Energetische (Wechsel-)Wirkungen

Die energetische Beschaffenheit des Sakralchakras hat Einfluss auf den allgemeinen Zustand der Lebensenergie, die im Wurzelchakra aufgeladen und aktiviert wird. Es wird in Beziehung der sexuellen Energie mit der Lebensenergie gesehen. Die yogische Philosophie empfiehlt einen sparsamen und bewussten Umgang mit der Sexualität, wobei jede sexuelle Begegnung dem hohen Ziel des vollkommenen Einswerdens dient. Die nicht für den Sexualakt benötigte Energie wird für die *innerliche Sexualität* benötigt, für die Balance von Schöpfungskraft und Bewusstsein. Spezifische Yoga-Übungen zielen auf die Reinigung und gute Durchblutung der Sexualorgane und ermöglichen die Transformation der sexuellen Energie in kreative, geistige Prozesse.

Das zweite Chakra zählt zum unteren Chakra-Dreieck und spiegelt die physische Umwandlungs-, Filter- und Ausscheidungsfunktion von Blase und Nieren sowie die menschliche Reproduktionsfähigkeit durch die Geschlechtsorgane wider. Es wird energetisch vom 6. Chakra ausbalanciert, dessen Energiefluss die geistige Vorstellungskraft und Intuition anregt und damit der kreativen Schöpfungskraft auf geistiger Ebene entspricht. Die Energien des 3. und 5. Chakras ermöglichen es, Ideen in Handlungen umzusetzen oder sich auf kommunikativer Ebene vollständig auszudrücken.

Aufgabe

Im Yoga steht das Sakralchakra für Flexibilität, Beweglichkeit, Neugierde und Kreativität gleichermaßen wie für Dualität und Beziehungsfähigkeit. Ihm wohnt der Wunsch nach Begegnung mit anderen und Zugehörigkeit inne. Ein Mensch sucht seinen Platz in der Welt und will dazugehören. Vom Bild des fließenden Wassers lassen sich die Analogien wie Lebendigkeit, Bewegung, Anpassung, aber auch sich den Weg suchen und bahnen, ableiten. In dieser Verbindung sind auch Themen wie Lebensfreude und -bejahung, Genuss (schmecken), Erotik, das Zulassen von Nähe, Selbstliebe und Vitalität zu nennen. Die Gebärmutter wird assoziiert mit dem Wunsch nach Geborgenheit und Einssein, die Sexualorgane mit den Themen Öffnung und Schutz. Sexualität ist der Ort, wo Schutzlosigkeit erfahren werden kann.

Das 2. Chakra birgt die kreative Kraft für eigene Schöpfungen. Das schöpferische Potenzial wird gespeist aus der ursprünglichen Lebensenergie, die dem Wurzelchakra entspringt. Die Herausforderung besteht darin, diese kraftvolle Energie zu kanalisieren, in Bewusstsein umzuwandeln und in Form von Projekten und eigenen Schöpfungen nutzbar zu machen.

Auswirkungen bei energetischer Inbalance

Gelingt es nicht, das kreative Potenzial des zweiten Chakras zu nutzen, kann sich dies zum Beispiel in folgenden Gesundheitsbeschwerden äußern:

- **Bluthochdruck:** Die Nieren und Nebennieren sind wesentlich an der physischen Stressregulation beteiligt. Dauerstress gilt in der medizinischen Wissenschaft seit Langem als eine der größten Krankmacher. Ein typisches körperliches Beschwerdebild ist der zu hohe Blutdruck, der sich vor allem dann einstellt, wenn kontinuierlicher Stressabbau unterbleibt. Fehlende oder unzureichende Stressregulation kann sich auch in **Erkrankungen der Nieren** äußern.
- **Blasenentzündung:** Entzündliche Prozesse beschreiben einen Kampf auf physischer Ebene. Die Blase ist ein Organ, das empfindsam auf Spannungen reagiert. Eine entzündete Blase deutet möglicherweise darauf hin, dass ein Beziehungskonflikt nach innen verlagert wurde und unverarbeitet blieb. Die angestaute Anspannung verlagert die unterdrückte Auseinandersetzung in der Beziehung auf die körperliche Ebene.
- **Bandscheibenvorfall im Bereich des 3./4. Lendenwirbels:** Deutet auf eine ähnliche Thematik wie die Blasenentzündung hin. Jedoch spiegelt ein Bandscheibenvorfall den (zu) großen Druck wider, der auf einer Person lastet. Wenn sich jemand in seinen Beziehungen, gleich ob diese die Partnerschaft oder das Arbeitsumfeld betreffen, mehr Verantwortung auflastet, als er tatsächlich tragen kann, zieht der Körper mit einem Bandscheibenvorfall die Notbremse und sorgt dafür, dass die Person zunächst einmal ausfällt und regenerieren muss. Der Bandscheibenvorfall kann als ein Hinweis darauf verstanden werden, dass es einer Person schwerfällt, sich gegen die überfordernden Erwartungen anderer auf gesunde Art abzugrenzen.
- **Migräne:** Halb(= ein)seitiger Kopfschmerz mit Sehstörungen, Ma-

gen-Darm-Störungen, Erbrechen aufgrund der Erweiterung der Blutgefäße. Aus psychosomatischer Sicht ist Migräne ein Symptom, bei dem ein Leibthema in den Kopf verlagert wird, nämlich die Sexualität bzw. die damit einhergehende Kanalisation der Lebensenergie. So wie bei sexueller Erregung das Blut in den Genitalbereich fließt und die durch den Blutzufluss aufgestaute Spannung im Höhepunkt in die Entspannung umschlägt, verläuft auch die Migräne: Blut strömt in den Kopf, es entsteht ein Druckgefühl, die Spannung steigert sich und schlägt in der Entspannungsphase um. Rüdiger Dahlke beschreibt Migräne als »einen Orgasmus im Kopf« – der Ablauf ist identisch, lediglich der Ort des Geschehens liegt höher.
- **Unterleibsbeschwerden:** Die zahlreichen Beschwerdebilder, die mit den weiblichen oder männlichen Geschlechtsorganen einhergehen, spiegeln unterschiedliche Aspekte der unterdrückten oder fehlgeleiteten Lebensenergie wider. So differenziert sie im Einzelnen zu betrachten sind, ist ihnen allen gemeinsam, dass es ganz grundsätzlich darum geht, die sexuelle Energie als einen kreativen Aspekt zu erkennen, ihm im eigenen Leben mehr Raum zu geben und dafür eine geeignete Form zu finden.

Beobachtbares Verhalten

Eine Person, deren zweites Chakra energetisch blockiert ist, legt tendenziell ein Verhalten gegenüber anderen Menschen an den Tag, das von Rivalität und Abwertung geprägt ist. Zu diesem Themenkreis zählen auch die Aufrechterhaltung unverantwortlicher Beziehungen aufgrund von Naivität oder Selbstzweifel. Weitere beobachtbare Verhaltensweisen sind übermäßiges Nörgeln und Pessimismus sowie Abwehr von Sinnlichkeit oder Zärtlichkeit.

Emotionale Störung

Auf der emotionalen Ebene äußert sich ein energetisch unausgeglichenes Sakralchakra in Gefühlen wie Einsamkeit, Neid, Eifersucht, Traurigkeit und mangelnder Lebensfreude. Möglicherweise besteht eine Sehnsucht nach Zugehörigkeit und Anerkennung. Häufig hindern Schuldgefühle die betreffende Person, offensichtlich notwendige Verhaltensanpassungen vorzunehmen.

Entwicklungspotenzial

Um ein bestimmtes Ziel oder einen Menschen zu erreichen, setzen wir uns in Bewegung. Dies wird veranschaulicht durch das Element Wasser, das das freie Fließen von Energie symbolisiert und sich durch nichts aufhalten lässt. Wasser nimmt alle Formen an, passt sich perfekt seinem Umfeld an und sucht sich seinen Weg. Die Assoziation weist auf die freizusetzende Kreativität hin, damit eine Idee (= geistige Welt, Vorstellungskraft) Form finden und umgesetzt werden kann (= materielle Welt, Ebene des Verhaltens und Handelns). Es gilt, in sich den Impuls zu wachsen, wahrzunehmen und in Handlung umzusetzen: die Fülle in sich selbst zu entdecken und die schöpferische Inspiration auszudrücken, möglicherweise die eigenen künstlerischen Fähigkeiten weiterzuentwickeln. Zum anderen ist es wichtig, während der Umsetzung Ängste und Zweifel zu überwinden, also im Fluss zu bleiben, und mit unerwarteten Herausforderungen flexibel und lösungsorientiert umzugehen.

Die Energie des zweiten Chakras ermöglicht uns auch, Unterschiede wahrzunehmen und eine Situation differenziert zu betrachten. Damit geht einher, dass eine Person in der Lage ist, das für sie Nützliche zu erkennen und vom Unnützen abzugrenzen – eine wesentliche Voraussetzung dafür, Entscheidungen treffen zu können.

Ein weiteres Entwicklungsfeld des Sakralchakras sind zwischenmenschliche Beziehungen. Hier kann es angebracht sein, sich bewusst für die Interaktion mit anderen zu öffnen, Kontakt zu anderen Menschen zu suchen und sich auf sie einzulassen. Dazu gehört auch, selbst in angemessener Form Grenzen zu setzen sowie die anderer zu respektieren: Konfrontationen fordern zur Auseinandersetzung mit eigenen Stärken und Schwächen heraus.

Metaphern

Folgende, beispielhafte Sprachbilder deuten darauf hin, dass eine Problemlage im Bereich des zweiten Chakras vorliegt:

Assoziationen rund um das Element »Wasser«, z. B. Anpassungsfähigkeit, Flexibilität, fließen, Bewegung, mitreißender Strom, dahinplätschern.
Ich bin nicht im Fluss.
Ich stehe unter Druck.

Mir steht das Wasser bis zum Hals.
Ich bin zur Salzsäule erstarrt.
Das geht mir an die Nieren.
Den muss man auf Herz und Nieren prüfen!
Das ist doch Schwarz-Weiß-Denken.
Ich habe keine Lust dazu / keine Freude daran.
Das gehört sich einfach nicht!
Das schmeckt mir aber gar nicht!
Mir läuft förmlich das Wasser im Mund zusammen.
Stille Wasser sind tief.

Coaching-Fragen

Mit den nachstehenden Fragen lässt sich die Reflexion über den Themenkreis des Sakralchakras anregen:

- *Wovon fühle ich mich unter Druck gesetzt? Was geht mir an die Nieren?*
- *Was sind meine typischen körperlichen Stresssymptome? Wie reagiere ich in Stresssituationen?*
- *In welcher Situation habe ich zum letzten Mal Freude empfunden?*
- *Was macht mir Spaß – worauf habe ich Lust?*

Folgende Fragen entspringen dem systemischen Ansatz und erweitern die Perspektive, die es erlaubt, in Richtung möglicher Problemlösungen und Handlungsalternativen zu denken:

- *Wann trat das Problem zum ersten Mal auf? In was für einer Lebens-/ Arbeitssituation war ich damals? Wer war daran beteiligt? In welcher Beziehung stand/stehe ich zu dieser Person?*
- *Wenn ich mir ein Bild machen möchte – wie sieht das Ganze aus Sicht meiner Familie, Freunde, Bekannten aus?*

Skalierungsfrage:
- *Wie leicht fällt es mir, einmal NEIN zu sagen und mich in Beziehungen zu anderen Menschen abzugrenzen?*

Skalenwert 0 = es fällt mir sehr schwer.
Skalenwert 10 = es fällt mir leicht.
Was müsste ich dafür tun, um mich in der Skala um zwei Wertpunkte zu verbessern? Was wäre ein erster sinnvoller Schritt in diese Richtung?
Woran könnten andere beobachten, dass mir die Abgrenzung besser als bisher gelingt?

Weitere systemische Fragen siehe Einführungsteil zum systemischen Coaching.

Yoga-Praxis

Yoga bietet gute Unterstützungsmöglichkeiten, um die energetische Balance im Sakralchakra aufrechtzuerhalten bzw. wiederherzustellen und gleichzeitig die kreativen Kräfte anzuregen. Den Energiefluss im zweiten Chakra regen all jene Asanas an, die den unteren Rücken ansprechen und die Entspannung des Unterleibs fördern. Der Kundalini-Yoga nach Yogi Bhajan kennt zudem vielfältige Meditationen, die eine übermäßige negative Ladung des elektromagnetischen Feldes ausgleichen und dabei unterstützen, abwertende Denk- und Verhaltensmuster loszulassen. Zur Stärkung des Sakralchakras werden besonders folgende Einzelübungen, Kriyas und Meditationen empfohlen:

- Schulterbrücke (Rückenlage: Becken heben und senken)
- Hüftkreise
- Wurzelschleuse (Mulabhandha)
- Zölibatssitz
- Bogenschütze/Krieger
- Frösche
- Kobra
- Kamel
- Schmetterling
- Pranayama gegen Negativität und Krankheit (Quelle: Shakta Kaur Khalsa, *Yoga für Frauen,* Dorling Kindersley, 2002, S. 163)
- Meditation für den Negativen Geist (Originaltitel: *Meditation for the negative Mind,* Quelle: Yogi Bhajan/Guru Charan Singh, *The Mind,* S. 211)

4.2.3 Das dritte Chakra – Nabelchakra (Manipura)

Lage und physische Entsprechung

Das dritte Chakra wird physiologisch im Bereich des Nabels bzw. auf Höhe des 11. und 12. Brustwirbels verortet. Es reguliert maßgeblich den Energiefluss in den Verdauungsorganen: Magen, Dünndarm, Leber, Galle, Bauchspeicheldrüse sowie in der Milz. Über die Leberfunktion wird zudem maßgeblich der Sehsinn reguliert.

Energetische (Wechsel-)Wirkungen

Das Nabelchakra gilt als das Kraftzentrum schlechthin, gleich der Nabelschnur, die das Kind im Mutterleib über die Nabelschnur mit allen lebensnotwendigen Stoffen versorgt. Dementsprechend versorgt ein energetisch aufgeladenes drittes Chakra das menschliche System mit der erforderlichen Energie, um ein gesundes und erfülltes Leben zu führen.

Auch das dritte Chakra zählt zum unteren Chakra-Dreieck und spiegelt über die Verdauungswege die Verarbeitung und Verwertung der zugeführten Nahrung wider. Des Weiteren steht es in engen Wechselbeziehungen mit dem 4., 5. und 6. Chakra.

Das vierte Chakra transformiert die kraftvolle Energie, die ihm aus dem 3. Chakra zuwächst, und wandelt sie in Herzenswärme und Mitgefühl um. Das 5. Chakra entspricht dem kommunikativen Selbstausdruck, während die Energie des Nabelchakras dementsprechende Handlungen ermöglicht. Das 6. Chakra hingegen reguliert das geistige Vorstellungsvermögen, das maßgeblich über die physischen Kräfte genährt wird, die dem Nabelchakra entspringen. Ein Mensch, der sich körperlich schwach fühlt, wird hingegen nur schwer dazu in der Lage sein, kreative Ideen und Zukunftsvisionen zu entwickeln.

Voraussetzung für die Aktivierung der im Wurzelchakra ruhenden Kundalini-Energie ist ein energetisch ausgeglichenes und aufgeladenes Nabelchakra. Erst dadurch wird der Energiefluss am Ende der Wirbelsäule angeregt, sodass schließlich die Kundalini allmählich im Hauptenergiekanal der Wirbelsäule von Chakra zu Chakra aufsteigen und die gewünschten Bewusstseinsprozesse auslösen kann.

Aufgabe

Das Nabelchakra wird auch Juwelenstadt genannt: der Ort, an dem alles beginnt. Eine Person mit einem starken Nabelchakra ist der Schöpfer ihrer Umgebung. Sie ist fähig, Entscheidungen zu treffen und Dinge in die Tat umzusetzen. Es gehören Entschlossenheit und Wille, Mut sowie Ausdauer und Kraft dazu, etwas aufzubauen und zu erschaffen. Damit einher gehen die Freude am Dasein und die Bereitschaft, Verantwortung zu übernehmen. Disziplin, Inspiration und gute Gesundheit sind die Basis für ein erfolgreiches Gelingen.

Nach yogischem Verständnis ist das Nabelzentrum auch der Sitz des Egos und der Emotionen wie Wut und Zorn. Wenn es gelingt, diese feurige Energie zu mäßigen und zum nächsthöheren Chakra, dem energetischen Herzzentrum, zu kanalisieren, treten egoistische Motive zurück, und die emotionale Hitze kann in Herzenswärme und Mitgefühl verwandelt werden.

Auswirkungen bei energetischer Inbalance

Die zentrale Aufgabe des dritten Chakras spiegelt sich in den lebensnotwendigen Verdauungsfunktionen wider. Für unsere körperliche Gesundheit ist die Aufspaltung und Verwertung der Nahrung unverzichtbar. Typische körperliche Beschwerdebilder aus dem Einflussbereich des Nabelchakras sind **Magen-/Darmerkrankungen, Gallensteine, Bauchspeicheldrüsen- und Leberfehlfunktion**. Derartige Erkrankungen gehen oft auch mit körperlicher Schwäche einher, die es uns erschwert, unsere alltäglichen Aufgaben wahrzunehmen und unser Leben aus eigener Kraft zu regeln. **Sehschwäche** verweist auf einen eingeschränkten bzw. blockierten Energiefluss, insbesondere in Bezug auf die Leberfunktion.

Beobachtbares Verhalten

Eine Person mit einem energetisch geschwächten Nabelchakra zeigt möglicherweise einen Mangel an Struktur, sie neigt zu Chaos oder Unpünktlichkeit, oder es fällt ihr schwer, Disziplin zu halten. Es kann auch sein, dass sie eine hohe Ärgerbereitschaft an den Tag legt und zu cholerischen Anfällen neigt.

Emotionale Störung

Das aggressive Verhalten wird meist von Empfindungen wie Hass, Zorn oder Ohmacht begleitet. Hinter diesen offensichtlichen Emotionen stecken häufig Verletzungen bzw. unverarbeitete unangenehme Erinnerungen, die zu einem generell abwehrenden und nachtragenden Verhalten führen. Möglicherweise steht dahinter ein geringes Selbstwertgefühl oder Selbstsucht aus der Angst heraus, im Leben zu kurz zu kommen.

Entwicklungspotenzial

Die Aspekte des dritten Chakras ermöglichen uns, unser Leben selbst in die Hände zu nehmen und nach eigenen Vorstellungen zu gestalten. Sie sind vor allem dann gefordert, wenn wir in unserem Leben etwas verändern und/oder neue Projekte angehen wollen. Da der Energiefluss im Nabelchakra maßgeblich über die physische Kraft angeregt wird, sind alle körperlichen Aktivitäten unterstützend, die das Durchhaltevermögen und die Kondition aufbauen. Sie helfen uns dabei, uns verbindlich für eine Sache zu entscheiden und tatsächlich in die Handlung zu kommen. Dies führt zu einer sich selbst erfüllenden Prophezeiung: Dinge, die zu Ende gebracht werden, stimulieren unsere Motivation und beflügeln für das nächste Projekt. Das Gegenteil passiert, wenn man zu früh aufgibt.

Ein wichtiger Aspekt ist es, sich in emotionalem Selbstmanagement zu üben, insbesondere wenn eine Person zu aufbrausendem Verhalten neigt (siehe gesondertes Kapitel im nachfolgenden Praxisteil).

Metaphern – Beispiele

Folgende, beispielhafte Sprachbilder deuten darauf hin, dass eine Problemlage im Bereich des dritten Chakras vorliegt:

Assoziationen rund um das Element »Feuer«, z. B. Wärme, Hitze, Licht, Brand.
Aus dem Bauch heraus handeln.
Dabei habe ich ein schlechtes Gefühl im Bauch.
Ich freu mir ein Loch in den Bauch.

Ich habe ein flaues Gefühl im Magen.
Mir ist etwas auf den Magen geschlagen.
Ich hab die Wut im Bauch.
Da habe ich mich grün und blau geärgert.
Ihr ist eine Laus über die Leber gelaufen.
Frei von der Leber weg …
Ich habe Schiss.
Dafür müsste man ein richtiger Macher sein.

Coaching-Fragen

Mit den nachstehenden Fragen lässt sich die Reflexion über den Themenkreis des Nabelchakras anregen:

- *Was kostet mich Kraft? Welche Gedanken, welches Verhalten bzw. welche Beziehungen hindern mich daran, in meine Kraft zu kommen bzw. in ihr zu bleiben?*

- *Was macht mich ärgerlich, wütend?*
  Was müsste ich tun, um meine emotionale Kraft für meine Ziele einzusetzen?

- *Welche Dinge habe ich bereits in meinem Leben erfolgreich zu Ende gebracht? Wie ist mir das gelungen – welche Fähigkeiten habe ich dafür eingesetzt?*

Folgende Fragen entspringen dem systemischen Ansatz und regen die Reflexion über Lösungs- und Handlungsmöglichkeiten an:

- *Angenommen, ich fange es morgen ganz anders an – was würde ich dann tun? Was wäre ein erster hilfreicher Schritt in diese Richtung?*

- *Wie wird das Problem in einem Jahr aussehen?*

- *Woran könnte ich erkennen, dass das Problem gelöst ist?*
  Woran werden es andere bemerken?

- *Was wäre der Gewinn aus der Lösung der Fragestellung?*

Weitere systemische Fragen siehe Einführungsteil zum systemischen Coaching.

Yoga-Praxis

Yoga bietet gute Unterstützungsmöglichkeiten, um das Nabelchakra energetisch aufzuladen und sich gleichzeitig physisch und mental zu stärken. Den Energiefluss im dritten Chakra regen all jene Asanas an, die die Bauch- und Rückenmuskulatur gleichermaßen stärken. Des Weiteren eignen sich Übungen, die körperlich anstrengend sind, die Atmung vertiefen und ins Schwitzen bringen. Beispiele für Körper- und Atemübungen sowie Meditationen aus dem Kundalini-Yoga nach Yogi Bhajan:

- Streckposition
- Boothaltung
- Nabhi-Kriyas
- Übungen und Meditationen, bei denen der Nabel gepumpt wird, z. B. mit Feueratem und auf das Mantra »HAR«.

4.2.4 Das vierte Chakra – Herzchakra (Anahata)

Lage

Mit dem energetischen Herzzentrum sind auf physischer Ebene das Herz, die Lungen und die Thymusdrüse verbunden. Die Thymusdrüse ist ein Organ des Lymphsystems und hat eine zentrale Bedeutung für die Immunabwehr. In ihr werden T-Lymphozyten (T-Zellen) gebildet, die über das Blut in die Organe wandern, wo sie sich bei Bedarf vermehren, um bei Eindringen eines Antigens dieses entsprechend abzuwehren. Des Weiteren hat das Herzchakra eine energetische Beziehung zu den Armen, die als »Verlängerung des Herzens« gelten. Naheliegenderweise wird dem 4. Chakra der Tastsinn zugeordnet und das Element Luft. Insofern besteht auch eine Verbindung zur Haut als Fühlorgan.

Energetische Wechselwirkungen

Das Herzchakra bildet den energetischen Mittelpunkt im Chakra-System und reguliert den energetischen Ausgleich zwischen dem unteren und oberen Chakra-Dreieck. Darüber hinausgehend bestehen besondere Beziehungen zu den folgenden Chakren:

1. Der Weg vom 3. zum 4. Chakra gilt »als der kürzeste Weg zur Erleuchtung«. Die Kundalini-Energie steigt vom 3. Chakra zum Herzzentrum auf. Daher ist es so wichtig, an einem ausgeglichenen und starken Energiefluss im unteren Chakradreieick zu arbeiten, um die physische und emotionale Kraft für den Bewusstwerdungsprozess in den höheren Chakren nutzbar zu machen.
2. Ein energetisch starkes 6. Chakra führt dazu, dass eine Person einen guten Zugang zu ihrer Intuition hat und ihre Vorstellungskraft in die gewünschte Richtung lenken kann. Diese Fähigkeit gewährleistet, dass die Bedürfnisse des Herzens bei der Gestaltung des Lebens angemessen berücksichtigt werden, und wirkt wie ein Schutz für das sensible Herzzentrum.

Aufgabe

Ein energetisch starkes Herzchakra ermöglicht es uns, eine gute Beziehung zu uns selbst und gleichermaßen zu unserem sozialen Umfeld zu pflegen. Es ermöglicht es uns, (Selbst-)Liebe und Fürsorge zu kultivieren und Mitgefühl uns selbst und anderen gegenüber zu haben. In Beziehungen fällt es einer *herzlichen* Person leicht, Empathie bzw. Einfühlungsvermögen zu zeigen. All diese Fähigkeiten ermöglichen es uns, einerseits in einem guten Kontakt mit den eigenen Bedürfnissen zu handeln und dabei gleichzeitig in Beziehungen zu anderen Menschen die notwendige Nähe bzw. Distanz zu regulieren. Dies wird sinnbildlich auch über die Atemfunktion verdeutlicht: das *Einlassen* und *Aufnehmen* des Atems beim Einatmen sowie das *Abgeben* und *Loslassen* durch das Ausatmen. Dieser Themenkreis lässt sich durch Toleranz auf der einen Seite und ein gesundes Abgrenzungsvermögen auf der anderen Seite beschreiben.

Die Kernaufgabe des Herzzentrums ist es, den Energiefluss im gesamten Chakrasystem auszubalancieren und auf allen Wahrnehmungsebenen nutzbar zu machen. Dadurch kann eine Situation ganzheitlich erfahren und – basierend auf dem jeweiligen Weltbild – eingeordnet werden. Hieraus resultiert schließlich das Bewusstsein für die eigene, dem Menschen innewohnende Wahrheit. Auf dieser Grundlage ist es einer Person möglich, sich in jeder Lebenssituation im Einklang mit dem inneren Erleben zu verhalten und aufrichtig und wahrhaftig zu leben.

Auswirkungen energetischer Inbalance

Ist der Energiefluss im Herzchakra schwach oder blockiert, kann das folgende Gesundheitsbeschwerden nach sich ziehen:

- Erkrankungen der **Herz-Kreislauf-Systems**, z. B. zu hoher oder zu niedriger Blutdruck, Herzrhythmusstörungen, Erkrankungen des Herzens. Harmonie um jeden Preis geht immer zulasten des Herzens: Derartige Beschwerdebilder spiegeln auf physischer Ebene die Vernachlässigung bzw. Zurücknahme elementarer persönlicher Bedürfnisse (Herzenswünsche) zugunsten der Anforderungen von anderen Menschen. Dadurch wird zwar vordergründig die Harmonie in der Beziehung aufrechterhalten, doch die erforderliche Auseinandersetzung wird auf den eigenen Körper verlagert – der Konflikt findet nun auf der eigenen Herzensebene statt.
- **Atemwegserkrankungen**, bronchiale Infekte, chronischer Husten, Erkrankungen der Lunge. Die Lunge gilt auch als das Organ der Trauer. Wird einem notwendigen Trauerprozess ausgewichen und werden die damit einhergehenden Gefühle unterdrückt, kann sich die Traurigkeit wie eine bleischwere Platte auf uns legen und uns das Atmen schwer machen. Schließlich verlieren wir an Lebensenergie und sind kaum mehr in der Lage, unseren Alltag zu bewältigen.
- **Traumata** können zwar vielfältige körperliche und psychomentale Auswirkungen haben, doch aus energetischer Sicht blockieren sie zuvorderst den Energiefluss im Herzchakra: Der Energiestau im 4. Chakra führt dazu, dass die energetische Ausgleichsfunktion zwischen den körperlichen Aspekten (unteres Chakra-Dreieck) und geistigen Aspekten (oberes Chakra-Dreieck) nicht stattfindet – Kopf/Verstand und Körper scheinen wie voneinander abgekoppelt zu sein, die Person hat keinen Kontakt zu den eigenen Gefühlen bzw.

kann sinnliche Wahrnehmungen nicht deuten. Diese Trennung spiegelt den tiefen und nachhaltigen Einschnitt wider, den ein Trauma darstellt. In der ganzheitlichen, körperorientierten Traumatherapie kommt daher der achtsamen »Heilung des Herzens«, also der Anregung des Energieflusses im 4. Chakra, eine zentrale Rolle zu.

Exkurs »Allergien«

Bei Allergien geht es auf körperlicher Ebene um *Toleranz und Abgrenzung:* Das Immunsystem akzeptiert und toleriert alles, was dem Körper nützt und ihn erhält, also was aufgenommen und integriert werden kann. Auf der anderen Seite bekämpft es Eindringlinge wie Viren oder Bakterien, die eine Gefahr für den Organismus darstellen. Im Rahmen des Abwehrkampfes kommt es zu einer entzündlichen Reaktion, infolgedessen die ungeladenen Besucher vernichtet und ausgeschieden werden. Typische Symptome sind – neben Fieber – erhöhte Schleimproduktion, Nervenreizung, erweiterte Blutgefäße und ein erhöhter Muskeltonus. Allergische Reaktionen ähneln diesen Symptomen. Allerdings werden diese nicht durch Virenattacken ausgelöst, sondern von harmlosen Stoffen. Eine ganzheitliche Betrachtung, die körperliche mit mentalen und seelischen Aspekten verbindet, sieht in der Allergie einen Stellvertreterkrieg: Allergene werden als Symbol bekämpft.

Allergien spielen sich auf den körperlichen Grenzflächen ab: auf den inneren und äußeren Hautflächen bzw. Schleimhäuten. Es geht also auch hier um den Themenkreis der *Toleranz vs. Intoleranz*, insbesondere *Abgrenzung, Widerstand und Verbarrikadierung*. Auf der körperlichen Ebene zeigt sich dieses durch zugeschwollene Körperöffnungen wie z. B. die Schleimhäute in der Nase oder die Poren der Haut. Der Körper legt sich quasi ein dickes Fell zur Gefahrenabwehr zu, das schließlich zu einem *Verlust an Vitalität und Lebendigkeit* führt.

Die meisten Allergene sind harmlos oder im Grunde sogar ausgesprochen gesund. Ausnahmen hiervon sind lediglich einige für den Menschen schädliche chemische Stoffe wie z. B. Lösungsmittel. Alle anderen der über 20 000 bekannten Allergene stellen an sich keinerlei Bedrohung für das menschliche Leben dar und erfüllen vielmehr eine natürliche und wichtige Aufgabe (z. B. Blütenpollen). Der Allergiker (bzw. sein Körper/Immunsystem) fühlt sich also von völlig harmlosen Stoffen, die nicht das Geringste von ihm wollen, angegriffen: Auf die Allergene werden die schlimmsten Absichten projiziert. Das Problem wird in der Projektion auf den Allergie-auslösenden Stoff bzw. Träger gelöst: Heuschnupfen-Allergiker meiden gefährdende Gegenden oder Tierhaar-Allergiker die Katze, als sei sie das Problem und nicht sie selbst.

Im Sinne der Körpersprache werden die an sich harmlosen Stoffe dennoch »bis aufs Blut« bekämpft. Das Abwehrverhalten erinnert an den Ablauf, der dem Entzündungsgeschehen ähnlich ist. Allerdings treten an die Stelle bedrohlicher Erreger wie Viren oder Bakterien die Allergene, die stattdessen bekämpft werden. Das Abwehrsystem des Körpers füllt fortlaufend seine Waffenarsenale auf, damit es zur Abwehr der Allergene sofort losschlagen kann. Doch der allergische Kampf ist ein aussichtsloser Kampf, da die Zahl der Gegner endlos ist. Dies lässt vermuten, dass das Problem gewaltig ist und eine aggressive Eskalation vorliegt. Die Aggression geht also vom Allergiker selbst aus, doch die Auswirkungen des Kampfes bleiben auf ihn selbst beschränkt, da nur er allein darunter leidet. Dabei ist die Körperbühne nur eine stellvertretende Plattform, die ein Bewusstseinsthema ausagiert.

Auf körperlicher Ebene reicht eine vergleichsweise geringe Anzahl von Allergenen, um vergleichsweise heftige Reaktionen hervorzurufen. Umgekehrt existieren die Allergene in unendlicher Anzahl (z. B. Blütenpollen), sodass der Mensch einen aussichtslosen, vergeblichen Kampf führt, ähnlich dem Kampf Don Quichottes gegen die Windmühlen.

Die Allergie ist das Signal für den anstehenden Ausdruck von Aggression!
(Rüdiger Dahlke)

In der Allergie entlädt sich die angestaute Aggression, die dem Allergiker nicht bewusst ist. Im Fall der Allergie wird dieser Aspekt auf einen harmlosen Angreifer = das Allergen übertragen. Im Allergen wird im weitesten Sinne Schmutz bekämpft. Das fremde Allergen tritt an die Stelle dessen, was einem an sich selbst fremd ist bzw. abgelehnt wird. Heilung kann jedoch nur dann eintreten, wenn diese Erkenntnis über die rein intellektuelle Ebene hinausgeht, Unterbewusstes ans Licht gehoben und der Ausdruck von Gefühlen und seelischen Bedürfnissen gefördert wird.

Das, was du von anderen erwartest, erwartest du von dir.
Wenn du dies löst, wirst du frei von Mangel, du nutzt die Energie und gehst in Aktion.«
(Yogi Bhajan)

Sinn und Zweck gesunder Aggression ist die Abwehr unangenehmer, hinderlicher Gegebenheiten, die der Selbstentfaltung bzw. den eigenen Bedürfnissen im Wege steht. Im übertragenen Sinn dient die Aggression dazu, das eigene Revier sauber und alles Fremde/Unpassende/Störende fernzuhalten. Diese wichtige Funktion der Aggression wird dann außer Kraft gesetzt, wenn innerer Aufruhr ohne äußeren Ausdruck bleibt:

Immer dann, wenn Menschen ihre empfundene Wut nicht zeigen können (oder aufgrund ihres Werte- und Weltbildes meinen, dies nicht tun zu dürfen?!), schneiden sie sich von der bewegenden Kraft der Aggression ab und setzen sich weiterhin belastenden bzw. einengenden Situationen aus. Auf der Ebene des Verstandes geht es darum, eine gesunde Haltung zum eigenen Aggressionspotenzial einzunehmen. Ein dementsprechend angemessenes Verhalten orientiert sich an den eigenen Interessen und Bedürfnissen, für die es sich aktiv und engagiert einzusetzen gilt. Andersherum erfordern Beziehungen zu anderen Menschen eine gewisse Rücksichtnahme. Anders ausgedrückt: Es geht um eine gesunde Balance von Toleranz und Intoleranz. Die Entfaltung dieses Entwicklungspotenzials illustriert nachstehendes Tableau:

Aggression und Intoleranz ■ Abgrenzung – bewusstes *NEIN* sagen zu allem, was hindert/schädlich ist ■ Durchsetzung eigener Interessen und Bedürfnisse	Rücksichtnahme und Toleranz ■ Akzeptanz – bewusstes *JA* sagen zu allem, was nützt/verträglich ist ■ Verständnis für die Interessen bzw. Bedürfnisse anderer	Positiver Wert – Entwicklungsziel
Rücksichtslose Machtausübung ■ ungebremste Aggression ■ Angriffs- und Abwehrverhalten auch ohne konkreten Anlass ■ bockiger Widerstand *»Dagegen«*	Anpassung, Selbstaufgabe ■ Zurücknehmen eigener Interessen ■ die Anforderungen anderer stets vor die eigenen Wünsche stellen ■ passives Ergeben in die Umstände	Entwertende Übertreibung

Beobachtbares Verhalten

Ein energetisch geschwächtes Herzchakra lässt sich im Umgang mit anderen Menschen beobachten, insbesondere mit einer gewissen Unfähigkeit, sich konstruktiv mit Konflikten auseinanderzusetzen und diese gemeinsam mit anderen zu lösen. Häufige Verhaltensweisen sind Intoleranz gegenüber anderslautenden Meinungen oder zu viel Toleranz im Sinne von Harmoniesucht unter Rücknahme der eigenen Interessen. Manchmal wirken Personen gefühlskalt, oder sie zeigen sich als »Sensibelchen« und sind besonders leicht verletzbar, sitzen ausdauernd in der Opferfalle und/oder klagen viel. Oder aber sie neigen zur Selbstaufgabe.

Emotionale Störung

Jemand, der keinen Zugang zu den eigenen Gefühlen hat oder emotionale Regungen aufgrund der zu erwartenden Konsequenzen unterdrückt, tut das häufig aus einem mangelnden Selbstwertgefühl heraus. Hineinspielen kann auch die Angst vor Ablehnung oder Ausgrenzung oder die Befürchtung, einen Konflikt heraufzubeschwören und dann nicht damit umgehen zu können oder unverstanden zu bleiben. Oft beschreiben Personen das damit einhergehende Körpergefühl als Enge oder Druck im Brustraum, oder sie haben kein Gefühl (mehr) für sich selbst, wissen nicht, was sie wollen, was ihnen Freude macht, etc. Die dauerhafte Vermeidung, zu trauern und sich entsprechend elend zu fühlen, kann der Grund für einen derartigen Stillstand auf dem eigenen Lebensweg sein.

Entwicklungspotenzial

Die Herausforderung des 4. Chakras ist die Entwicklung eines gesunden Selbstwertgefühls als Grundlage für einen liebevoll-freundschaftlichen Umgang mit sich selbst, unabhängig von der Meinung oder den Erwartungshaltungen anderer Menschen. Dazu gehört, dass man sich nach Fehlern und Missgeschicken selber vergibt und sich nicht unablässig und nachhaltig für das Geschehene tadelt. Kein Lebensweg ist frei von Rückschlägen – es gilt, sich hiervon schnell zu erholen, eine angemessene Frustrationstoleranz zu entwickeln und nicht jeden Misserfolg zu einer persönlichen Sinnkrise werden zu lassen.

Es geht darum, gelassen(er) mit sich selbst umzugehen und auf die eigenen Bedürfnisse zu achten, statt sich selbst zu überfordern und es stets anderen recht zu machen. Wer ein gutes Gefühl für sich selbst hat, wird auch anderen Menschen einfühlsam und wertschätzend begegnen und Konflikte auf eine respektvolle Art und Weise lösen können.

Metaphern

Alle Assoziationen rund um das Element »Luft«, z.B. den Luftzug auf der Haut spüren, ein leichte Brise, leicht wie eine Feder im Wind, Sturm im Wasserglas, im Auge des Sturms, Tornado, Kampf gegen Windmühlen.
Körpersprache: Die Arme »als Verlängerung des Herzens« – jemanden herzlich umarmen; aber auch: die Arme wie ein Schutzschild vor der Brust verschränken.
Mir geht etwas zu Herzen/an Herz und Nieren.
Das hat mir das Herz gebrochen.
Das hat mir das Herz geöffnet.
Er hat mir aus dem Herzen gesprochen.
Es kommt von Herzen.
Hand aufs Herz: ...
Da klopft mir das Herz.
Dem Herzen Luft machen.
Aus dem Herzen eine Mördergrube machen.
Aus dem Takt gekommen sein.
3× tief Luft holen – erst einmal tief durchatmen.
Jemanden etwas husten wollen.
Das verschlägt mir den Atem.
Das liegt mir wie eine Bleiplatte auf der Brust.
Mir setzt jemand die Pistole auf die Brust.

Coaching-Fragen

Mit den nachstehenden Fragen lässt sich die Reflexion über den Themenkreis des Herzchakras anregen:

- *Hand aufs Herz: Was ist Ihnen in der jetzigen Situation wirklich wichtig?*

- *Richten Sie sich a) im Alltag b) bei wichtigen Entscheidungen konsequent an Ihren persönlichen Bedürfnissen aus? Wie ließe sich erreichen, dass Sie Ihre eigenen Interessen besser als bisher wahren? Wer oder was könnte Sie dabei unterstützen?*

- *Wo, in welchen Beziehungen oder bei welchen Tätigkeiten erleben Sie Enge oder Begrenzungen durch andere/die jeweiligen Umstände?*

- *Gibt es länger andauernde oder zurückliegende, ungelöste Konflikte im beruflichen und/oder privaten Umfeld?*

Es hat sich als hilfreich erwiesen, sich zur Bewältigung eines Misserfolgs daran zu erinnern, welche Hindernisse man in der Vergangenheit schon überwunden hat und wie man seinerzeit dabei vorgegangen ist. Auf dieser Basis lassen sich Zuversicht für die jetzige Situation schöpfen und eigene Ressourcen aktivieren:

- *Was war mein letztes Missgeschick – wann ist das letzte Mal in meinem Leben mal etwas richtig schiefgegangen? Wie ist mir der Umgang damit gelungen – welche Fähigkeiten habe ich dafür eingesetzt? Wer oder was hat mich bei der Lösung des damaligen Problems unterstützt? Wer oder was könnte mir heute helfen?*

Folgende Fragen entspringen dem systemischen Ansatz und reflektieren den vorhandenen Handlungsspielraum und Erweiterungsmöglichkeiten:

- *Wenn Sie Ihren aktuellen Freiheitsgrad auf einer Skala von 0 (totale Enge) bis 10 (absolute Freiheit) einordnen sollen, wo befinden Sie sich derzeit? Wo wären Sie gern? Was könnte ein erster hilfreicher Schritt in diese Richtung sein? Wie sähe der zweite, dritte … Schritt aus?*

In Konfliktfällen regen nachstehende Fragen unterschiedliche Sichtweisen an und helfen dabei, ein Verständnis für die anderen beteiligten Personen zu entwickeln:

- *Wer sieht das Geschilderte ähnlich, wer anders?*
  Wer hat das größte Interesse, das Thema zu lösen, wer das geringste? (Rangreihung bilden lassen)

Wer hat das Problem als Erstes bemerkt, wer als Letztes?
Wer würde es am ehesten bestreiten, dass es sich überhaupt um ein Problem handelt?
Wenn Sie die Belastung Ihrer Familie/Ihres Teams ... auf einer Skala von 0 bis 10 einordnen sollen, wo wäre Ihr Wert, der von Ihrem Partner/Chef, von den Kindern/Kollegen?
Wer macht sich die größten Sorgen, wer am wenigsten?
Woran könnten Sie erkennen, dass das Problem gelöst ist? Woran könnten es die anderen Beteiligten erkennen?

Weitere systemische Fragen siehe Einführungsteil zum systemischen Coaching.

Yoga-Praxis

Alle Yoga-Traditionen und spirituellen Disziplinen messen dem energetischen Herzzentrum eine zentrale Bedeutung zu. So gibt es viele Übungen und Meditationen, die das 4. Chakra energetisch aufladen und den Energiefluss im gesamten System ausbalancieren helfen. Das Herzchakra wird grundsätzlich durch all jene Asanas aktiviert, die den Brustkorb öffnen, z. B. Übungen, bei denen der Oberkörper nach hinten gebogen und/oder die Schultern zurückgezogen werden. Alle Übungen, bei denen die Arme bewegt bzw. angehoben werden, haben eine stärkende Wirkung auf das Herzchakra. Des Weiteren eignen sich intensive Atemübungen dafür, das Atemvolumen zu vergrößern und dadurch den inneren Raum zu erweitern. Beispiele für Körper- und Atemübungen sowie Meditationen aus dem Kundalini-Yoga nach Yogi Bhajan:

- Kamelritt
- Kobra
- Yoga Mudra
- Pranayama mit geteiltem Atem (z. B. in jeweils 4 Atemsequenzen ein- und ausatmen)
- Mantra-Meditation auf »Guru Ram Das«
- Alle Herz-Meditationen, z. B. »Projektion und Schutz vom Herzen her« (Handbuch für Lehrer und Studenten, Band II)

4.2.5 Das fünfte Chakra – Kehlchakra (Vishuddha)

Lage

Wie der Name Kehlchakra schon andeutet, befindet sich das 5. energetische Zentrum auf Höhe des Nackens und der Kehle und damit an der schmalsten Stelle des Körpers. Es versorgt zudem den Bereich der Schultern, die Stimme und die Ohren, Zähne, Nebenhöhlen sowie die Schilddrüse mit Energie. Aus dem Bereich der Sinne zählen Sprechen und Hören zu seinem Einflussbereich. So wie der Klang der Stimme einen Raum erfüllen kann, so assoziiert man auf elementarer Ebene Raum und Äther mit dem Kehlchakra.

Energetische Wechselwirkungen

Das 5. Chakra zählt zum oberen Chakradreieck und steht für den Übergang der manifesten, körperlichen Aspekte und in die subtilen, feinstofflichen Energieformen. Hierzu zählen insbesondere alle Facetten der Kommunikation.

Das Kehlchakra spiegelt die Thematik des 2. Chakras wider, dessen Energiefluss die physische Umwandlungs-, Filter- und Ausscheidungsfunktion von Blase und Nieren sowie die menschliche Reproduktionsfähigkeit durch die Geschlechtsorgane reguliert. Die kreative Schöpfungskraft und Unterscheidungsfähigkeit des 2. Chakras findet durch die Energie des 3. Chakras seinen Ausdruck in Form von dementsprechenden Handlungen. In Verbindung mit dem energetischen Herzzentrum wird daraus auf der Ebene des Kehlchakras eine authentische Kommunikation.

Aufgabe

Die zentrale Aufgabe des Kehlchakras ist der vollständige und wahrhaftige Selbstausdruck. Dazu zählen insbesondere alle Facetten der Kommunikation: In der Beziehung zu anderen Menschen geht es gleichermaßen darum, das innere Erleben sowie An- und Einsichten auszusprechen und diese verständlich zu machen, aber auch anderen zuhören zu können. Doch das 5. Chakra reguliert zudem die »Kommunikation mit sich selbst«, also der Fähigkeit, auf die innere Stimme zu lauschen und sich selbst vollständig wahrzunehmen sowie der eigenen Gedankengänge gewahr zu sein.

Auswirkungen energetischer Inbalance

Zu den typischen körperlichen Beschwerdebildern zählen:

- **Hals- und Nackenschmerzen** deuten darauf hin, dass sich eine Person mehr Verantwortung bzw. Aufgaben aufgeladen hat, als sie tragen kann. Dies kann sowohl die aktuelle Situation betreffen, aber auch auf unbewältigte Altlasten der Vergangenheit hindeuten. Häufig gehen derartige Beschwerden einher mit Muskelverspannungen im unteren Rücken oder im Beckenbereich, weil der Körper versucht, die eingeschränkte Beweglichkeit an anderer Stelle zu kompensieren.

  Bei einer dauerhaften Überlastung kann hieraus eine **Skoliose** entstehen. Hierunter versteht man eine Seitabweichung der Wirbelsäule, die mit einer Verschiebung bzw. Verdrehung der Wirbelkörper einhergeht und zu einer strukturellen Verformung führen kann. Es bilden sich in der Regel mehrere, einander gegenläufige Bögen, die sich kompensieren, um das Körpergleichgewicht aufrechtzuerhalten. Durch diese Fehlhaltung manifestiert sich auf körperlicher Ebene die psychische Anpassungsleistung.
- Die Kombination von Verspannungen der Kopfhaut, des Nackens und der Schultermuskulatur kann in **Spannungskopfschmerz** münden: ein diffuser dumpfer Kopfschmerz, der durch den hohen Spannungszustand der Blutgefäße (= Verengung) im Kopf zustande kommt. Der Aspekt der verengten Blutgefäße deutet auf eine bestehende Angst *(lat. angor = Enge)* hin. Möglicherweise fällt es der betreffenden Person schwer, NEIN zu sagen und/oder die eigenen Interessen zu wahren. Sie verbiegt sich in der Kommunikation mit anderen Menschen, weil sie versucht, es anderen recht zu machen.
- **Sprech-/Sprachstörungen** deuten darauf hin, dass körperliche Wahrnehmung sowie die Gefühle und Emotionen nicht in Einklang mit den Gedankengängen gebracht werden können. Es fehlt quasi die Übersetzungshilfe, um das körperliche und geistige Geschehen gleichermaßen ausdrücken zu können – oder es besteht eine Angst davor, es zu tun. Offenbar ist die Verbindung zwischen Körper und Verstand unterbrochen, möglicherweise aufgrund eines Traumas.

Energetisch gesehen handelt es sich um einen gestörten oder blockierten Energiefluss zwischen dem 4. Chakra und dem oberen Chakra-Dreieck, der sich im Einflussbereich des Kehlchakras niederschlägt.

- Beschwerden des Hörapparates: **Schwerhörigkeit** kann ein Hinweis darauf sein, dass jemand etwas »nicht hören will«, was andere, meist nahestehende Personen, zu sagen haben. **Tinnitus** hingegen bezieht sich auf das Lauschen nach innen: Das dauerhafte Pfeifen im Ohr ist ein Hinweis darauf, dass die innere Stimme nicht genügend beachtet wird. Oft geht dem Tinnitus ein **Hörsturz** als letztes deutliches Körpersignal voraus. Bleibt dieses unbeachtet, reagiert der Körper mit dem andauernden Pfeifton als Hinweis darauf, dass die innere Kommunikation verbessert werden muss, um keinen Schaden an Leib und Seele zu nehmen.
- **Schilddrüsenfehlfunktionen:** Die Schilddrüse reguliert den Energiestoffwechsel, das Wachstum einzelner Zellen und des Gesamtorganismus. Sie ist Ausgangspunkt für Erkrankungen, die unter anderem zu Störungen des Hormonstoffwechsels führen und mit einer Schildrüsenüber- oder -unterfunktion einhergehen können. Beschwerden in diesem Bereich zeigen die grundlegende Bedeutung an, die der authentische Selbstausdruck für die körperliche Gesundheit hat: Es gilt, den Mut zu entwickeln, sich selbst so zu zeigen, wie man ist, und das eigene kreative Potenzial zu entfalten.

Beobachtbares Verhalten

Einer Person mit einem energetisch geschwächten Kehlchakra fällt es schwer, in Konflikte zu gehen und die eigene Position selbstbewusst zu vertreten. Sie neigt möglicherweise zur (Selbst-)Verleugnung und der Tendenz, sich übermäßig an die Meinung bzw. Erwartungen anderer anzupassen. Die körperliche Anspannung spiegelt sich häufig in einer starken Selbstkontrolle, die darauf abzielt, die eigenen Gefühle und Emotionen zurückzuhalten und eher vom Kopf statt aus dem Herzen zu kommunizieren. Dies kann mit einer gebeugten oder schiefen Körperhaltung einhergehen.

Emotionale Störung

Auf der emotionalen Ebene kann ein geschwächtes Kehlchakra mit dem Gefühl einhergehen, nicht gehört zu werden, bzw. der Angst, die Stimme zu erheben und tatsächlich gehört zu werden. In diesen Bereich gehört auch das unangenehme Gefühl, die Wahrheit nicht aussprechen zu können: Man meint, sich innerlich verbiegen zu müssen, weil man unangenehme Konsequenzen für sich oder andere befürchtet – und fühlt sich elend dabei.

Entwicklungspotenzial

Das 5. Chakra ist das energetische Zentrum des Selbstausdrucks. Im Zentrum steht die Frage, wie wir unsere Talente sichtbar machen und unser kreatives Potenzial entfalten können. Es begünstigt die Fähigkeit, unsere Anliegen, Gedanken und Empfindungen auf authentische Weise auszudrücken und die Stimme zu erheben.

Besonders in Konfliktsituationen sind wir aufgefordert, unsere Position zu beziehen und das, was wir wollen, klar und eindrücklich zu artikulieren. Auch dies ist eine Form der Selbstdarstellung: die Fähigkeit, unsere Anliegen in Worte zu fassen und sich Gehör zu verschaffen.

Metaphern

Alle Assoziationen rund um den Aspekt des »Raums«, z. B. sich Raum nehmen oder anderen Raum geben, oder dem »Klang«: Er hat in mir eine Saite zum Klingen gebracht.
Ich möchte den ganzen Ballast abwerfen.
Mir lastet etwas schwer auf den Schultern.
Mir sitzt etwas/jemand im Nacken.
Ich muss mich den Gegebenheiten beugen.
Dafür muss ich mich aber ganz schön verbiegen.
Das bereitet mir Kopfschmerzen.
Sie kann sich gut ausdrücken.
Er hat mir aus der Seele gesprochen.
Ich finde dafür keine Worte.
Ich kann es nicht in Worte fassen.

Das hat mir die Stimme verschlagen.
Ich bin dafür nicht in Stimmung.
Ich habe einen Kloß/einen Frosch im Hals.
Reden ist Silber – Schweigen ist Gold.
Sich Gehör verschaffen.
Offene Ohren für jemanden haben.
Er hat mich erhört.
Wer nicht hören will, muss fühlen.

Coaching-Fragen

Die nachstehenden Fragen helfen dabei, über den Themenkreis des 5. Chakras zu reflektieren:

- *Nehme ich mir ausreichend Zeit für mich selbst? Lege ich regelmäßig Arbeitspausen ein? Ruhe ich mich in Pausenzeiten aus und genieße die Zeit mit mir selbst, ohne sie mit andersartigen Aktivitäten anzufüllen?*

- *Neige ich dazu …*
  … (unaufgefordert) Verantwortung für andere Menschen bzw. die ihnen zugeordneten Aufgabenfelder zu übernehmen?
  … die Erwartungen anderer zulasten meiner eigenen Interessen hintanzustellen?

- *Wenn ich mein derzeitiges Arbeits- und Aufgabenspektrum – beruflich wie privat – betrachte, ist es eher zu viel oder eher zu wenig?*

- *Woran könnte ich erkennen, dass ich meine (Arbeits-)Belastung auf ein angemessenes Maß reduziert habe? Was könnte ein erster hilfreicher Schritt in diese Richtung sein?*

- *In welchen Situationen halte ich mich mit meiner Meinung zurück?*

- *Wann gelingt es mir, meine Position offen und angstfrei zu vertreten? Welche Rahmenbedingungen helfen mir dabei, mich so zu zeigen, wie ich bin? Welchen Einfluss habe ich darauf?*

- *Gibt es etwas, das ich unbedingt noch im meinem Leben verwirklichen will?*

Wie sähe mein Leben aus, wenn ich mir erlaube, das zu sagen, was ich wirklich denke, und das zu tun, was ich wirklich will?

Weitere systemische Fragen siehe Einführungsteil zum systemischen Coaching.

Yoga-Praxis

Das Kehlchakra wird durch all jene Asanas angesprochen, die die Brust- und Nackenwirbelsäule sowie die Arm- und Schultermuskulatur ansprechen. Das sind insbesondere alle Übungen, bei denen die Arme und/oder Schultern bewegt bzw. angehoben werden. Des Weiteren aktiviert der Gebrauch von Mantras den Energiestrom im 5. Chakra sowie Arm- und Handhaltungen auf Schulterhöhe. Beispiele aus der Tradition des Kundalini-Yoga nach Yogi Bhajan:

- Schultern heben und senken
- Kopfkreisen/Nackenrollen
- Kopf nach links und rechts drehen
- Grundsätzlich alle Mantra-Chants
- Meditation »Karani-Kriya« (Quelle: Yogi Bhajan/Guru Charan Singh, *The Mind*)

4.2.6 Das sechste Chakra – Das dritte Auge (Ajna)

Lage

Das sechste Chakra wird auch als das dritte Auge bezeichnet. Es wird an der Stirn etwas oberhalb der Mitte zwischen den Augenbrauen verortet. Auf physischer Ebene sind ihm die Augen, die Nase und die Stirnhöhlen zugeordnet. Darüber hinaus besteht eine energetische Verbindung mit der Hypophyse, die als Zentrale des endokrinen Drüsensystems fungiert und maßgeblich das Hormonsystem steuert. In ihren Einflussbereich fallen Vorgänge wie Wachstum, Fortpflanzung und Stoffwechsel.

Auch wenn das dritte Auge zunächst eine Beziehung zum Sehsinn assoziiert, verweist seine Bezeichnung auf die imaginäre Vorstellungskraft und die Intuition und damit auf feinfühlige und hellsichtige Fähigkeiten.

Energetische Wechselwirkungen

Das 6. Chakra gehört wie das Kehl- und Kronenchakra zum oberen Chakrasystem und steuert maßgeblich die Verarbeitung der Sinneseindrücke und Erfahrungen.

Es gibt eine Korrespondenz zum 3. Chakra, dem die tatsächliche Sehfähigkeit zugeordnet ist. Während das 3. Chakra zuvorderst als Kraftzentrum des Chakrasystems fungiert und körperliche Stärke fördert, nutzt das 6. Chakra die vorhandene Energie für geistige Prozesse, insbesondere für die Kreation von Ideen und Zukunftsvisionen, die dem heutigen Handeln eine Richtung geben. Hierüber gibt es auch eine Wechselbeziehung zum 2. Chakra, dessen Energiefluss die kreativen Prozesse anregt und für Hindernisse auf dem Lebensweg sensibilisiert. In diesem Zusammenhang übernimmt das dritte Auge mithilfe der Intuition eine wachsame Schutzfunktion für das energetische Herzzentrum, das 4. Chakra.

Aufgabe

Die Kernaufgaben des 6. Chakras bestehen in einem guten Zugang zur inneren Stimme, der Intuition und der Fähigkeit, Ziele zu finden und sich darauf zu konzentrieren, wie sie erreicht werden können. Dazu gehört es auch, Vorstellungen vor dem inneren Auge zu imaginieren und deren Projektion aufrechtzuerhalten, um nicht vom eigenen Weg abzukommen.

Auswirkungen energetischer Inbalance

Auch wenn das dritte Auge zuvorderst psychische Prozesse beeinflusst, kann ein energetisches Ungleichgewicht in diesem Bereich zu Gesundheitsbeschwerden auf körperlicher Ebene führen. Typische Krankheitsbilder des 6. Chakras sind:

- **Stirnhöhlenentzündungen** verweisen auf den Kampf gegen einen inneren Erkenntnisprozess: Eine Person möchte vermeiden, dass ein bestimmter Persönlichkeitsaspekt, der ihr selbst möglicherweise lange verborgen war bzw. den sie selbst (noch) ablehnt, nun ans Tageslicht kommt und so zunächst für sie selbst und in der Folge dann auch für andere sichtbar wird.

- **Kopfschmerzen,** die im Bereich des dritten Auges auftreten, lassen sich meistens nicht einem einzigen Energiezentrum zuordnen. Wahrscheinlich ist, dass mehrere Chakren gleichzeitig betroffen sind: Während Migräne mit einem gestörten Energiefluss im Sakralchakra einhergeht, entstehen Spannungskopfschmerzen im Bereich des Kehlchakras. Die damit einhergehenden Muskelverspannungen treten häufig auch im Zusammenhang mit einer Überlastung der Augen an, z. B. bei zu lange andauernder Bildschirmarbeit.
- Während die Qualität der Sehfähigkeit maßgeblich durch das Nabelchakra gesteuert wird, so gehen organische **Erkrankungen der Augen,** wie zum Beispiel erhöhter Bindehautentzündungen, Augendruck, grüner oder grauer Star, mit einem eingeschränkten Energiefluss im 6. Chakra einher.
- In den Bereich der psychomentalen Krankheitsbilder fallen **Angsterkrankungen und Phobien.** Irreale Ängste und Sorgen machen den Geist eng und führen dazu, dass ein Mensch wortwörtlich »ein Brett vor dem Kopf« hat, also nicht mehr links und rechts schauen kann oder unfähig ist, Lösungsideen zu entwickeln. In der Folge schränkt sich sein Vorstellungsvermögen und damit sein tatsächlicher Gestaltungsspielraum ein bis hin zur völligen Handlungsunfähigkeit.

Beobachtbares Verhalten

Ein Mensch mit einem geschwächten Energiefluss im 6. Chakra lässt sich daran erkennen, dass ihm die Zielorientierung und die dauerhafte Fokussierung schwerfallen. Er lässt sich leicht ablenken von seinen Vorhaben, kann sich schlecht konzentrieren, oder er springt von einer Idee zur nächsten, ohne eine davon jemals nachhaltig zu verfolgen. Möglich ist auch, dass die Person einen verwirrten Eindruck macht, dass ihr die realistische Einschätzung einer Situation bzw. ihrer Fähigkeiten schwerfällt oder sie orientierungslos ist. Typisch ist auch eine eher »verkopfte« Kommunikation mit einer Tendenz zu einer intellektuellen und rationalen Denkweise.

Manchmal zeigt sich ein blockierter Energiefluss auch in einem überängstlichen Vorgehen und einem Misstrauen gegenüber der eigenen Wahrnehmung. Wenn die persönliche Feinfühligkeit und/oder subtile Erkenntnisse jenseits rational erklärbarer Fakten abgelehnt werden, fehlt der Zugang zur spirituellen Dimension. In der Folge bleiben nur die Orientierung an der materiellen Welt und die Auseinandersetzung mit den existenziellen Erfordernissen.

Emotionale Störung

Ängste rühren entweder aus negativen Erfahrungen der Vergangenheit, die unbewältigt blieben und eine Person nachhaltig verunsichert haben. Oder sie beruhen auf Schreckensfantasien über die künftige Entwicklung, hinter denen übergroße Herausforderungen oder Gefahr für Leib und Leben vermutet werden. Damit verbunden sind vielfältige belastende Gefühle und sorgenvolle Gedankenkreisläufe, die ein Entrinnen unmöglich erscheinen lassen.

Entwicklungspotenzial

Das dritte Auge ist der Sitz der Intuition und ermöglicht uns, auf schnelle Art und Weise Situationen zu erfassen und einzuschätzen. Es fordert uns dazu auf, der inneren Stimme zu lauschen und ihr Folge zu leisten. Der Energiefluss des 6. Chakras erlaubt es, Visionen und Vorstellungskraft zu entwickeln und diese in die Zukunft zu projizieren.

In Zeiten der Veränderung und des persönlichen Wachstums ist ein ausgeglichenes 6. Chakra sehr hilfreich. Es hilft zu erspüren, auf welches Ziel es sich lohnt hinzusteuern. Ziele, die sich in Übereinstimmung mit der Intuition ergeben, sind die »richtigen« Ziele. Zum anderen gilt es, für das Erreichen der Ziele die unerschütterliche Überzeugung zu entwickeln, dass sie tatsächlich erreichbar sind. Dies gibt uns die notwendige Orientierung in Entscheidungssituationen und unserem Handeln im Hier und Jetzt eine stimmige Richtung.

Metaphern

Er sieht den Wald vor lauter Bäumen nicht.
Sie hat ein Brett vor dem Kopf.
Mein Kopf ist wie vernebelt.
Er baut ein Luftschloss nach dem anderen.
Ich mag da gar nicht hinsehen.
Er verschließt die Augen davor.
Ich kann mir das gar nicht vorstellen!

Etwas vor dem inneren Auge sehen.
Ich habe das Ziel klar vor Augen.
Mir ist etwas klar/deutlich geworden.
Ich habe etwas erkannt.
Das war doch vorauszusehen!
Ins Schwarze treffen.
Den Schleier der Erkenntnis wegziehen.
Etwas ent-/aufdecken und sichtbar machen.

Coaching-Fragen

Die nachstehenden Fragen entstammen weitgehend dem systemischen Arbeitsansatz und aktivieren die Vorstellungskraft – die zentrale Aufgabe des 6. Chakras:

- *Wenn Sie sich ein Bild von Ihrer aktuellen Situation machen wollten: wie sähe sie von ferne/von außen betrachtet aus?*
- *Wenn Sie ein Buch über Ihre jetzige Situation schreiben wollten, welcher Titel würde am treffendsten den Inhalt der Geschichte beschreiben?*
- *Stellen Sie sich vor, über Nacht passiert ein Wunder und das Problem hat sich gelöst – dummerweise haben Sie das gar nicht mitbekommen. Wer würde es als Erster merken und woran? Und als Zweiter und woran? (ausführlich beschreiben lassen)*
  Was würden Sie dann als Erstes anders machen? Und was danach?
  Wer wäre am meisten überrascht davon?
  Was würden Sie am meisten vermissen, wenn das Problem weg wäre?

Beschreibungen der Problemlage helfen dabei, sich die aktuelle Situation vor Augen zu führen und sie aus verschiedenen Blickwinkeln zu betrachten. Hilfreiche Fragen:

- *Aus welchen Verhaltensweisen besteht das Problem?*
  Wem wird das Problemverhalten gezeigt, wem nicht?
  Wo wird es gezeigt, wo nicht, wann und wann nicht?
  Woran könnten Sie erkennen, dass das Problem gelöst ist?

Weitere systemische Fragen siehe Einführungsteil zum systemischen Coaching.

Yoga-Praxis

Jedwede Meditationspraxis aktiviert den Energiefluss im 6. Chakra. Dennoch haben auch Körper- und Atemübungen Einfluss auf das dritte Auge: Die gleichzeitige Ausführung von Haltung, Bewegungsabläufen und bewusster Atemführung sowie die geistige Fokussierung erfordern ein hohes Maß auf Konzentration und schulen die Achtsamkeit. Hilfreich sind insbesondere all jene Asanas, bei denen der Kopf vorgebeugt und unter das Herzzentrum gebracht wird. Beispiele aus der Tradition des Kundalini-Yoga nach Yogi Bhajan:

1. Gurpranam
2. Babypose – Kindshaltung
3. Pranayama mit Pfeifton
4. Meditieren im Gyan-Mudra (die Fingerspitzen von Daumen und Zeigefinger liegen aneinander)
5. Fokussieren auf das 3. Auge
6. Mantra-Meditationen: Die beständige Wiederholung eines Mantras fördert die Konzentrationsfähigkeit und unterbricht den Gedankenstrom.

4.2.7 Das siebte Chakra – Kronenchakra (Sahasrara)

Lage

Wie der Name Kronenchakra bereits andeutet, befindet sich dieses Energiezentrum auf dem Kopf auf Höhe des Scheitelpunktes. Es ist trichterförmig nach oben hin ausgerichtet, etwa so, als wolle es die himmlische Energie in das menschliche System hineinsaugen. Auf organischer Ebene versorgt es das Gehirn und die Zirbeldrüse mit Energie. Mit dem 7. Chakra ist keine spezielle sinnliche Fähigkeit verbunden, es eröffnet jedoch den Zugang zu spirituellen Dimensionen und ermöglicht die Erfahrung des Einsseins mit allem, was ist.

Energetische Wechselwirkungen

Das 7. Chakra zählt neben dem Kehlchakra und dem dritten Auge zum oberen Chakrasystem und steuert maßgeblich die Verarbeitung der Sinneseindrücke und Erfahrungen auf Verstandesebene.

Es gibt eine Korrespondenz zum 1. Chakra: Wem die notwendige Erdung und der Bezug zur irdischen Welt fehlen, weil er sich in geistigen Höhenflügen verliert, der kann leicht vom Boden abheben. Auch kann sich eine energetische Schwäche im Wurzelchakra in der Empfindung von Sinnlosigkeit im Kronenchakra spiegeln und in einer Depression münden.

Aufgabe

Der Energiefluss im Kronenchakra beeinflusst die Denk- und Verhaltensmuster, die sich auf körperlicher Ebene in der Gehirnstruktur widerspiegeln. Aus diesem Grunde ist es notwendig, sowohl auf körperlicher Ebene neue Gewohnheiten einzuüben als auch auf geistiger Ebene zu neuen Einsichten zu gelangen, wenn wir unser Denken und/oder Verhalten verändern wollen: Lernen ist immer dann besonders effizient und nachhaltig, wenn sowohl der Körper als auch der Verstand angesprochen werden! Es geht also darum, neue Erfahrungen zuzulassen und daraus Erkenntnisse zu gewinnen, die unsere innere Landkarte in einer Weise erweitern, dass wir uns neue Blickwinkel und Denkweisen zu eigen machen und ein besseres Verständnis für die vielschichtigen Zusammenhänge einer Situation entwickeln. Das 7. Chakra ermöglicht es uns, in einer bestimmten Situation oder ganz grundsätzlich Sinn im Leben zu finden und uns als individuelle Wesen in einem übergeordneten Gesamtzusammenhang zu begreifen. Dazu gehört auch, die eigene Spiritualität zu entwickeln und sich der grundlegenden Leitlinien und Werte für das eigene Leben bewusst zu sein.

Auswirkungen energetischer Inbalance

Auch wenn das Kronenchakra im Wesentlichen geistige Prozesse steuert, so findet es seine körperliche Entsprechung in Form des Gehirns. Energetische Störungen schlagen sich daher auch in diesem Bereich nieder und können sich typischerweise in Form von psychomentalen

Krankheitsbildern wie **Depression** oder **Schizophrenie**, durch Stoffwechselstörungen bzw. Krankheitsbildern im Gehirn äußern wie zum Beispiel **multiple Sklerose**, **Alzheimer** und anderen **demenziellen Erkrankungen** sowie **Aufmerksamkeitsdefizite**.

Die Zirbeldrüse schüttet das Hormon Melatonin aus, das maßgeblich den Tag- und Nachtrhythmus und andere zeitabhängige Rhythmen im Körper steuert. Im Falle einer Missfunktion kann es zu **Schlafstörungen** oder einem gestörten Zellstoffwechsel mit daraus folgenden Gesundheitsbeschwerden bis hin zu Krebs kommen.

Beobachtbares Verhalten

Personen mit einem schwachen oder gestörten Energiefluss im 7. Chakra neigen erfahrungsgemäß zu einem übermäßigen Kontrollverhalten. Ihnen ist das Einhalten von Regeln sehr wichtig, möglicherweise wirken sie dogmatisch und rechthaberisch.

Dieses rigide Verhalten kann darauf zurückzuführen sein, dass sie Orientierung in äußeren Strukturen, Regeln und Organisationen bis hin zur Religion suchen, weil sie Schwierigkeiten damit haben, aus ihren Erfahrungen zu lernen, diese zu bewerten und geeignete Rückschlüsse für künftige Fälle zu ziehen. Es fehlt ihnen die Fähigkeit, das eigene Erleben zum Maßstab ihres Lebens zu machen und es in einen übergeordneten Zusammenhang zu bringen. Häufig haben sie Mühe, »vernetzt zu denken« und sich ein Bild vom »großen Ganzen« zu machen. Dies betrifft insbesondere Themen, die sich jenseits des eigenen Erfahrungshorizontes befinden und es erfordern, darüber hinaus zu denken, z. B. die Frage nach dem Umgang mit Sterben und Tod. Auf die Frage nach Sinn und Erfüllung finden sie keine Antwort.

Emotionale Störung

Auf der Gefühlsebene zeigt sich ein energetisch schwaches Kronenchakra häufig durch die Empfindung einer inneren Leere, die als unangenehm empfunden wird. Die betreffende Person fühlt sich orientierungslos und innerlich ohne jeden Halt.

Entwicklungspotenzial

Aus yogischer Sicht steht das 7. Chakra für die Verbindung zwischen individuellem und universellem Bewusstsein. Es geht darum, das individuelle Denken und Erleben einer Person in Übereinstimmung mit dem jeweiligen Lebensumfeld zu bringen, also im Einklang mit sich und der Welt zu sein. Dafür ist es wichtig, dem Geschehen einen (eigenen) Sinn geben zu können. Hartnäckige Hindernisse auf dem Lebensweg können als Hinweis darauf betrachtet werden, dass es über den Weg und/oder das Ziel noch irrige Vorstellungen gibt. Dann gilt es, nochmals genau hinzuschauen und zu überprüfen, ob man wirklich den richtigen Weg eingeschlagen hat oder aber ob das angestrebte Ziel tatsächlich zur persönlichen Erfüllung des Lebenssinns beiträgt.

Metaphern

All-ein/Ein-sam sein.
Ohne Sinn und Verstand.
Das machen wir bis zur Bewusstlosigkeit so weiter.
Das macht doch keinen Sinn.
Das ist ein sinnloses Unterfangen.
Der Vorstand schwebt über den Wolken/ist abgehoben (i. S. v. »... hat den Kontakt zur Wirklichkeit verloren.«).
Er denkt nur bis zur Schreibtischkante (i. S. v. »Er hat keinen Blick für das große Ganze.«).
Im Großen und Ganzen ...
Vertrauen ist gut – Kontrolle ist besser.
Das ist bei uns die Regel.
Das haben wir so geregelt ...
Das haben wir schon immer so gemacht – das macht man eben so.
Sich fallen lassen können – sich getragen fühlen.

Coaching-Fragen

Die nachstehenden Fragen entstammen weitgehend dem systemischen Arbeitsansatz und regen dazu an, den eigenen Blickwinkel zu erweitern und in größeren Zusammenhängen zu denken:

- *Wie sieht das Ganze von außen betrachtet aus?*
- *Welche Personen bzw. Elemente sind an der ganzen Geschichte beteiligt? In welchen Beziehungen stehen diese zueinander?*
- *Wer hat etwas von dem Problem?*
  Für wen ist es eher lästig?
- *Welchen Sinn macht das Verhalten von Frau XYZ für Sie? Was hat sie davon, dass sie sich so verhält?*
- *Gegen welche Regel würden Sie verstoßen, wenn Sie sich einmal ganz anders verhalten würden? Wer würde das gut finden? Wer eher nicht? Wer hat etwas davon, dass es diese Regel gibt?*
  Welche Regel(n) würden Sie selbst gern einführen, aufheben oder ändern?
- *Wie sieht es aus Sicht der Familie, Freunde, Bekannten aus? Was denken Sie, denkt Ihr Mann/Ihre Frau … über die Fragestellung? Was denken Sie, reden Ihre Nachbarn über die Situation?*
- *Wie bewerten andere Personen die Auseinandersetzung mit dem Problem?*
  Woran könnten die anderen erkennen, dass das Problem gelöst ist?
- *Nehmen wir an, das Problem wäre gelöst: Wem würde es dann besser gehen als jetzt? Wem würde es eher schlechter gehen als im Moment?*
- *Wer oder was könnte Sie dabei unterstützen, dass Sie vertrauensvoll einen ersten Schritt machen?*

Yoga-Praxis

Auch das Kronenchakra wird energetisch maßgeblich durch eine kontinuierliche Meditationspraxis angeregt. Dennoch lässt sich das 7. Chakra mithilfe von den spezifischen Körper- und Atemübungen anregen, insbesondere mit Übungen, die den Energiefluss von unten aus dem unteren Chakrasystem nach oben zum oberen Chakrasystem anregen und – gleichermaßen wie beim 6. Chakra – durch all jene Asanas, bei denen der Kopf vorgebeugt und unter das Herzzentrum gebracht wird. Beispiele aus der Tradition des Kundalini-Yoga nach Yogi Bhajan:

- Mahabandha – die große Schleuse
  (Körperschleusen, auch Verschlussübungen oder Bandhas [sinngemäß »Riegel« oder »Band«] sind Muskelkontraktionen im Körperinneren, die während oder nach Yoga-Übungen eingesetzt werden, um diese Muskulatur zu kräftigen, die Konzentration auf einen Punkt zu lenken und die Energie im Körper zu halten und zu len-ken. Jede Körperschleuse wirkt auf den Blutkreislauf, stimuliert das Fließen der Rückenmarksflüssigkeit und übt einen spezifischen Druck auf die Nerven aus. Mahabhandha ist die Kombination aus verschiedenen Körperschleusen, bei denen nacheinander der Beckenboden und der Nabelbereich, das Zwerchfell und der Nacken einbezogen werden, sodass die Energie beginnend aus dem Wurzelchakra durch das ganze System nach oben zum Kronenchakra geleitet wird.)
- SAT-Kriya
- Meditation mit dem Mantra »Ang Sang Wahe Guru«

4.2.8 Das achte Chakra – Elektromagnetisches Feld (Aura)

Lage

Das 8. Chakra hat anders als alle anderen Energiezentren keinen Bezug zur Wirbelsäule. Es umgibt den physischen Körper und wird als das elektromagnetische Feld oder auch Aura bezeichnet. Normalerweise hat die Aura einen Durchmesser von 1 – 2 Metern, kann aber durch eine intensive, kontinuierliche Yoga-Praxis auf mehrere Meter Reichweite anwachsen. Organisch steht das 8. Chakra in Verbindung mit dem Nervensystem und der Haut als äußerste körperliche Hülle. Es ist ihm kein spezifischer Sinn zugeordnet, allerdings befähigt eine energetisch aufgeladene Aura zu einer feinfühligen Wahrnehmung von Einflüssen aus dem äußeren Umfeld.

Energetische Wechselwirkungen

Das elektromagnetische Feld steht in Verbindung mit dem gesamten Chakrasystem und profitiert vom Energiefluss in allen Chakren, sowie diese umgekehrt von einem hohen Energielevel in der Aura profitieren und sich darüber aufladen können. Es gibt mit jedem Chakra eine besondere energetische Wechselwirkung:

1. Chakra: Im Wurzelchakra wird die grundlegende Kraft aufgebaut, die die nötige Stabilität für ein sicheres Auftreten und eine gewinnende Ausstrahlung gibt.
2. Chakra: Mit dem Sakralchakra stehen die Nieren und Nebennieren in Verbindung, die maßgeblich an der Stressregulierung beteiligt sind. Energetische Störungen und/oder Gesundheitsbelastungen im Einflussbereich des 2. Chakras wirken sich schwächend auf die Aura aus.
3. Chakra: Das Nabelchakra gilt als das Kraftzentrum schlechthin. Dynamische Yoga-Übungen, die dieses Chakra stärken, laden gleichzeitig auch das elektromagnetische Feld mit Energie auf. Ist das 3. Chakra geschwächt, reduziert sich die Aura.
4. Chakra: Das Herzzentrum steht für einen guten Zugang zu den eigenen Bedürfnissen und der Kontaktfähigkeit zu anderen Menschen. In Verbindung mit der Aura ermöglicht es uns, uns auf angemessene Weise abzugrenzen und unseren persönlichen Lebensweg zu verfolgen. Intensive Atemübungen und Yoga-Übungen mit bewegten Armhaltungen wirken sich gleichermaßen stärkend auf das 4. und 8. Chakra aus.
5. Chakra: Das Kehlchakra wird maßgeblich durch Mantra-Chants aktiviert. Die über die Stimme erzeugte Klangschwingung wirkt harmonisierend und stärkend auf den Energiefluss der Aura ein und trägt zu einer positiven Ausstrahlung bei.
6. Chakra: Das dritte Auge ermöglicht den Zugang zur Intuition. In Verbindung mit der feinfühligen Wahrnehmung der Impulse im elektromagnetischen Feld ist es möglich, sensibel auf Einflüsse von außen zu reagieren und dementsprechend sich bietende Chancen wahrzunehmen oder aber sich vor Gefahren zu schützen.
7. Chakra: Der ausgeglichene Energiefluss im Kronenchakra ermöglicht es, Gesamtzusammenhänge zu erkennen und eine bewusste Beziehung zur Aura als umfassendes Energiefeld herzustellen. Die Fehlfunktion der Zirbeldrüse führt zu einem gestörten Schlaf-/Wachrhythmus und einem eingeschränkten Zellstoffwechsel – beides erhöht das Krankheitsrisiko und schwächt die Aura.

Aufgabe

Das elektromagnetische Feld fungiert wie ein Filter und ermöglicht uns, uns einerseits gegen ungewollte Einflüsse von außen abzugrenzen und andererseits unser Licht nach außen auszustrahlen. Damit ist die Aura energetisch gesehen eine zweite Haut und trägt ähnlich wie ein gesundes Hautbild zu unserer Ausstrahlung und Abgrenzung gleichermaßen bei. Das große Thema des 8. Chakras ist die Frage nach der Berufung: Menschen, die ihren Lebensauftrag gefunden haben und ihm nachgehen, verfügen über eine entsprechende Ausstrahlung und können eine mitreißende Wirkung auf andere haben.

Auswirkungen energetischer Inbalance

Ein geschwächter Energiefluss in der Aura kann sich neben **Nerven- und Hauterkrankungen in mangelnder Stressresistenz** zeigen. Andauernde Stressbelastung, die unbewältigt bleibt, gilt als ein wesentliches Krankheitsrisiko. Zwar ist die Stressreaktion ein natürliches Phänomen, wird aber dann problematisch, wenn der Stress nicht ausreichend in körperliche Bewegung, Entspannung und mentale Verarbeitung mündet.

Der menschliche Körper reagiert auf Stresssituationen wie vor Millionen Jahren, als unsere Vorfahren noch Jäger und Sammler waren. Unter Belastung bereitet er sich auf Flucht oder Angriff vor. Der Organismus mobilisiert kurzfristig sämtliche Reserven. Stresshormone wie Adrenalin und Kortisol werden freigesetzt. Sie aktivieren Energiereserven wie Zucker und Fett, erhöhen den Blutdruck, die Pulsfrequenz und beschleunigen die Atmung. Die Muskulatur wird auf Leistung getrimmt. Andere Funktionen wie die Immunabwehr, die Verdauung und die Sexualfunktionen werden dagegen heruntergefahren. Dies geht einher mit einer Drosselung der körpereigenen regenerativen Funktionen.

Im Neandertal wurden die körperlichen Reaktionen im Wechselspiel von Bewegung und Entspannung abreagiert; am Arbeitsplatz dagegen fehlen weitgehend adäquate Aktivitäten. D. h., der Organismus stößt immer wieder neu Mobilisierungsprozesse an, wird dann aber blockiert – dies führt auf die Dauer zu gesundheitlichen Schäden.

Das 3-Phasen-Modell der Stressreaktion:

1. Phase: Alarmierungsphase – Der Körper mobilisiert alle verfügbaren Kräfte, um den vermeintlichen Feind zu bekämpfen.
2. Phase: Widerstand gegen den Stressfaktor – Die Anpassung hat ihren Preis: Die Widerstandskraft gegen andere Stressfaktoren lässt nach. Durch die Ausschüttung der Stresshormone Adrenalin und Kortisol wird der Körper für alle möglichen Bakterien anfällig.
3. Phase: Erschöpfungsphase: Wenn der Stress weiter anhält, hält der Körper die Abwehr nicht mehr aufrecht. Je nach Veranlagung können psychische oder psychosomatische Störungen auftreten. (Oder die typischen Krankheiten zu Beginn von Urlauben, Feiertagen etc.)

Oft wird die Belastung durch Stress erst dann wahrgenommen, wenn sich gesundheitliche Störungen zeigen. Auch aus diesem Grunde ist eine kontinuierliche Yoga-Praxis als anerkannte Methode zur Stressbewältigung und zur Prävention hilfreich.

Beobachtbares Verhalten

Jemand mit einem geschwächten 8. Chakra kann nervlich angespannt wirken und – je nach bevorzugter Stressausgleichsreaktion – zu folgenden Verhaltensmustern neigen: Arbeiten bis zum Umfallen, gelähmt und gegen innere Widerstände anarbeitend, in der Kommunikation kurz angebunden, schweigsam oder bissig, überempfindlich bei sachlicher Kritik, Rückzug aus persönlichen Beziehungen, problemorientiertes Negativdenken.

Emotionale Störung

Wer eine schwache Aura hat, wird eine dementsprechend geringe Ausstrahlung haben. Dadurch kann sich die Empfindung einstellen, nicht gesehen bzw. ständig übersehen oder übergangen zu werden. Ein unzureichender Energiefluss führt möglicherweise dazu, dass man negative Energien anzieht und sich wie vom Pech verfolgt fühlt. Damit einher geht auch das Gefühl, nicht erfüllt, leer und ausgebrannt zu sein.

Entwicklungspotenzial

Das 8. Chakra repräsentiert unsere zweite Haut: Es umgibt uns wie ein elektromagnetisches Schutzfeld, das uns gegen negative Einflüsse von außen abschirmt und uns zugleich eine gute Ausstrahlung gibt. Die Aura ermöglicht uns, uns in unserer Gesamtheit auf allen Ebenen zu erfahren, Gelassenheit zu entwickeln und in uns selbst zu ruhen. Ein gut aufgebautes elektromagnetisches Feld erfordert die Arbeit am ganzen System und ist nur zu erreichen, wenn in allen Chakren gleichermaßen Energie fließt.

Dieser Einsatz lohnt sich: Wer eine starke Aura hat und an seiner Präsenz arbeitet, zieht quasi magisch günstige Gelegenheiten an und kann andere Menschen unwillkürlich für seine Sache begeistern. Leichtigkeit und Freude am Tun treten an die Stelle von Anstrengung und Kampf. So wirken Menschen, bei denen man spürt, dass sie ihre Mission gefunden haben.

Metaphern

Er hat Charisma.
Sie hat eine tolle Ausstrahlung.
Strahlend aussehen.
Das Licht unter den Scheffel stellen.
Sie wirkt wie eine graue Maus auf mich.
Es ist, als wäre ich unsichtbar.
Er hat ein unscheinbares Auftreten.
Durch jemanden hindurchsehen.
Ich bin vom Pech verfolgt.
Das geht mir unter die Haut.
Nerven wie Drahtseile haben.
Zittrig sein.
Das nervt mich.
Das geht mir auf die Nerven.
Das zerrt an meinen Nerven.
Ich bin (an)gespannt.
Gespannt sein wie ein Flitzebogen.
Er steht unter großem Druck.
Ich fühle mich total ausgebrannt.

Bis hierhin und nicht weiter.
Da muss man mal eine Grenze ziehen.
Hier verlaufen unsichtbare Grenzen.
Ich fühle mich ausgegrenzt.
Die Schutzschilde hochziehen.
Sie ist ein Sensibelchen.

Coaching-Fragen

Mit den nachstehenden Fragen lässt sich die Reflexion über den Themenkreis der Aura anregen:

- *Was geht mir unter die Haut?*
  Welche Tätigkeiten füllen mich aus?
  Was wäre so groß und wichtig für mich, dass ich dafür alles geben würde?

- *Wo zeigt sich bei mir eine erhöhte Stressbelastung im Körper?*

- *Was nervt mich – was sind meine liebsten Stressfaktoren?*
  Wie kann ich Einfluss auf sie nehmen?

- *Wie reagiere ich typischerweise auf Stress? Was davon ist hilfreich, was weniger nützlich?*

- *Sehe ich mich in der Lage, mich unter Druck selbst zu regulieren? Kenne ich Methoden zur Stressbewältigung? Wenn ja – wie regelmäßig wende ich sie an?*

- *Gönne ich mir regelmäßig ausreichend Zeit und Raum, um zu regenerieren und Kraft zu schöpfen?*

Folgende Fragen entspringen dem systemischen Ansatz und regen die Reflexion über Lösungsmöglichkeiten an:

- *Wie hoch ist mein aktueller Stresspegel – auf einer Skala von 0 = völlig gelassen und entspannt bis 10 = total ausgebrannt? Auf welchem Wert wäre ich gern? Wie könnte ich einen ersten hilfreichen Schritt in diese Richtung machen?*

- *Wie bin ich mit ähnlichen Situationen umgegangen, in denen ich nicht so unter Druck stand wie heute? Was davon könnte mir heute helfen?*

- *Wenn ich drei meiner Freunde oder Kollegen fragen würde, wie sie meine Ausstrahlung beschreiben würden – was würden sie wohl sagen?*

Yoga-Praxis

Yoga bietet gute Unterstützungsmöglichkeiten, um das 8. Chakra energetisch aufzuladen und die Ausstrahlung zu verbessern. Den Energiefluss in der Aura regen all jene Asanas an, die stärkend auf das Nabel- und Herzchakra wirken. Ein bekanntes Beispiel für eine hilfreiche Yoga-Übung ist der nach unten schauende Hund, in der Tradition des Kundalini-Yoga auch Dreiecksposition genannt. Des Weiteren regen Chants mit den Mantren *Ek Ong Kar Sat Nam Siri Wahe Guru* und *Har Har Har Har Gobinde* den Energiefluss im gesamten Chakrasystem an.

4.3 Yoga-Coaching als Gesundheits-Coaching

4.3.1 Praxistransfer: Die Integration von Yoga ins Coaching

Gesundheit kann man lernen – mit Yoga! Der Mensch erlebt sich – mehr oder weniger bewusst – stets als Einheit von Körper, Geist und Seele. Wohlbefinden ist immer ganzheitlich: Wenn der Körper schmerzt, ist zumeist auch die Psyche stark belastet. So spielt sich Gesundheit in Kopf und Körper zugleich ab und ist eng an die individuelle Lebens- und Arbeitsweise gekoppelt. Jede Verhaltensänderung erfordert neben einem angemessenen Zeitrahmen die persönliche Bereitschaft des Einzelnen, alte Gewohnheiten los- und sich auf Neues einzulassen.

»Die wichtigste Sache im Kundalini-Yoga ist die Erfahrung. Deine Erfahrungen sprechen direkt dein Herz an.«
Yogi Bhajan

Dieses Leitprinzip führt dazu, dass sich Menschen, die über hilfreiche Yoga-Erfahrungen verfügen, zunehmend der Wechselwirkungen zwischen dem eigenen Verhalten und dem persönlichen Gesundheitszustand bewusst werden. Weil sie im Rahmen der Yoga-Praxis erkennen, was ihnen guttut (und was nicht!), sind sie in der Lage, diesen Erfahrungsschatz auch auf andere Lebenssituationen zu übertragen. So entwickeln sie schließlich aus eigener Motivation heraus ein individuelles gesundheitsförderndes Verhalten. Wer die eigenen Kapazitätsgrenzen und seine Kraftquellen kennt, hat damit den Schlüssel für ein gesundes Selbstmanagement in der Hand. Die folgenden Empfehlungen fokussieren auf diese Verhaltensaspekte.

Tipps für das Anleiten von Yoga-Übungen im Rahmen eines Coachings

1. *Balance von Anspannung und Entspannung*
   Yoga ist keine olympische Disziplin, in der es Medaillen zu gewinnen gibt, sondern eine Kraftquelle und eine Oase der Regeneration. Diesem Aspekt sollte durch angemessene Entspannungsphasen und Meditation Rechnung getragen werden.

2. *Gesunde Selbststeuerung fördern*
   Für eine Person, die gewohnt ist, im Job immer 150 % Leistung bringen zu müssen, liegt oftmals die größte Herausforderung darin, eine persönliche Leistungsgrenze zu akzeptieren. Besonders leistungsbetonte Menschen, die auch im Job dazu neigen, über die eigenen Grenzen zu gehen und sich selbst zu überfordern, verlieren schnell den Blick für das Machbare und schaden sich selbst. Ihnen hilft es, wenn sie im Yoga Grenzen gesetzt bekommen und lernen, eigenständig auf ihre körperlichen Möglichkeiten zu achten. Anstatt (über-)fordernder Zielsetzungen sollte sich ein verantwortungsbewusster Yoga-Coach darauf konzentrieren, Fehlhaltungen zu korrigieren, und Alternativpositionen anbieten.

3. *Selbstwahrnehmung trainieren*
   Ein weiterer wichtiger Aspekt ist das aufmerksame Nachspüren nach jeder einzelnen Übung, das die Selbstwahrnehmung trainiert. Nach jeder Übung sollte eine kurze Ruhephase angeleitet werden, in der der Coachee – entweder im Sitzen in der einfachen Haltung oder in der Rückenlage – der Veränderung nachspürt, die die vorangegangene Übung in ihm auslöst. Hilfreich ist z. B. folgende Anleitung:

   Sitze/liege ruhig und bewegungslos. Entspanne und lasse deinen Atem fließen. Beobachte, welche Veränderung die Übung in dir bewirkt. Nimm deinen Körper wahr und auch die Gedanken, die nun durch deinen Kopf ziehen.

   Hinweis: Wichtig ist, dass sich der Coachee während der Entspannung konsequent auf die Beobachterposition beschränkt, ohne zu werten oder zu analysieren! Dies unterstützt den persönlichen Reflexionsprozess und das »Wahrnehmen all dessen, was ist«.

4. *Zusammenhänge aufzeigen und Hintergrundwissen vermitteln*
   Ein spezifisches Yoga-Programm für Gesundheit im Alltag berücksichtigt nicht allein körperliche Aspekte, sondern spricht mit den verschiedenen Meditations- und Entspannungsformen vor allem auch die geistig-seelische Ebene an. Hintergrundinformationen über die Zusammenhänge zwischen der Arbeitsweise und dem persönlichen Wohlbefinden runden die Yoga-Praxis ab und regen den Coachee dazu an, über das eigene Verhalten zu reflektieren. Voraussetzung hierfür ist, dass der Yoga-Coach Anknüpfungspunkte zum (Berufs-)Alltag der Teilnehmer herstellen kann, z. B. auf Basis der eigenen Erfahrungen.

Yoga-Tipp für den Berufsalltag

In arbeitsreichen Phasen wächst die Ermüdung nicht einfach linear, sondern um ein Vielfaches mit der Dauer der Stressbeanspruchung. Deshalb sind **häufige und frühzeitige Pausen** sehr wichtig, um vorzubeugen. Damit lässt sich der Ermüdungsprozess ohne Leistungseinbußen hinauszögern und wieder Kraft für die nächsten Aufgaben schöpfen.

Im Fall von flexibilisierten Arbeitszeiten bestehen in den meisten Betrieben keine klaren Pausenzeiten bzw. fest definierten Arbeitsrhythmen mehr. Somit obliegt es den Berufstätigen selbst, tagtäglich für ihre eigenen Arbeitspausen Sorge zu tragen. Pausenzeiten sind zwar arbeitsrechtlich geregelt, doch wie sie von den Arbeitnehmern letztendlich genutzt werden, liegt in deren Eigenverantwortung. Üblicherweise denken viele Beschäftigte bei Arbeitspausen zunächst an Kaffeepausen oder die Mittagspause. Für eine optimale Pausengestaltung ist es wichtig, dass eine Pause weder als reiner Arbeitsausfall noch als »verlorene Zeit« verstanden wird, sondern als notwendige Regenerationszeit: Arbeitspausen beugen der Ermüdung vor und fördern die eigene Gesundheit. Sie verbessern bzw. sichern die Konzentrationsfähigkeit und sind damit eine essenzielle Voraussetzung für eine geringe Fehlerquote und eine optimale Arbeitsleistung.

Erholungspausen sind bei psychischer und physischer Erschöpfung unverzichtbar, um stressbedingten Beschwerden vorzubeugen. Besonders bei erhöhtem Arbeitsanfall und/oder in belastenden Stresssituationen sollte keinesfalls auf Pausen verzichtet werden. Dabei haben organisierte bzw. im Arbeitsverlauf fest geplante Pausen einen höheren Erholungswert und präventiven Effekt, da selbst gewählte Pausen meist zu spät eingelegt werden, wenn sich bereits Ermüdungssymptome zeigen. Der ideale Arbeits- und Pausenzyklus umfasst 70 aktive Minuten, auf die ca. 20 Minuten Erholungspause folgen.

Gerade bei flexiblen Arbeitszeitmodellen haben die Beschäftigten selbst jedoch einen erheblichen Einfluss darauf, zu welchem Zeitpunkt sie eine Pause einlegen. Idealerweise orientieren sie sich dabei nicht allein an organisatorischen Erfordernissen, sondern behalten auch ihr persönliches Wohlbefinden im Blick. Spätestens bei Vorliegen eines oder mehrerer der folgenden Symptome ist eine Arbeitspause notwendig:

- sinkende Konzentration,
- reduzierte Leistungsfähigkeit,
- verminderte Kreativität,
- erhöhte Fehlerquote,
- körperliche Beschwerden (z. B. Rücken- oder Kopfschmerzen),
- Hungergefühl, Unterzuckerung.

Die Voraussetzung für eine gesunde Selbststeuerung ist, dass Mitarbeiter einerseits die entsprechenden Signale an sich selbst beobachten und in Zusammenhang mit ihrem Arbeitsverhalten bringen. Zugleich benötigen sie das notwendige Know-how, um sich je nach Bedarf gezielt entlasten zu können. An diesem Punkt setzt Yoga-Coaching an: Um einer erhöhten Stressbelastung begegnen zu können, empfiehlt es sich, dem Coachee einfach auszuführende Körper- und Atemübungen zu vermitteln, die sich leicht in den Berufsalltag integrieren lassen. Neben der Regeneration und Stressregulierung trainieren diese Methoden zudem die achtsame Eigenwahrnehmung und fördern die Fähigkeit, Körpersignale frühzeitig zu erkennen und dementsprechend vorbeugend zu handeln (z. B. rechtzeitig eine Arbeitspause einzulegen).

4.3.2 Der präventive Ansatz der Yoga-Praxis

Stressbewältigung und Burnout-Prophylaxe

»Durch Yoga habe ich gelernt, wie mein Körper mit mir kommuniziert.« Diese Rückmeldung einer Kursteilnehmerin macht deutlich, dass Yoga weit über ein Fitness- und Wellnesstraining hinausgeht und stets den Menschen sowohl auf körperlicher als auch auf geistig-seelischer Ebene anspricht.

Dieser Aspekt ist gerade in herausfordernden Lebenssituationen besonders wertvoll. Viele Beschäftigte klagen über Dauerstress – und bei all der Arbeit bleibt ihnen für Erholung keine Zeit. Wird die andauernde Belastung nicht gezielt mit Maßnahmen zur Erholung und zum Stressabbau bewältigt, reagieren Körper und Geist auf die Überforderung. Typische körperliche Symptome sind z. B. Schlaflosigkeit, Bluthochdruck und Rückenschmerzen. Auf dem Vormarsch sind vor allem die psychischen bzw. psychosomatischen Erkrankungen, die von Allergien und Schlafstörungen über Tinnitus bis hin zur Depression und Burnout reichen.

Derartige Beschwerden bringen die Menschen mit in den Yoga-Kurs oder zum Yoga-Coaching. Sie haben gehört, dass Yoga entspannt und in vielerlei Hinsicht guttut. Im besten Fall kommen sie sogar auf Empfehlung ihres Arztes. Es stellt sich die Frage, inwieweit Yoga dabei unterstützen kann, den alltäglichen Herausforderungen im Beruf auf eine gute Art und Weise zu begegnen und Selbstheilungskräfte zu aktivieren.

In unserer Gesellschaft gelten Vielarbeiter bzw. »Workaholics« gemeinhin als besonders leistungsfähig und vorbildlich. Daher ist es für viele Menschen schwierig, »die Bremse zu ziehen« und für ausreichende Erholungspausen zu sorgen. Seit Jahren geben in repräsentativen Umfragen (z. B. Infas oder Gallup) stets mehr als 25% der Befragten an, sich durch die Arbeit »ausgebrannt zu fühlen«. Dies entspricht bei ca. 39 Millionen Beschäftigten in Deutschland einer Gruppe von 9 – 10 Millionen Menschen!

In extremen Fällen führt eine andauernde Überlastung zu einem Burnout. Darunter versteht man einen chronischen Erschöpfungszustand mit Krankheitsgefühl, der mit vielfältigen körperlichen Beschwerden und psychischen Belastungen einhergeht. Für die Betroffenen bedeutet dies im Extremfall eine Ausfallzeit zwischen 3 – 24 Monaten unter intensiver therapeutischer Begleitung. In vielen Fällen wird trotz der langen Regenerationszeit die ursprüngliche Leistungsfähigkeit nicht wieder erreicht.

Wie verläuft ein Burnout?

Die Entwicklung eines typischen Burnouts lässt sich in vier Phasen einteilen:

1. Phase

Der Einzelne empfindet Begeisterung und Idealismus für seine Arbeit, was zu einem übermäßigen Einsatz für den Job führt. Wenn das Arbeitspensum zeitweise nicht heruntergeschraubt wird, fehlt die notwendige Zeit zum Entspannen, in der Körper und Geist Kraft für die nächste Herausforderung schöpfen können. Diese Phase kann auch mit Arbeitssucht beschrieben werden, weil die folgenden Phasen denen einer »Suchtkarriere« (z. B. Alkoholismus) durchaus ähneln.

2. Phase

Bedingt durch beginnende Erschöpfungsphasen kommt es zu ersten Gesundheitsstörungen, einem reduzierten Engagement für die Arbeit und Kollegen sowie Leistungseinbrüchen, ohne dass dies aber offensichtlich werden muss. Typisch für diese Phase ist das sogenannte »Open-window-Phänomen«: krank werden, sobald es in den

Urlaub geht. Lässt der Dauerstress zu Urlaubsbeginn nach, schaltet das Immunsystem auf Sparflamme, und Viren oder Bakterien haben leichtes Spiel.

Wem es während dieser beiden Phasen gelingt, einmal innezuhalten und die persönliche Belastung wahrzunehmen, hat gute Chancen, durch gezielte Stressbewältigungsmaßnahmen den Kreislauf der Überforderung zu durchbrechen. Nur wer auch bei Dauerbelastung regelmäßige Arbeitspausen einlegt, kann tiefer gehende körperliche und psychische Beschwerden vermeiden. Wird dieser Zeitpunkt verpasst, folgen meist Phase drei und vier:

3. Phase
Leistungsfähigkeit, Motivation und Kreativität werden bedingt durch körperliche Überanstrengung, seelische Störungen, Stress und die Folgen sozialer Probleme mit Kollegen und/oder Kunden deutlich reduziert. Psychosomatische Reaktionen stellen ernsthafte Gesundheitsprobleme dar.

4. Phase
Verzweiflung, innere Leere und Gefühle der absoluten Sinnlosigkeit dominieren diese vierte Stufe des Burnouts. Sowohl beruflich als auch privat sind keine Reserven mehr vorhanden. Es herrschen Desillusionierung und Schuldzuweisungen anderen gegenüber vor. Die Hemmschwelle für den Konsum von Medikamenten, Beruhigungsmitteln oder Alkohol sinkt. Die Folgen können Konzentrations- und Gedächtnisschwäche sowie Desorganisation, Entscheidungsunfähigkeit und eine verringerte Produktivität sein. Aus vermeintlichem Selbstschutz geht der Betroffene in ein rigides Schwarz-Weiß-Denken über. Gesundheitliche und psychosoziale Belastungen werden für andere deutlich sichtbar.

Menschen, die ihren – beruflichen wie privaten – Aufgaben hoch engagiert nachgehen, neigen häufig dazu, immer wieder ihre persönlichen Bedürfnisse zurückzustellen. Doch wer meint, sich deshalb überhaupt keine Entspannungszeiten mehr leisten zu können, treibt Raubbau an der eigenen Gesundheit. Bei anhaltender Stressbelastung wird der Preis in Form von Erkrankungen und längeren Ausfallzeiten gezahlt.

Speziell im Verlauf der Phasen 3 und 4 des obigen Schemas werden tendenziell schwerwiegende Krankheitssymptome beobachtet. Ein eingetretener Burnout geht meistens mit einer längeren Auszeit einher, die sich je nach individueller Konstitution zwischen 3 und 24 Monaten bewegt.

Für den Einzelnen ist es daher wichtig, die eigenen Kapazitäten und Grenzen zu kennen, um Erschöpfungszuständen frühzeitig entgegenwirken und die eigene Leistungsfähigkeit erhalten zu können. Hier ergibt sich für Yoga ein wichtiger Anknüpfungspunkt, denn in der Yoga-Praxis werden die Aufmerksamkeit auf die eigene Person gerichtet und die Wahrnehmung der Körpersignale geschult. Dies führt dazu, dass Menschen Belastungen schneller erkennen und frühzeitig einer Überforderung entgegensteuern können.

Dem Burnout rechtzeitig begegnen

Im westlich geprägten Denken wird der Mensch auf verschiedenen, voneinander getrennten Ebenen wahrgenommen:

- körperliche Ebene: Wer etwas für den Körper tun will, treibt Sport und nimmt Wellnessangebote in Anspruch. Bei Gesundheitsbeschwerden geht man zum Arzt und erhält eine entsprechende Therapie verordnet.
- geistig-seelische Ebene: Mentale Entspannung suchen wir in passivem Zeitvertreib wie Fernsehen oder anderen Ablenkungen. Bei psychischen Problemen oder Sinn- und Lebensfragen wenden wir uns an Psychotherapeuten oder Seelsorger.

Dies führt zu einer tendenziell funktionalen Betrachtungsweise von Menschen, bei der mögliche Wirkungszusammenhänge zwischen Körper, Geist ***und*** Seele unberücksichtigt bleiben. Es kommt zu einem »Reparieren an den Symptomen«, Ursachenforschung und -beseitigung sind nachrangig. Derartige Einstellungen fördern die gängige Annahme, dass der Körper fortlaufend »funktioniert«. Krankheit erleben viele Menschen als unausweichliches Schicksal, das sich nicht abwenden lässt.

Dieser Denkansatz wird dadurch verschärft, dass leistungsbetontes Verhalten und das Zurückstellen persönlicher Bedürfnisse vorausgesetzt und belohnt werden. Dies wird begleitet von Ängsten vor Leistungsversagen und einem möglichen Verlust wichtiger Beziehungen und/oder des Arbeitsplatzes und damit der existenziellen Grundlage.

So muss es nicht verwundern, dass Menschen auch in ihrer Freizeit eher zu Sportarten neigen, die das Leistungs- und Siegerprinzip bedienen und sich in ein Extrem steigern lassen wie z. B. vom Joggen über den Marathon bis hin zum Ironman (Triathlon). Wer jedoch immer nur Gas gibt, muss sich nicht wundern, wenn es ihn irgendwann aus der Kurve trägt.

Aktive Stressbewältigung vermeidet diese Art von Leistungsbezug und beinhaltet gleichermaßen Bewegungs- und Ruhephasen. In einem ausgewogenen Wechselspiel von An- und Entspannung wird auf körperlicher Ebene Stress abgebaut und gleichzeitig die Stressresistenz trainiert. Yoga ist jedoch nicht nur eine anerkannte Methode zur Stressbewältigung, es ist vor allem auch ein persönlicher Weg, der die Entwicklung auf körperlicher, geistiger und seelischer Ebene fördert. Gerade in Lebensphasen, die als belastend empfunden werden, hilft eine kontinuierliche Yoga-Praxis, sich immer wieder auf sich selbst zu besinnen, Blockaden zu lösen, Ängste zu überwinden und die Energie in sich zu spüren.

Emotionales Selbstmanagement

Wer etwas ändern will, braucht ein Problem! Wer ein Problem hat, wird häufig mit aufwallenden Emotionen konfrontiert. Derjenige, der die in der Wut gebündelte Energie freisetzen kann, kann sein Leben aus eigener Kraft hin zum Besseren gestalten. Doch wie kann Yoga günstig auf das emotionale Selbstmanagement einwirken?

Die repräsentative Untersuchung eines Konfliktforschers[33] attestiert der deutschen Bevölkerung infolge der Wirtschaftskrise ein außerordentlich großes Wutpotenzial. Da sich die Wut nicht gegen ein konkretes Objekt richtet und entlädt, spricht er von »wutgetränkter Apathie«. Diese wird seitens der Wissenschaft kritisch gesehen, weil die aufgeladene Stimmung unbewusst ist und damit das Risiko einer zerstörerischen Fehlentwicklung in sich birgt.

Dieser gesellschaftliche Trend lässt sich auch bei einzelnen Menschen beobachten. So sind allerorts Klagen zu hören: Angestellte ärgern sich über verschlechterte Arbeitsbedingungen; Eltern klagen über die Missstände im Bildungssystem; kranke Menschen sorgen sich um die angemessene ärztliche Versorgung; und am Stammtisch wird über die Politiker geschimpft, die nichts aus der Krise gelernt haben.

Diese Beschwerden deuten auf einen Leidensdruck hin. Doch was machen die Menschen mit ihrer Unzufriedenheit? Handeln sie, stehen sie auf und protestieren sie gegen die Situation? Oder bleiben sie in ihrem Ärger stecken – außer Meckern nichts gewesen?!

So wie es für das gesellschaftliche System bedenklich ist, wenn die Wut in der Bevölkerung unsichtbar anschwillt, so kann es für den Einzelnen unangenehme Folgen haben, wenn aufkommende Wut unterdrückt wird und Konflikte ungelöst bleiben. Häufig stellen sich dann Gesundheitsbeschwerden ein, nachstehend einige typische psychosomatische Reaktionen:

- Wir kennen Redewendungen, die »Wut« in Zusammenhang mit Leber- und **Gallenbeschwerden** bringen: »Mir ist eine Laus über die Leber gelaufen«, »Da läuft mir die Galle über« oder »Jemand spuckt Gift und Galle« (siehe auch Erläuterungen zum 3. Chakra). Diese Form der Aggression kann durch spontane Entladung zwar zu einer Notlösung führen, die von drückendem Ballast befreit. Wird dieser auflösende Wutprozess jedoch unter- oder übertrieben, kann es zu Gallensteinen oder zur Gallenblasenentzündung kommen.
- Eine typische Konflikterkrankung sind ***Bandscheibenvorfälle im Bereich des 3./4. Lendenwirbels***, rund 80% aller Vorfälle sind hier zu verorten, wie bereits weiter oben beschrieben. An dieser Stelle verlaufen Nerven- und Energiebahnen, die alle Organe im Unterleib versorgen. Energetisch gesehen werden die Geschlechtsorgane sowie Blase und Nieren dem 2. Chakra zugeordnet. Zum Themenkreis des 2. Chakras zählen neben Flexibilität Neugierde, Kreativität. Auch Dualität und Negativität sind Aspekte des 2. Chakras. Hierbei wird die Frage aufgeworfen: »Wie lebe ich meine Beziehungen? Bin ich in der Lage, zum rechten Zeitpunkt ›NEIN‹ zu sagen?« Krankheitsbilder in diesem Bereich deuten auf ungelöste bzw. verdrängte Konflikte in Beziehungen hin. Dies beschränkt sich nicht allein auf familiäre Bindungen, sondern auch auf berufliche oder andersartige Kontakte, die als belastend oder begrenzend erlebt werden.
- Weit verbreitet sind heute ***Allergien.*** Die Allergie auslösenden Stoffe sind in der Regel harmlos und stellen an sich keinerlei Bedrohung

für das menschliche Leben dar. Dennoch reagiert das körpereigene Abwehrsystem übertrieben heftig und richtet alle Kampfbereitschaft auf einen an sich harmlosen Angreifer = das Allergen, wie z. B. Blütenstaub. Im Sinne der Körpersprache lässt sich in diesem sinnlosen Kampf des Immunsystems eine nach außen gerichtete Aggression erkennen: Erst in der Allergie entlädt sich die angestaute Wut, die dem Allergiker nicht bewusst ist oder die er zu meiden versucht, auf körperlicher Ebene – sodass sie zur Autoaggression wird.

Derartige Gesundheitsbeschwerden können als ein Aufruf dafür verstanden werden, sich mit dem eigenen Aggressionsverhalten näher zu befassen und zu lernen, aufkommende Wut in konstruktive Bahnen zu lenken. Hilfreiche Reflexionsfragen sind z. B.:

Wie gehe ich mit meinen Wahrnehmungen und Gefühlen um? Bin ich eher beherrscht-verkopft oder impulsiv-leidenschaftlich?

Wo spüre ich meine Wut im Körper?

Wie lebe ich meine Wut aus? Sorge ich für ausreichende Bewegung?

Lebe ich meine Wut aus? Oder: Fresse ich die Wut in mich hinein?

Weiche ich Konflikten aus? Fällt es mir leicht, mich abzugrenzen, klar und deutlich NEIN zu sagen und Konflikte offensiv anzugehen?

Bin ich fähig, mich zu entscheiden? Position zu beziehen? Verantwortung zu übernehmen und Verpflichtungen einzugehen?

Für Menschen, denen es schwerfällt, ihrem Ärger Luft zu machen und dementsprechend konsequent zu handeln, kann die bewusste Begegnung mit der Aggression sehr herausfordernd sein. Wer lernt, der – emotionalen – Wahrheit ins Auge zu schauen, und sich Konflikten offensiv stellt, hat viel zu gewinnen, denn:

Gefühle ausdrücken heißt leben, heißt: unser Denken sichtbar zu machen. Wenn wir uns ärgern und das Feuer in uns lodert, gehen wir in Kontakt mit unserer Lebenskraft. Der Ausdruck der Aggression setzt uns in Bewegung und verändert die Ärger auslösende Situation. Gerade in schwierigen Zeiten ist es wichtig, in Kontakt mit dieser Emotion zu bleiben, damit die ihr innewohnende Kraft nutzbar gemacht werden kann.

»Wut ist die Verbindung von Problem und Lösung.«

Wir spüren die Wut im Bauch … dem Nabelzentrum, dem 3. Chakra. Diesem Energiezentrum ist das Element ***Feuer*** (analog dem ***Verdauungsfeuer***) zugeordnet. Feuer ist das einzige Element, das als Wärmequelle fungiert; die anderen Elemente Erde, Wasser, Luft, Äther haben einen eher neutralen oder kühlenden Charakter. Feuer hat eine Transformationsaufgabe: Es wandelt Stoffe und bringt sie in eine andere Form (z. B. wird aus kochendem Wasser Dampf, aus brennendem Holz wird Asche …), sodass etwas Neues daraus erwachsen kann – Phoenix aus der Asche.

In diesem Bild kommt die eigentliche Funktion von Aggression zum Ausdruck: Ursprünglich dient sie der Klärung, Wandlung und Entwicklung einer Beziehung oder einer Situation, ***nicht*** jedoch der blinden Zerstörung!

Die Wut ist Motor jeglicher Veränderung und steht oft am Anfang eines Entwicklungsprozesses: Unsere Unzufriedenheit mit der aktuellen Situation drängt uns dazu, Neues zu wagen. In diesem Licht betrachtet, werden Konflikte und die damit einhergehenden Gefühle zu unseren besten Freunden: Sie geben uns einen Hinweis darauf, dass etwas nicht (mehr) in Ordnung ist und was es zu verändern gilt.

Im Yoga ist das Nabelzentrum der Sitz des Egos, verbunden mit den Themen *Macht – Ohnmacht* und *Kontrolle – Abhängigkeit.* Hier entsteht unsere Kraft für inneres Gleichgewicht, Inspiration und gute Gesundheit. Dies setzt Disziplin, ein gesundes Selbstwertgefühl, Mut und Durchsetzungskraft voraus. Das Nabelzentrum ist der Platz der Emotionen, insbesondere der Wut, Gier und Selbstzweifel.

Das Wort Emotion leitet sich von dem lateinischen *emovere* ab und bedeutet »aus sich herausgehen«; der englische Begriff *motion* lässt sich u. a. mit Vorwärtsbewegung übersetzen. Wenn wir Wut und Aggression ausleben, gehen wir in ***Bewegung:*** Wir gehen in die Luft, wir hauen mit der Faust auf den Tisch oder in den Punchingball, toben uns aus, rennen einmal um den Block oder hacken Holz … d. h., wir setzen Energie in Handlung um. Letztlich geht es um die ***Verdauung des Lebens*** auf emotionaler Ebene.

Insofern ist Wut die ***Kraft der Veränderung und Bewegung*** – nicht jedoch der Vernichtung! Diese Kraftquelle wird gespeist von unseren Gefühlen. Wer einen guten **Zugang zu seinen Gefühlen** hat und zu ihnen stehen kann, wird aus dieser Quelle schöpfen können.

Herausforderungen:

- Aspekte der Aggression herausarbeiten, d.h. die Wut – und die dahinterliegende Verletzung, den Schmerz – annehmen und in Energie umsetzen = Handlung, Grenzen setzen, durchhalten! Hierbei kann der versierte Yoga-Coach durch gezielte Fragen und Empfehlungen unterstützen.
- Wichtig ist, sich das Positive in jeder Lebenslage bewusst zu machen, Klarheit über die eigenen Wünsche zu haben und in Einklang mit sich selbst zu sein.
- »Teufel oder Heiliger«: In spiritueller Hinsicht bezieht sich die Energie auf die Dreieinigkeit. Es ist wichtig, in Verbindung mit der spirituellen Dimension bzw. den Themen des 7. Chakras zu kommen, um Klarheit darüber zu erlangen, ob die eigenen Gefühle tatsächlich der Seele dienen und erhaltend sind (»das Richtige tun«).

Wer den Mut hat, sich der eigenen Wut zu stellen, bringt sich also in die Lage, das Leben den persönlichen Bedürfnissen und Interessen gemäß zu gestalten. Dennoch zögern Menschen immer wieder, ihrem Ärger Luft zu machen. Dadurch vermeiden sie, eine an sich unbefriedigende Situation zu klären und eine Veränderung herbeizuführen. Ein Grund dafür ist, dass wir gelernt haben, Aggressionen unbewusst oder verdeckt zu verarbeiten, statt sie offen zu zeigen.

»Wer handelt, bestimmt das Geschehen.«
Oder in anderen Worten: »Du bist der Schöpfer deiner Umgebung.«

Yoga als Kraftquelle

Ein gutes Mittel, aufwallenden Emotionen zu begegnen, ist intensive Bewegung und/oder Atmung. Beides hilft dabei, das Feuer der Wut auf ein gesundes Maß abzukühlen, um diese Energie anschließend konstruktiv zu nutzen. Voraussetzung hierfür ist die Bereitschaft, sich den eigenen Gefühlen zu stellen.

Die Yoga-Praxis ist ein hervorragendes Training dafür, unter emotionalem Druck das persönliche Potenzial zu entfalten. Yoga-Coaches, die ihre Coachees hierbei unterstützen möchten, integrieren gezielte Yoga-Übungen und Meditationen, die dabei helfen, Emotionen zu verarbeiten. Ein gezieltes Yoga-Programm lässt sich am besten unter Betrachtung des Chakra-Systems entwickeln:

Das Herz gilt als das Organ der Gefühle, der Selbst-Liebe und des Mitgefühls mit anderen. Der Zugang zu den eigenen Gefühlen und ein empathisches Mitempfinden erfordert die Öffnung des Herzzentrums, dem 4. Chakra. Alle Asanas oder Meditationen, die auf das energetische Herzzentrum wirken, fördern den achtsamen Umgang mit der eigenen Gefühlswelt und helfen dabei, die Anliegen anderer in der Auseinandersetzung zu berücksichtigen.

Die Wut ist ein Aspekt des 3. Chakras. Aufwallende Emotionen müssen (aus-)gehalten werden können. Um dies zu unterstützen, empfiehlt es sich, in die Yoga-Praxis Asanas zu integrieren, die für eine gute Erdung sorgen und das Nervensystem stärken. Die Tradition des Kundalini-Yoga (nach Yogi Bhajan) kennt zudem zahlreiche Übungen und Meditationen, die dabei helfen, überschäumende Wut zu verarbeiten und loszulassen. Hier einige Beispiele:

- Feueratem, bei dem u. a. Leber und Galle durch kräftiges Nabel-Pumpen massiert werden.
- Spezielle Atemtechniken bzw. Meditationen, bei denen durch den Mund ausgeatmet wird (beispielhaft hierfür steht die Sitali-Atmung).
- Klopfübungen, bei denen die Hände auf den Boden schlagen. Alternativ hilft imaginäres Boxen, so als würde man in einen Punchingball schlagen.
- Körperübungen bzw. Meditationen, bei denen das Mantra HAR gechantet wird. Dieses Mantra entspricht dem Klangstrom des 3. Chakras und hilft dabei, energetische Blockaden zu lösen.

Ist das Herzzentrum geöffnet, kann die »Wut-und-Feuer«-Energie aus dem Nabelzentrum ungehindert in die höheren, geistigen Energiezentren aufsteigen. Wenn es gelingt, die Lebenskraft im Bauch freizusetzen und mit den Themen des Herzens zu verbinden, wird aus dem vernichtenden Großflächenbrand der Aggression ein Wärme spendendes

Feuer, das nicht nur uns selbst wärmt, sondern das auch andere Menschen anzieht.

Voraussetzung für einen selbstbewussten und reinigenden Umgang mit den eigenen Aggressionen und denen anderer sind stabile Wurzeln, also eine gute Erdung. Die wird auf körperlicher Ebene durch den Beckenboden repräsentiert. Der Beckenboden bildet die unterste muskuläre Haltestruktur für die Wirbelsäule und ist Grundlage für eine aufrechte Körperhaltung. Auf mentaler Ebene ist die Funktion des Beckenbodens vergleichbar mit der inneren Haltung, mit der ein Mensch dem Leben begegnet. So wie ein starker Beckenboden auf körperlicher Ebene die Voraussetzung für die gute Haltung ist, ermöglicht die innere Haltung dem Menschen den Ausdruck seines wahren Selbst in Denken, Fühlen und Handeln.

Der Beckenboden gilt als Kraftquelle des Körpers. Ein starker Beckenboden gibt der Wirbelsäule den Halt, den ein Mensch braucht, um aufrecht durchs Leben zu gehen. Damit vermittelt er ein gesundes Körpergefühl und wirkt sich positiv auf das Selbstvertrauen aus. Insofern spiegeln die körperlichen Stütz- und Haltefunktionen des Beckenbodens wesentliche Aspekte eines stabilen Selbstwertgefühls und des emotionalen Zustandes wider. Wer sich in seinem Körper wohl- und sicher fühlt und auf ein solides Selbstverständnis bauen kann, ist weniger auf äußeren Halt angewiesen. Solche Personen vermitteln nicht nur körperlich das Bild der Aufrichtigkeit, sondern wirken auch aufgrund ihres geradlinigen Verhaltens authentisch und unabhängig. Doch lässt sich die innere Geisteshaltung genauso trainieren wie der Körper? Ist es möglich, sie zu stärken – wie kann sie beeinflusst werden?

Die innere Haltung drückt unsere grundlegenden Ideen und Vorstellungen aus. Sie ist bei jedem Menschen unterschiedlich ausgeprägt, doch jeder hat sie! Die innere Haltung ist das Ergebnis von Erkenntnis und Einsicht. Da sie jedem Menschen innewohnt, liegt sie im Verborgenen und entzieht sich dem direkten Zugriff von außen. Der verborgene Zugang zur inneren Haltung ähnelt der Lage des Beckenbodens. Denn diese sensible Muskelpartie ist von außen nicht sichtbar und nur indirekt zu lokalisieren. Dennoch lässt sie sich durch gezielte Übungen stärken und aufbauen.

Im Gegensatz zur körperlichen Ebene ist die Geisteshaltung nicht trainierbar, sie lässt sich weder durch wiederholtes Einüben noch durch Anordnung oder Erziehung beeinflussen. Denn das, was wir selbst wissen, erkannt und gelernt haben, lässt sich einem anderen Menschen nur vermitteln, indem derjenige selbst die Erfahrung macht – und auch dann ist immer noch fraglich, ob er zur gleichen Einsicht kommt oder ob er andere Schlüsse zieht.

Die innere Haltung folgt aus der Erkenntnis »wer man ist« und lässt die ganze Person wachsen. Um das Potenzial der inneren Haltung zu entfalten, ist es notwendig, die eigenen Vorstellungen und Ideen zum Maßstab zu machen. Sie wird entwickelt, wenn ein Mensch sein Handeln an seiner Persönlichkeit, dem wahren Selbst, ausrichtet, statt egoistischen Motiven oder äußeren Anforderungen zu folgen. Die innere Haltung bestimmt maßgeblich unsere Entscheidungen und beeinflusst unser Verhalten. Im Alltag wird uns dies häufig dann bewusst, wenn wir in Konflikt mit den persönlichen Wertmaßstäben kommen:

Wo ziehst du die Grenze, wenn jemand von dir erwartet, über ein Unrecht zu schweigen oder dich gar daran zu beteiligen? Möglicherweise bist du bereit, eine Notlüge mitzutragen, um eine schwächere Person zu schützen. Doch wie sieht es aus, wenn es um einen Betrug oder gar eine Straftat geht?

Inwieweit bist du bereit, für deine eigenen Maßstäbe konsequent einzustehen (oder sie zu opfern), auch wenn du persönliche Nachteile befürchten musst?

Übernimmst du Verantwortung für dein Verhalten? Auch dann, wenn du einen Fehler eingestehen oder eine Schwäche aufdecken musst?

Um sich selbst und der eigenen Wahrheit überhaupt auf die Spur zu kommen, ist die Hinwendung nach innen notwendig. Hierfür bietet die Yoga-Praxis eine wertvolle Basis. Körper- und Atemübungen stärken den Körper und fördern die emotionale, mentale und seelische Entwicklung. Auf Grundlage des körperlichen Erlebens schult Yoga die Wahrnehmung und schärft die Achtsamkeit für das innere Erleben. Dies ermöglicht dem Yogi, mit einem wachen Geist durchs Leben zu gehen und Denken, Fühlen und Handeln miteinander in Einklang zu bringen. Das »Öl im Getriebe Mensch« sind Gefühle, denn sie verbinden Körper und Geist. Ein gutes emotionales Selbstmanagement ist die Voraussetzung dafür, sich der inneren Haltung bewusst zu werden und im Einklang mit ihr zu handeln.

Gefühle verbinden Körper und Geist

Jedes Ereignis hat eine Bedeutung für den lebenden Zusammenhalt des Körpers. Der Körperausdruck spiegelt dieses Geschehen direkt wider, z. B. in der Haltung oder in der Mimik. Situationen, die Angst in uns auslösen oder als belastend empfunden werden, lassen uns mit gebeugtem Rückgrat dastehen. Sind wir zufrieden und fühlen uns sicher, gehen wir gerade und aufrecht durchs Leben.

Wahrnehmung

Äußere Ereignisse werden sowohl auf körperlicher als auch auf mentaler Ebene wahrgenommen. Je nachdem, was uns widerfährt und wie sensitiv wir für Veränderungen in unserem Umfeld sind, wird einer unserer Sinne angesprochen. Landläufig bekannt sind die 5 Sinne, die unsere körperliche Wahrnehmung bestimmen:

1. riechen – Nase
2. sehen – Augen
3. hören – Ohren
4. tasten – Haut
5. schmecken – Zunge/Lippen/Mund

Darüber hinaus kennen wir Sinne, die eher auf der mentalen Ebene anzusiedeln sind, z. B. die Intuition. Menschen mit intensiver Yoga- oder Meditations-Praxis werden mit der Zeit immer sensitiver für ihre Umgebung und können Hellsichtigkeit oder andere subtile Fähigkeiten entwickeln.

Alle Sinne erfüllen die gemeinsame Aufgabe, die Wahrnehmung einer erlebten Situation an unsere Psyche zu melden. Auf mentaler Ebene wird dann entschieden, wie dieses Erleben einzuordnen ist.

Gefühle

Gefühle werden in Abhängigkeit davon ausgelöst, wie unser Geist eine Situation bewertet, d. h. wie wir über eine sinnliche Wahrnehmung denken. Unser Geist wählt also – unter Einfluss der in der Vergangenheit gemachten Erfahrungen und unserer Einstellungen (der inneren Haltung!) – einen zur Wahrnehmung passenden Gedanken aus und bewertet die erlebte Situation.

In der Folge stellt sich ein Gefühl bzw. eine Emotion ein: wir empfinden Angst oder Freude, Wut oder Mitleid usw. Hieraus wiederum entsteht eine körperliche Reaktion. Beispielsweise passen sich unser Atem und unser Blutdruck ganz automatisch dem inneren Erleben an wie auch unsere Körperhaltung.

Diese Anpassungsleistung des Körpers wird über den Gehirnstoffwechsel gesteuert. Das Gehirn nimmt unter Nutzung des Nerven- und Hormonsystems Einfluss auf alle Körperfunktionen. Körperliche Prozesse sind damit das Ergebnis der Kommunikation zwischen Geist und Körper. Was wir über die sinnliche Wahrnehmung empfangen, wird durch den Geist bewertet, im Gehirn verarbeitet und auf körperlicher Ebene schließlich sichtbar. Der Neurobiologe Joachim Bauer formuliert es so:

»Unser Gehirn macht aus der Psyche Biologie.«

Unangenehme Situationen, die mit belastenden Gefühlen einhergehen, verursachen Stress und lösen über den Gehirnstoffwechsel ganz bestimmte körperliche Reaktionen aus. Die Hypophyse (= die Steuerzentrale des Drüsensystems, sitzt im Gehirn) schüttet Hormone aus, die wiederum die Ausschüttung von Adrenalin und Kortisol steuern und hierüber Körperfunktionen beeinflussen, z. B. die Atmung herabsetzen und den Blutdruck erhöhen.

Unsere Gefühle lassen uns wissen, was wir denken, denn die Ursachen für unsere Gefühle sind unsere Gedanken. Gefühle ausdrücken heißt leben, heißt: unser Denken sichtbar zu machen. Wer sich seinen Gefühlen stellt und sich mit ihnen auseinandersetzt, erhält auch einen Zugang zur inneren Haltung.

Lebendig sein bedeutet: sich bewegen, sich auf körperlicher oder verbaler Ebene ausdrücken. So wie ein starker Beckenboden eine sichere, aufrechte Haltung ermöglicht, so verbinden uns unsere Gefühle mit unserer Lebensenergie. Alles, was uns Freude macht, was uns einen neutralen oder leichten Geisteszustand bereitet, bringt uns in unsere Kraft, wir fühlen uns frei – alles fließt bzw. fliegt uns zu. Doch auch wenn wir uns ärgern und das Feuer in uns lodert, gehen wir in Kontakt mit dieser essenziellen Kraft, denn der Ausdruck der Aggression setzt uns in Bewegung und verändert die Ärger auslösende Situation.

Sich der Beziehungen zwischen dem Körper, der sinnlichen Wahrnehmung und den Gedanken-Prozessen bewusst zu werden, ist ein Teil des Bewusstseins. Kundalini-Yoga in der Tradition von Yogi Bhajan trainiert dieses Bewusstsein, indem Körper-Bewegungen mit dem Atemfluss kombiniert werden, während man gleichzeitig die Gedankenmuster aufmerksam verfolgt. Ein weiterer Weg ist, die Bewegungen des Körpers in Verbindung mit den dadurch hervorgerufenen Gefühlen zu beobachten. In der Meditation wird die Beobachtung des Gedankenstroms trainiert, um mit zunehmender Praxis das Denken beeinflussen und steuern zu können.

Aus diesem Grunde kann eine kontinuierliche Yoga-Praxis dabei helfen, ein gesundes emotionales Selbstmanagement zu trainieren. Ein kundiger Yoga-Coach ist in der Lage, in Orientierung an den jeweiligen Lebensthemen und in Bezug zum jeweiligen körperlichen sowie psychischen Zustand einer Person ein spezifisches Programm zusammenzustellen. Hilfreiche Empfehlungen hierfür finden sich im Kapitel zum Chakra-System.

Disziplin – die Selbstverpflichtung zum Glück

In unserer leistungsorientierten Gesellschaft tendieren auch Yogis dazu, den Aspekt der sportlichen Disziplin zu betonen und die gleichfalls notwendige Hingabe zu vernachlässigen. Doch nur eine ausgewogene Praxis, die genügend Raum für achtsame Wahrnehmung und Reflexion bietet, mündet schließlich in einem friedvollen und glücklichen Leben.

Die *Nyamas*, also die verschiedenen täglichen Yoga-Praktiken, haben zum Ziel, das komplette menschliche System zu entwickeln. Dabei stellen sie die Beziehung, die wir zu uns selbst pflegen, in den Mittelpunkt. Letztlich geht es darum, alle Facetten des Lebens bewusst wahrzunehmen und zu gestalten. Die *Nyamas* werden als 5fache Disziplin beschrieben, die folgende Aspekte umfasst:

Reinigung und Eifer *(Tapas):* Entschlossenheit, Bereitschaft zur Disziplin.
Studium *(Svadhyaya):* Betrachtung, Meditation, Wissenserweiterung.
Reinheit *(Saugha):* Ausgewogenheit von Geist, Gedanken, Sprache. Reinheit des Körpers.

Zufriedenheit *(Santosha):* Dankbarkeit, Akzeptanz, Gelassenheit.
Hingabe und Ergebenheit *(Ishvara Pranidhana):* Glaube, sich in den Dienst stellen.

Unter den *Nyamas* sind also diejenigen Verhaltensweisen und Einstellungen zusammengefasst, die dem Yogi ein gesundes Leben im inneren Frieden mit sich und im Einklang mit der Welt ermöglichen. Voraussetzung hierfür sind eine disziplinierte Ausübung der jeweils notwendigen Yoga- und Lebens-Praxis und eine kontinuierliche Reflexion der eigenen Person.

Sadhana verhilft uns zu einem bewussten Sieg
über die Faulheit und Gleichgültigkeit unseres Selbst.
(Yogi Bhajan, Perlen der Weisheit)

Yoga ist nicht allein ein körperbetontes Training, das Spannung und Stress abbaut und die physischen Möglichkeiten erweitert. Zugleich bildet er die Grundlage dafür, die Nyamas zu entwickeln. Sobald die Asanas achtsam ausgeführt werden und ihrer Wirkung bewusst nachgespürt wird, ist es dem Yogi möglich, ihre Effekte am eigenen Leib zu erfahren. Meditation wird zum Retreat im Alltag: Sie erlaubt den Rückzug der Sinne, um beobachten und wahrnehmen zu können, was ist. Letztlich ermöglicht erst eine komplexe Yoga-Praxis, die neben der Asana- und Pranayama-Praxis auch Phasen der Entspannung umfasst und die Meditation integriert, eine wertfreie und neutrale Reflexion des Selbst bzw. der Reaktionen des Selbst auf das äußere Geschehen.

Der Yogi tritt in eine Beziehung zu sich selbst ein und pflegt diese durch die disziplinierte, tägliche Ausübung des Yoga in seiner ganzen Komplexität. Hierzu zählt insbesondere die Meditation, die darauf abzielt, den fortlaufenden Gedankenstrom zu beruhigen und schließlich still zu werden. In diesem inneren Raum begreift der Praktizierende im Moment des Beobachtens und Erkennens sowohl der physischen als auch emotionalen und mentalen Reaktionsmuster, dass er mithilfe seiner Übungspraxis Einfluss auf seine Empfindungen und sein Denken hat und dadurch sein Verhalten steuern kann. So reflektiert die Yoga-Praxis die innere Haltung bzw. die Lebenseinstellung wie auch die zugrunde liegenden Werte. Idealerweise führt die regelmäßige, morgendliche Meditationspraxis dazu, dass der dadurch erreichte Zustand der geistigen Ruhe über den Tag anhält und eine bewusste Lebensführung ermöglicht. Dies erlaubt ihm schließlich, Antworten auf die Fragen zu finden: Wie begegne ich dem Leben? Was mache ich daraus?

In den meisten Traditionen kommen neben konkreten morgendlichen Yoga-Programmen, dem *Sadhana*, auch bestimmte Verhaltensempfehlungen hinzu, z. B. die morgendliche kalte Dusche direkt nach dem Aufstehen, vegetarische Ernährung, Verzicht auf Kaffee und Alkohol. All diese Praktiken zielen auf die *Nyamas* ab, wollen das Potenzial des Yogi auf eine gesunde Weise entfalten und ihn in seiner Persönlichkeit wachsen lassen. Die zentrale Anforderung lautet: Disziplin! Sie meint jedoch nicht blinden Gehorsam oder gedankenlose Erfüllung, sondern ist ein Appell an den menschlichen Willen, den alltäglichen Widrigkeiten zum Trotz die Verbindung zum eigenen Selbst täglich zu erneuern und damit das Wohl des eigenen Lebens in den Mittelpunkt zu rücken.

So gesehen bilden die Nyamas einen Verhaltensrahmen, der einem Bekenntnis zu sich selbst entspringt und so über die Achtung des Selbst zu einer Verpflichtung des Selbst führt. Auf diesem Pfad steht dem Yogi jedoch häufig ein Aspekt im Wege, den wir im Sprachgebrauch den inneren Schweinehund nennen: diese fintenreiche Stimme, die uns stets gute Gründe dafür nennt, sodass wir den Pfad der täglichen Disziplin unterbrechen oder gar ganz verlassen. Die erste Herausforderung besteht also darin, die eigene Komfortzone zu verlassen und eine kontinuierliche Übungspraxis im eigenen Leben zu implementieren.

Es gibt keine Freiheit, für die man nicht etwas tun müsste.
Es gibt keine Befreiung, die einem in den Schoß fällt.
(Yogi Bhajan, Perlen der Weisheit)

Damit diese »Selbstüberwindung« gelingt, ist es hilfreich, sich eine unterstützende Umgebung, z. B. einen festen Meditationsplatz, zu schaffen und durch feste Zeiten in einen regelmäßigen Übungsrhythmus zu finden. Auch die Yoga-Praxis selbst leistet ihren Beitrag: *Asana,* in denen die physischen Grenzen ausgelotet werden, lehren Hingabe in die Situation. Spezielle Übungen, die die Bauch- und untere Rückenmuskulatur aufbauen und den Energiefluss im Nabelzentrum, das 3. Chakra, anregen, fördern nicht nur die physische Ausdauer, sondern führen auch zu einer zunehmenden mentalen Stärke. Dies spiegelt sich in einem starken Willen und größerem Durchhaltevermögen wider. Aus dem gewachsenen Selbstbewusstsein über neu gewonnene Lebensgewohnheiten können schließlich auch hinderliche Denk- und Verhaltensmuster losgelassen werden, z. B. die Aufgabe des Rauchens, abwertendes Reden über andere Menschen. Auf diesem fruchtbaren Boden gedeiht jenes persönliche Wachstum, das von den *Nyamas* beschrieben wird.

Kundalini-Yoga, wie er von Yogi Bhajan gelehrt wurde, wird Yoga des Bewusstseins genannt, weil diese Tradition sowohl für die Wahrnehmung des eigenen Körpers als auch der Gefühle und Gedankenprozesse sensibilisiert und dem Praktizierenden darüber zu mehr geistiger Klarheit verhilft. So wird es möglich, die gesteckten Ziele mit Disziplin und gleichzeitiger Gelassenheit zu erreichen und die Lebensqualität zu verbessern. Dieser Yoga-Weg kann als ganzheitlicher Entwicklungsprozess beschritten werden, der den Menschen hin zu einem größeren Bewusstsein über die eigenen Fähigkeiten führt und ihm ermöglicht, sich Ziele zu stecken, Entscheidungen zu treffen und selbstbestimmt zu handeln. Hierbei ist eine konsequente Übungsdisziplin nur die eine Seite der Medaille: die andere ist die Hingabe. Hingabe setzt ein gewisses Maß an Gelassenheit im Umgang mit sich selbst und dem Leben voraus:

> »Im Wort Ge-lassen-heit steckt die Bedeutung von los-lassen – im Gegensatz zu festhalten – und von zu-lassen – im Gegensatz zu abwehren. Es geht einerseits darum, fixe Vorstellungen loszulassen, z. B. davon, was glücklich macht, von starren Zielen oder Urteilen. Andererseits bedeutet Gelassenheit ein Zulassen, z. B. von unverhofft auftretenden Ereignissen oder Herausforderungen. So gesehen beschreibt Gelassenheit den Umgang des Menschen mit seinen eigenen Grenzen. Gelassenheit bedeutet, die vollen Widersprüche des Lebens durch sich durchzulassen; Durchlässigkeit den Ereignissen des Lebens gegenüber – im Gegensatz zu Undurchlässigkeit. Es geht – in einem Bild ausgedrückt – um Atmen statt Keuchen oder Ersticken. Wer alles zu-lässt, hat keine Identität mehr, und wer alles los-lässt, ist auch ohne Profil. Es geht um die Balance zwischen die-

sen Polen. Nur wer fest und offen, abgegrenzt und neugierig, überlegend und risikobereit, verzichtend und genießend gleichzeitig ist, lässt Widersprüche, lässt Lebendigkeit zu. Dieser Mensch ist Meister der Gelassenheit. Stress entsteht dann, wenn der äußere Druck größer als die innere Widerstandsfähigkeit ist, wenn man gedanklich permanent woanders – innerlich zerrissen ist. Gelassenheit ist die Konzentration auf das Hier und Jetzt; ist jedes Ganz-in-der-Mitte-der-Situation-Sein, ist ein Sich-gehen-Lassen, ein Sich-Sammeln auf das, was gerade geschieht, was wir gerade tun, wollen oder müssen.«*

Sobald sich die Erkenntnis einstellt, dass sich nicht alles im Leben kontrollieren lässt, wird es möglich, den überraschenden Wendungen des Lebens gelassener zu begegnen und für die sich daraus ergebenden Konsequenzen die passenden Lösungen zu finden. Statt also auf die Stresssituation mit entsprechend hohem Gegendruck zu reagieren, wird der äußere Druck dafür genutzt, die eigene Energie zu erhöhen, um damit die Situation aktiv zu gestalten und sich den Gegebenheiten anzupassen.

Hierzu ein Beispiel – aus dem Leben gegriffen: Vor einiger Zeit unternahm ich eine Schiffsreise nach Norwegen. Am zweiten Reisetag wurden wir darüber unterrichtet, dass die Hafenlotsen in Norwegen streikten und damit die geplante Reiseroute leider nicht eingehalten werden konnte. So bog das Schiff unversehens kurz vor der norwegischen Küste in Richtung Schottland ab. Die Enttäuschung an Bord war an diesem Tag mit Händen zu greifen, waren doch alle Passagiere darauf eingerichtet, die Fjordlandschaft zu bereisen statt der schottischen Highlands. In den folgenden Tagen gelang es nicht allen Passagieren, das Unabänderliche zu akzeptieren und die Alternativroute zu genießen. Einige hielten bis zum Reiseende ihren inneren Widerstand aufrecht, liefen mit verbitterten Mienen umher und klagten darüber, in Schottland statt in Norwegen unterwegs zu sein. Anderen Passagieren gelang es, sich auf die Gegebenheiten einzustellen. Das waren diejenigen, die schließlich von schönen Reiseerlebnissen berichteten und denen deutlich die Freude über die überraschende Horizonterweiterung anzumerken war.

* In Anlehnung an einen Aufsatz von Roswitha Königswieser, Wien, 2002.

»Glücklich sein heißt, innerlich loslassen zu können.
Wer unter innerem oder äußerem Druck noch entspannen kann,
kann glücklich sein.«
(Yogi Bhajan, Perlen der Weisheit)

Die ausgewogene Kombination von Disziplin *(Tapas)* und Hingabe *(Ishvara Pranidhana)* mündet schließlich in Selbstliebe: die Disziplin von Yoga-Praxis und Meditation *(Svadhyaya)* stellt die kontinuierliche Beziehungspflege zum Selbst dar, ermöglicht die Reflexion sowie die Veränderung von Denk- und Verhaltensmustern und führt zur Reinheit von Körper und Geist *(Saugha)*.

Die Hingabe an diese Form der Lebensführung setzt eine bewusste Entscheidung voraus und die Bereitschaft, hinderliche Gewohnheiten loslassen zu wollen. Dies kommt einer Selbstermächtigung und -initiation gleich: Der Yogi entscheidet selbst darüber, dass er sich konsequent dem yogischen Weg widmet. Er überwindet sich und öffnet sich für die Effekte, die sich auf der Reise einstellen. Diese Freiwilligkeit erst ermöglicht die notwendige Gelassenheit im Umgang mit dem Selbst und dem Leben. Auf dieser Basis stellen sich Zufriedenheit *(Santosha)* und Dankbarkeit ein. Hieraus ergibt sich die Fähigkeit, sich persönlich zu entwickeln, ohne zwanghaft, hart oder gar dogmatisch sein zu müssen.

Wie jeder Weg beginnt auch dieser mit einem ersten Schritt: Wählen Sie eine Yoga-Übung aus, die Sie herausfordert, und praktizieren Sie diese kontinuierlich über einen längeren Zeitraum. Mit zunehmender Dauer werden Sie nicht nur Ihre Grenzen erweitern und dadurch Ihr Potenzial entfalten, sondern auch Ihre innere Kraftquelle erkennen. So, wie sie sich selbst in den Dienst Ihrer eigenen Yoga-Praxis stellen, wird es Ihnen möglich, mehr und mehr aus dem Herzen zu leben und den alltäglichen Herausforderungen mit Hingabe zu begegnen *(Ishvara Pranidhana)*. Sie werden immer öfter glückliche Momente erleben.

Als Yoga-Coach sollten Sie das Programm für Ihren Coachee dementsprechend angemessen auswählen und allmählich aufbauen. Auch hier gilt: weniger ist mehr! Lieber als Einstiegshilfe in eine tägliche Yoga-Praxis nur eine Einzelübung mit auf den Weg geben, damit der Coachee die kontiniuerliche Ausübung als ein sich selbst bestätigendes Erfolgserlebnis erfährt und den Hunger nach mehr entwickelt.

Yoga-Coaching bei körperlichen Beschwerdebildern

Yoga, insbesondere der energetisch angelegte Kundalini-Yoga, bietet vielfältige Anknüpfungspunkte für ein unterstützendes körperorientiertes Programm zur Linderung von Gesundheitsbeschwerden. Konkrete Empfehlungen wurden bereits im Kapitel über das Chakra-System gegeben, daher wird an dieser Stelle nur zusammenfassend auf eine mögliche Vorgehensweise eingegangen.

Ich verstehe Yoga-Coaching vorrangig als begleitende Maßnahme zu gängigen (schulmedizinischen) Therapien, die weitgehend auf die physische Ebene fokussieren. Für mich hat es seinen Wert in der ganzheitlichen Betrachtung, die alle Erfahrungsebenen der betreffenden Person wie auch ihre aktuelle Lebenssituation einbezieht, zur Reflexion über bestehende Beschwerden einlädt und dabei hilft, mit diesen besser zurechtzukommen und zu einer gesunden Selbststeuerung zurückzufinden. Im besten Falle trägt ein Yoga-Coaching und/oder die kontinuierliche Yoga-Praxis zur Aktivierung der Selbstheilungskräfte bei, sodass der Heilungsprozess beschleunigt wird und die Symptome ganz verschwinden.

Nach meiner Erfahrung hat es sich bewährt, einen Coachee, der unter akuten Gesundheitsbeschwerden leidet, folgende Fragen zu stellen:

Wann sind die Beschwerden zum ersten Mal aufgetreten?

In welcher Lebens- und Arbeitssituation befanden Sie sich damals?

Ist in der Zeit etwas Besonderes vorgefallen bzw. ist es zu einer Veränderung in Ihrem Leben gekommen?

Können Sie einen Zusammenhang zwischen dem äußeren Geschehen und Ihrem Wohlbefinden erkennen?

Häufig muss die letzte Frage gar nicht mehr gestellt werden, denn meistens geht der befragten Person schon bei der zweiten und dritten Frage ein Licht auf. Mit der Erkenntnis über das auslösende Moment in Kombination mit der Einordnung der physischen Symptomatik in das Chakrasystem kann der Yoga-Coach Rückschlüsse auf das zugrunde liegende psychomentale Muster ziehen und dieses durch weitere gezielte Fragen herausarbeiten. Dadurch wird es möglich, sehr schnell zum Kern der Sache vorzustoßen und dem Coachee bewusst zu machen, welche Thematik hinter den Gesundheitsbeschwerden stehen kann. Hierzu ein Beispiel aus meiner Coachingpraxis:

> Eine berufstätige, ca. 40-jährige Frau kam zu mir ins Yoga-Coaching, weil sie seit längerer Zeit unter starker Migräne litt. Dieses Beschwerdebild hatte sie bereits in der Pubertät entwickelt, allerdings trat die Migräne über lange Jahre hinweg zyklusabhängig meist nur alle ein bis zwei Monate auf und dauerte nie länger als ein paar Tage. Auf Nachfrage gab sie an, dass sie inzwischen seit cirka zwei Jahren in jedem Monat an drei von vier Wochen durchgehend Migräne hatte und sie infolgedessen nur unter Einsatz starker Schmerzmittel arbeitsfähig war. Ich stellte ihr in der Folge die oben genannten Fragen, und ihre Antworten verblüfften uns beide:
>
> Seit gut zwei Jahren arbeitete sie als Assistentin einer Abteilungsleiterin, die ein straffes Regiment führte, einen cholerisch-aggressiven Kommunikationsstil hatte und unter allen Mitarbeitern viel Angst und Stress verbreitete. Als Assistentin arbeitete sie sehr eng mit dieser Vorgesetzten zusammen und bekam zugleich ständig von den Kollegen den ganzen Unmut über den herabsetzenden Führungsstil der Chefin zugetragen. Sie fühlte sich in ihrer Position zwischen allen Stühlen sitzend und stand in allen Arbeitsbeziehungen unter dem großen inneren und äußeren Druck, die Wogen zu glätten und alles am Laufen zu halten.

Bis dahin hatte ich das Beschwerdebild »Migräne« als psychosomatisches Symptom des 2. Chakras eher immer rein partnerschaftlichen Beziehungen und dem Bereich der Sexualität zugeordnet. Dieses Beispiel zeigte mir, dass dies eine zu eng gefasste Sichtweise war, denn das Sakralchakra steht zwar für den Themenkreis der Beziehung zu anderen Menschen, aber eben über die Sexualität hinausgehend, und vor allem auch für den Aspekt des NEIN-Sagens, zu alldem, was schadet. Und in Verbindung mit dem 3., 4. und 8. Chakra ermöglicht es, sich auf gesunde Art und Weise abzugrenzen gegen negative Einflüsse aus dem Umfeld.

Das darauffolgende Yoga-Coaching zeitigte schnell Erfolg: Schon nach dem ersten Termin sagte die Coachee »NEIN« zu ihrer bestehenden Arbeitssituation und fasste den Entschluss, sich beruflich neu zu orientieren. Bis sie eine neue Aufgabe gefunden hatte, blieb ihr genügend Zeit, sich im Abgrenzen gegenüber der Chefin und den Kollegen zu üben. Ein sepzifisches Yoga-Programm, das Übungen für das untere Chakra-Dreieick und das energetische Herzzentrum fokussierte, half ihr dabei, das notwendige Selbstbewusstsein hierfür zu entwickeln und achtsam mit den eigenen Bedürfnissen umzugehen. Ihre Beschwerden linderten sich schnell, und im neuen Job angekommen, reduzierten sie sich weiter.

Yoga-Coaching bei psychomentalen Belastungen

»Das ICH ist nicht Herr im eigenen Haus.«
(Freud)

Aus systemtherapeutischer Sicht sind psychische Probleme Versuche, Konflikte zu lösen. Konflikte gibt es nur innerhalb eines Rahmens, wie z. B. einer Familie oder eines Unternehmens, in dem bestimmte Regeln gelten und in dem es festgelegte Sichtweisen und Bewertungsgrundsätze gibt. Im Konfliktfall fallen die Wirklichkeiten der Konfliktpartner auseinander.

Psychomentale Beschwerden stellen sich dann ein, wenn eine Person bestehende Konflikte nicht auflösen kann oder aber, wenn sie die Konfrontation damit vermeidet, indem sie vergisst und verdrängt – auch dies ist eine Form der Konfliktbearbeitung.

Um die verschiedenen Wirklichkeiten der Konfliktpartner verstehbar zu machen und zugleich Klarheit über die eigene Position zu finden, ist es seitens des Yoga-Coachs erforderlich, verschiedene Rahmen ins Spiel zu bringen und dem Coachee dabei zu helfen, Distanz zur eigenen (beschränkten) Perspektive aufzubauen. Hierfür sind die systemische Fragestellungen bestens geeignet, da sie über die Kommunikation die Reflexion über unterschiedliche Betrachtungsweisen und Standpunkte der beteiligten Personen anregen. Des Weiteren hat der Yoga-Coach die Aufgabe, die Außenperspektive einzunehmen und neue Denkmodelle einzuführen, denn der Coachee kann diesen Ebenenwechsel nicht selbst vollziehen, da er als Teil des Konfliktsystems selbst in die bestehenden Muster verstrickt ist und sein Horizont entsprechend eingeengt ist.

Wichtig ist es, dass der Yoga-Coach gemeinsam mit dem Coachee auf den Sinn des Konfliktes schaut. Die zentralen Fragen sind: *Wozu* besteht der Konflikt? *Wofür* sorgt er? *Worauf* weist er hin? Usw.

Hierbei tritt die Suche nach der Ursache in den Hintergrund, Schuldgefühle bzw. -zuweisungen werden vermieden – es wird in Richtung Sinn und Lösung gearbeitet.

Über diese Form der Analyse erwächst aus dem bislang unbewussten Re-Agieren das Bewusstsein über das eigene Zutun und impliziert die Möglichkeit der Einflussnahme. Der Konflikt hat also zwei Seiten: einmal in der Auseinandersetzung mit einer anderen Person, in der die Wirklichkeit auf der Sach- und Beziehungsebene neu verhandelt werden muss. Andererseits spiegelt sich der Konflikt im inneren Erleben und geht oft mit vielschichtigen Ängsten einher, die sich meistens auf drohende Konsequenzen der offensiven Auseinandersetzung beziehen.

Hiermit einher geht die Frage nach der Verantwortlichkeit für den eigenen geistigen Zustand. Nach meiner Erfahrung empfinden viele Menschen dies zunächst wie eine belastende Schuldzuweisung und hadern mit sich selbst. Die Möglichkeit, das Leben gestaltend in die eigene Hand zu nehmen und aus eigener Kraft Einfluss auf das körperliche wie geistige Wohlbefinden zu nehmen, erzeugt dann Angst und hemmt die weitere Entwicklung. Aus diesem Grund ist es für den Yoga-Coach sehr wichtig, bestehende mentale Bedenken des Coachees aus dem Weg räumen zu helfen, damit er zu einer zuversichtlichen Einstellung gelangt und im Sinne des Coachings arbeitsfähig wird bzw. bleibt.

»Bin ich verantwortlich für mein Gehirn? … mein Denken?«
(Hans-Rudi Fischer)

Jemand zieht den Kopf ein. Ihm sitzt die Angst im Nacken und schnürt ihm den Hals zu. Die Sprache des Körpers ist eindeutig: Verspannungen im Schulter-Nacken-Bereich sind der Spiegel von Ängsten und Sorgen. Das Wort Angst leitet sich ab von (lat.) »angustia = die Enge« und »angor = das Würgen«. Auch hier spiegelt sich die typische körperliche und psychische Reaktion von »sich zusammenziehen und eng werden« wider. Yoga ist eine ideale Möglichkeit, sich aus dieser Enge zu befreien und Raum für ein selbstbestimmtes und angstfrei(er)es Leben zu schaffen.

Der Körper reagiert auf den Zustand der Angst mit eindeutigen Symptomen, die einer Reaktion unter Stress gleichkommen und auf eine »Kampf«- oder »Flucht«-Situation vorbereiten:

- Erhöhte Aufmerksamkeit, Pupillen weiten sich, Seh- und Hörnerven werden empfindlicher
- Erhöhte Muskelanspannung, erhöhte Reaktionsgeschwindigkeit
- Erhöhte Herzfrequenz, erhöhter Blutdruck
- Flachere und schnellere Atmung
- Körperliche Reaktionen wie zum Beispiel Schwitzen, Zittern und Schwindelgefühl
- Blasen-, Darm- und Magentätigkeit werden während des Zustands der Angst gehemmt
- usw.

Diese sinnvollen Reaktionen klingen unter normalen Umständen nach Ende einer bedrohlichen Situation relativ schnell wieder ab. Bleibt ein Mensch jedoch dauerhaft in der Angst verhaftet und mental angespannt, ist es auch für den Körper kaum möglich, sich nachhaltig zu entspannen. In der Folge kommt es zu Verhärtungen der Muskulatur, die sich vor allem im Schulter- und Nackenbereich niederschlagen. In diesem Fall greifen Lockerungs- und Bewegungsübungen oder auch Massagen allein zu kurz, denn sie führen lediglich zu momentaner Entlastung. Nur wenn gleichzeitig auch für geistig-seelische Entspannung gesorgt wird, ist ein echtes Loslassen auf allen Ebenen des Seins möglich.

Angst hat eine wichtige Funktion: Sie ist eine natürliche Reaktion auf drohende Gefahren und dient als Schutzmechanismus vor Schmerz, Verlust und Risiken. Angst hat viele Facetten. Um konstruktiv mit ihr umzugehen und Belastungen frühzeitig zu begegnen, ist es hilfreich, die verschiedenen Formen der Angst genauer zu betrachten:

Generell kann zwischen Furcht und Angst unterschieden werden. Furcht empfinden wir angesichts realer Bedrohungen wie zum Beispiel Unfälle, Krankheit, Tod, Terror.

Angst resultiert aus sorgenvollen Vorstellungen über die Zukunft oder eine erwartete Bedrohung, die bislang nicht real eingetreten ist und damit unserer Fantasie entspringt. Typische Beispiele hierfür sind

Angsterkrankungen wie Phobien vor Menschenmengen, Fahrstühlen, Kleintieren, die keinerlei echte Bedrohung darstellen. Dazu zählen aber auch der Glaube an Weltuntergangsszenarien oder die unbegründeten Sorgen eines finanziell gut ausgestatteten Menschen vor Hunger und Obdachlosigkeit.

Existenzangst: Die Angst, den Boden unter den Füßen zu verlieren

Mehr oder weniger begründete materielle Existenzängste sind ein Zeichen unserer Zeit und in der westlichen Gesellschaft weit verbreitet. Materielle Werte symbolisieren einen Teil unseres Selbstwerts. Jeder von uns identifiziert sich in einem gewissen Maß auch über die eigenen Besitztümer bzw. den jeweiligen Lebensstandard, da darüber »unser Platz in der Welt«, also die Zugehörigkeit zu einem bestimmten Umfeld, abgebildet wird. Diese Bedürfnisse werden deswegen als existenziell empfunden, da sowohl die materielle Ausstattung als auch die Orientierung über das Lebensumfeld das Überleben sichern.

Gerät dieses äußere Gefüge mehr oder weniger ungeplant in Bewegung, reagieren viele Menschen zunächst einmal mit Existenzängsten. Aus Sorge, die eigene Lebensgrundlage könnte in Gefahr sein, suchen sie häufig verstärkt in materiellen Dingen nach Stabilität und vermeiden Konflikte, die als Bedrohung wahrgenommen werden.

Im Yoga-Coaching bewährt es sich in solchen Fällen, einmal zunächst die Existenzgrundlage des Coachees zu überprüfen und Notwendigkeiten abzuklären. Wer von Existenzängsten geplagt wird, tut gut daran, für festen Boden unter den Füßen zu sorgen und darauf zu achten, dass diese Bodenhaftung erhalten bleibt. Energetisch lässt sich diese Thematik durch Yoga-Übungen unterstützen, die für eine gute Erdung sorgen und besonders die unteren Chakren ansprechen.

Trennungsangst: Die Angst vor dem All-Ein-Sein

»Manche reden immer von ihrer Freiheit
und meinen nur ihre Angst vor einer Liebe,
die größer werden könnte als ihr Egoismus.«
(Hans Kruppa)

In Konfliktsituationen sind Menschen oft mit der Angst vor Trennung konfrontiert. Hierunter versteht man die Angst, verlassen zu werden, verlassen zu sein oder selbst zu verlassen. Aus diesem Grund halten Menschen ihren Ärger zurück und passen sich den Vorgaben anderer an.

Echte Beziehungen sind auf Dauer angelegt. Eine Beziehung soll andauern, dadurch Sicherheit geben und Vertrauen stiften, damit man sich darauf ein- bzw. verlassen kann. Auf die Dauer kann man etwas miteinander gestalten, sodass – neben der Befriedigung gegenseitiger Bedürfnisse – etwas Drittes daraus entstehen kann: gemeinsames Wachstum! Wird dieser Prozess bedroht oder unterbrochen, droht die Einsamkeit, das Alleinsein – ein Verlust, der betrauert werden muss.

Wer in Trennungsängsten verharrt, macht sich vom Urteil bzw. Handeln des Partners abhängig. Um Beziehungen hiervon zu entlasten, empfiehlt es sich, sich dem eigenen Selbst zuzuwenden und einen stabilen Selbstwert zu entwickeln. Dazu gehört auch, die eigenen Gefühle als berechtigt anzuerkennen und ihnen Ausdruck zu verleihen. Wer mehr und mehr stabil auf eigenen Füßen steht und diese Position auch in stürmischen Zeiten behaupten kann, dem wird es immer besser gelingen, dem Gegenüber auf Augenhöhe zu begegnen. Das ermöglicht, die eigenen Bedürfnisse klar zu äußern und selbst für die richtige Distanz bzw. Nähe in der Beziehung zu sorgen.

Zukunftsangst: *Zukunft ist etwas, das* ***künftig*** *auf uns* ***zukommt***

Wenn jemand dazu neigt, sich an der Vergangenheit festzuhalten oder in der Zukunft zu leben, ohne Verbindung zwischen diesen beiden Polen oder ohne einen Anker in der Gegenwart zu haben, kann dies der Grund für Ängste sein. Der Blick in die Zukunft erscheint wie ein Blick in die Glaskugel. Im Gegensatz zu Vergangenheit und Gegenwart, von denen wir uns anhand früherer oder aktueller Umstände ein klares Bild machen können, liegt das künftige Geschehen im Nebel verborgen.

Menschen brauchen jedoch ein gewisses Maß an Orientierung, um sich sicher zu fühlen und Entscheidungen treffen zu können. Stehen die Annahmen über die Zukunft infrage, weil aktuelle Entwicklungen das bisherige Welt- und Menschenbild ins Wanken bringen, stellen sich schnell Unsicherheit und Angst ein.

Aus diesem Grund zeigen viele Menschen zunächst eine Abwehrreaktion und beharren auf dem Althergebrachten i. S. v. »Das war schon immer so – das wird immer so bleiben.« Oder sie suchen Halt an allem und jedem, was Orientierung verspricht. Z. B.:

- der Hand- oder Kartenleserin, um persönliche Entscheidungen abzusichern.
- beim Analysten, der die zu erwartende Entwicklung am Aktienmarkt vorhersagt.
- dem Arzt, der Annahmen über den wahrscheinlichen Verlauf einer Krankheit tätigt.
- dem Politiker, der einfache Lösungen für komplizierte Zukunftsszenarien verspricht.
- …

»Wenn du Gott lachen sehen willst,
versuche nur, dein Leben zu planen.«

Alle Visionen und Planungen sind zukunftsbezogen. Doch auch wenn wir uns intensiv mit der Zukunft beschäftigen mögen, stützen wir uns hierbei immer auf Informationen oder Erkenntnisse, die ihren Ursprung in der Vergangenheit haben. Die künftige Entwicklung lässt sich letztlich von niemandem berechnen und kontrollieren, denn die richtige Strategie bzw. das richtige Handeln zeigen sich stets erst im Hier + Jetzt. Wir müssen also damit leben, dass wir **heute** Entscheidungen treffen, von denen wir nicht mit absoluter Sicherheit sagen können, wie sie sich **morgen** auswirken bzw. darstellen werden. Dies erfordert vom einzelnen Menschen, trotz aller Unwägbarkeiten mutig nach vorn auszuschreiten und letztlich immer wieder aufs Neue dem Fluss des Lebens zu vertrauen.

Yoga meint stets den ganzen Menschen, denn er will die Einheit von Körper und Geist erfahrbar machen. Das Ziel des Kundalini-Yoga (nach Yogi Bhajan) ist es, diesen Zustand über einen harmonischen Energiefluss im Chakrasystem herzustellen. Je harmonischer sich dieser gestaltet, umso mehr fühlen wir uns auf körperlicher, mentaler, emotionaler und seelischer Ebene im Einklang.

Ängste schlagen sich vorrangig in der Schulter- und Nackenmuskulatur nieder, die energetisch zum Einzugsbereich des 5. Chakras (Kehl- oder Vishudda-Chakra.) zählt. Neben dem Schultergürtel werden von diesem Energiezentrum auch die Schild- und Nebenschilddrüsen, der Kehlkopf mit Stimmbändern, die Zähne, die Nebenhöhlen und partiell auch die Ohren versorgt. Das 5. Chakra sitzt an einer Stelle im Körper, die auch optisch/anatomisch als Engpass daherkommt. Von Schulterbreite verjüngt sich der Körper an dieser Stelle bis auf wenige Zentimeter, um dann mit dem Kopf wieder Raum zu geben.

Über diese schmale Brücke muss sich folglich alles zwängen, was vom Körper zum Kopf soll – also mit Sauerstoff beladenes Blut, Lymphe und nicht zuletzt Energie –, als auch das, was vom Kopf wieder zum Körper gebracht werden muss – wie kohlendioxidhaltiges Blut, aber auch geistige Energie. Es scheint, dass die Natur an dieser Stelle einen Türwächter vor die Transformation körperlicher in geistige und geistiger in körperliche Prozesse gesetzt hat. Der Wunsch zur »Erleuchtung« – zur Einheit – wird hier auch körperlich auf eine Probe gestellt!

Im Kundalini-Yoga wird dem 5. Chakra folgendes Bewusstseinsthema zugeordnet: die Fähigkeit zum SELBST-Ausdruck. Damit ist zum einen die Macht über das gesprochene oder geschriebene Wort gemeint – zum anderen aber auch die Fähigkeit, sein »SELBST« (also die göttliche Bestimmung) zum Ausdruck zu bringen.

Die Öffnung des 5. Chakras ist aber darüber hinaus auch essenziell im Hinblick auf die Versorgung des 6. und 7. Chakras (Stirn-/Ajnachakra und Kronen-/Sahasrarachakra) mit lebenswichtiger Energie. Die Energieversorgung dieser Chakras wiederum ist maßgeblich für die Funktionsfähigkeit des Gehirns sowie der für den (Gehirn-)Stoffwechsel entscheidenden Drüsen – Hypophyse und Epiphyse und letztlich der Belastbarkeit des Nervensystems. Ängste und Sorgen sind zweifelsfrei mentale Prozesse, die diesen Chakras zugeordnet werden können. Eine gute Energieversorgung führt zu größerer geistiger Klarheit und Wachheit, einer erhöhten Konzentrationsfähigkeit sowie verbesserten geistigen Kreativität, das Nervensystem wird gestärkt. Damit wird es wieder möglich, sich Ängsten und Sorgen zu stellen und dem Leben offensiv zu begegnen.

Die Angst, sich selbst zu begegnen

Da sich die meisten Menschen bei der Gestaltung ihres Lebens von ihren Ängsten bestimmen lassen – ist es kein Wunder, dass der Einflussbereich des 5. Chakras auf die permanente Unterdrückung des wahren Selbst mit Verspannung, Verhärtung und schließlich Schmerzen reagiert. Yoga-Praktizierende neigen dann häufig dazu, Asanas vorzeitig abzubrechen, um den schmerzhaft verspannten Bereich nicht spüren zu müssen. So setzt sich das mentale »Kopf in den Sand stecken« im Yoga-Unterricht als Ausweichmanöver vor der unangenehmen körperlichen Reaktion fort. Ein aufmerksamer Yoga-Coach wird diesen Wirkungszusammenhang aufdecken und so die dahinter stehende Thematik bewusst machen.

Für die Unterrichtspraxis bedeutet dies, Teilnehmer mit entsprechend angepassten Asana-Positionen zur Bewegung der belasteten Zonen anzuregen und gleichzeitig für mentale Entlastung zu sorgen, z. B. in Form spezieller Meditationen, die dabei unterstützen, Ängste loszulassen. In dieser Kombination von körperlicher Aktivität und geistiger Entspannung wird es möglich, Ängsten gelassener gegenüberzutreten und Muskelanspannung loszulassen.

»In die größte Angst hinein,
da liegt das größte Potenzial.«
Yogi Bhajan

Um einer belastenden Situation ins Gesicht zu sehen und zu den eigenen Gefühlen zu stehen, braucht es neben Nervenstärke auch Vertrauen zu sich selbst und die Bereitschaft, zu den persönlichen Bedürfnissen zu stehen. Die Psychoanalytikerin Verena Kast spricht in diesem Zusammenhang von der »Tapferkeit vor der Angst« und davon, dass

»… Angst sehend macht – sie fordert uns heraus, für uns wesentliche Aspekte unserer Identität zu entwickeln«.

Somit ist ein Sinn der Angst vor allem auch, die in uns schlummernden Potenziale zu entfalten und Dinge zu überwinden, die uns gestern noch begrenzt und zurückgehalten haben. Dort, wo unsere größte Angst ist – da haben wir auch das größte Wachstumspotenzial. Es gilt, den Mut zu fassen, sich die Angst bzw. die beängstigende Situation anzuschauen und nach Lösungsmöglichkeiten zu suchen. Im Umgang mit der Angst heißt dies im übertragenen Sinne: Licht in die Angst bringen; dahin gehen, wo die Angst ist; weit und offen werden.

Mit einer gezielten Yoga-Praxis, die auf den Energiefluss im 5. Chakra abzielt, werden Körper und Geist angeregt, Ängste bewusst wahrzunehmen und loszulassen. Des Weiteren wird die Fähigkeit zum Selbstausdruck gestärkt und damit die Voraussetzung geschaffen, die eigene, wahre Identität nach außen sichtbar zu machen. So gelingt es, das eigene Leben mehr an den eigenen Bedürfnissen und Zielen auszurichten, statt sich von Ängsten und Sorgen einengen und zurückhalten zu lassen.

Brainfitness – Yoga zur Demenzprävention

Nach dem Urlaub wusste mein Vater nicht mehr, in welchem Küchenschrank das Geschirr stand, obwohl sich an der häuslichen Ordnung seit Jahren nichts geändert hatte. Meine Mutter beobachtete, wie er eine Tür nach der anderen öffnete, um die Teller an den richtigen Platz zu stellen. Am Urlaubsort war ihr bereits aufgefallen, dass er beim Spazierengehen den Weg zum Hotel nur unter Anleitung zurückfand.

So oder ähnlich nehmen häufig zunächst die Angehörigen die Anzeichen einer demenziellen Erkrankung wahr. Diese stellt sich meistens schleichend ein und fällt erst dann richtig auf, wenn der Alltag vom Betroffenen nicht mehr ohne Weiteres bewältigt werden kann. Derartige Beschwerdebilder greifen immer mehr um sich. Nach Schätzungen sind momentan weit mehr als eine Million Menschen in Deutschland an Demenz erkrankt. Seit Jahren steigt diese Zahl an, aktuell beobachtet man über 200 000 Neuerkrankungen pro Jahr. Die Gründe dafür liegen in der demografischen Entwicklung der Gesellschaft: die höhere Lebenserwartung in Kombination mit der zunehmenden Zahl von älteren Menschen.

Aufgrund der Vielzahl der Erkrankungen und der rasanten Entwicklung hat die Thematik eine gesellschaftspolitische Dimension und ist damit in den Fokus der politischen Institutionen gerückt. Seit Jahren werden Projekte und Studien gefördert, die nach Ansätzen suchen, wie der Herausforderung einer immer älter werdenden Gesellschaft begegnet werden kann und wie insbesondere demenziell Erkrankte und ihre Angehörigen unterstützt werden können.

Es liegt nahe, auch in den Reihen der mehrere Millionen Yoga-Praktizierenden in Deutschland eine Vielzahl von Menschen zu vermuten, die direkt oder als Angehörige von Demenzerkrankungen betroffen sind. Die Yoga-Praxis bietet zahlreiche hilfreiche Ansätze, demenziellen Beschwerden zu begegnen und ihre Auswirkungen abzumildern.

Demenz – was ist das eigentlich?

»Ich glaub, ich hab Alzheimer.« Im Scherz sprechen wir von dieser Krankheit, wenn wir einmal etwas vergessen haben. Nun ist Alzheimer zwar die häufigste Demenz-Erkrankung, geht aber weit über einen situativen Konzentrationsmangel hinaus. Der Begriff **Demenz** beschreibt eine Gruppe ungleicher Erkrankungen, bei denen das Gedächtnis und die Denkfähigkeit immer mehr abnehmen. Alzheimer ist nur eine von vielen möglichen Verlaufsformen. Entscheidend für eine Demenzdiagnose ist, dass mehrere geistige und intellektuelle Bereiche gleichzeitig betroffen sind, wie die Orientierung oder die Lern- und Urteilsfähigkeit, und dass dies die betroffenen Menschen in ihren alltäglichen Aktivitäten erheblich beeinträchtigt. Während das Kurzzeitgedächtnis früh nachlässt, verblasst die Erinnerung an Vertrautes und früher Erlerntes erst im Krankheitsverlauf. Störungen der Orientierung, der Sprache, der Auffassung und der Gefühlskontrolle treten hinzu. In den Spätstadien einer Demenz kommt meist ein gestörter Tag-Nacht-Rhythmus hinzu und/oder körperliche Beschwerden wie Blasenschwäche oder Verstopfung.

Etwa sieben von zehn Demenzen resultieren aus einer Alzheimer-Erkrankung. Die Symptome der Alzheimer-Krankheit richten sich nach dem Krankheitsstadium. Ein typisches Frühsymptom ist die Schwierigkeit, sich in fremden Situationen zurechtzufinden. Im Verlauf tritt dies auch in altbekannten Situationen auf. Nicht immer lässt sich eine Demenz dabei problemlos von altersbedingter Vergesslichkeit unterscheiden. Beispiel: Der altersvergessliche Mensch mag zuweilen vergessen, die Herdplatte vor Verlassen des Hauses auszuschalten – der Demenzkranke vergisst möglicherweise darüber hinaus, dass er überhaupt hatte kochen wollen.

Zu den wichtigsten Symptomen der Alzheimer-Krankheit zählen Wortfindungsstörungen und Wortverwechselungen. Viele Betroffene entwickeln Koordinationsprobleme und bringen zunehmend Bewegungsabläufe durcheinander. Im Endstadium kehren häufig Reflexe aus der frühen Kindheit zurück, z. B. der Greif- oder der Saugreflex.

Die Ursachen einer Demenz sind so vielfältig wie ihre Symptome. Bei der Alzheimer-Krankheit handelt es sich um eine Erkrankung des Gehirns. Nach heutigem Erkenntnisstand bilden dort die sogenannten Amyloidablagerungen (Alzheimer-Plaques aus Eiweiß und Aluminium) eine Art Mörtel, der die Nervenzellen aus- und die Zellfortsätze (Synapsen) einbetoniert, und zwar vor allem an der Verbindungsstelle zwischen Großhirn (zuständig für Gedächtnis, Intelligenz, Entscheidungsfähigkeit, Orientierung und Sprache) und limbischem System (zuständig für Gefühle, soziale Muster, Rhythmusempfinden und Musikalität).

Weitere Ursachen für Demenz sind gefäßbedingte Erkrankungen, z. B. Schlaganfall oder Arterienverkalkung. Bei der Pick-Krankheit gehen Nervenzellen im Stirn- und Schläfenlappen des Gehirns zugrunde. Aber auch Infektionen, Stoffwechselkrankheiten oder Sauerstoffmangel im Gehirn sowie Tumore können zu einer Erkrankung führen.

Therapeutische Ansätze

In Deutschland setzen die Unterstützungsangebote für demenziell Erkrankte bis in die jüngere Vergangenheit erst im späten Krankheitsstadium an. In der Regel sind die Betroffenen dann jedoch schon schwer pflegeabhängig. Inzwischen setzt sich erfreulicherweise die Erkenntnis durch, dass es bei einer Demenzerkrankung mit einer medikamentösen Therapie allein nicht getan ist und die Betroffenen sehr wohl in der Lage sind, sich unter Anleitung in angemessener Form zu betätigen. Allerdings ist die Pflege im späteren Krankheitsverlauf aufgrund des intensiven Betreuungsaufwandes besonders aufwendig und personalintensiv. Aus diesem Grund fokussieren neuere Betreuungsprojekte darauf, Demenzkranke und ihre Angehörigen schon in einem früheren Stadium zu erreichen und die Schwere des Krankheitsverlaufs möglichst günstig zu beeinflussen. Ein weiterer wichtiger Aspekt ist es, dem häufig mit einer Demenzerkrankung einhergehenden Rückzug aus dem sozialen Umfeld zu begegnen und Kontakt zu anderen Menschen möglichst lang aufrechtzuerhalten.

Neben einer guten medizinischen Versorgung und unterstützender Betreuung ist es für Demenzkranke hilfreich, an speziellen Bewegungsangeboten teilzunehmen. Besonders positiv auf die Gehirnplastizität hat sich in einschlägigen Untersuchungen ein körperliches Training mit möglichst hohem Kombinationsgrad ausgewirkt. Hierzu gehören beispielsweise Überkreuz- und Koordinationsübungen, Gleichgewichtstraining und Sturzprophylaxe sowie Bewegung unter Einsatz von Alltagsgegenständen in Verbindung mit Atemrhythmus und Musik, Gesang und Rhythmus. Eine Studie der amerikanischen Alzheimer-Gesellschaft hat nachgewiesen, dass sich bei regelmäßiger Praxis einer bestimmten Form des Fingeryoga, der *Kirtan Kriya* aus dem Kundalini-Yoga (nach Yogi Bhajan), bereits aufgetretene Plaques zurückbilden können.

Demenzkranke in Bewegung bringen

Bewegung ist die einfachste und kostengünstigste Gesundheitsförderung im Alter. Spezifische Programme für Demenzkranke beziehen deren sogenannte Bewegungsbiografie ein. Bei der Auswahl des Übungs- und Musikangebotes werden die im vergangenen Leben ausgeführten Aktivitäten bzw. Interessen bestmöglichst berücksichtigt, um die im Langzeitgedächtnis verorteten Erinnerungen wachzuhalten bzw. erneut zu beleben. Grundlegende Bewegungsmuster lernen wir in der Kindheit: motorische Prozesse finden auf der Hirnstammebene statt. Neue motorische Fertigkeiten können wir unser Leben lang dazulernen. Use it or lose it: auch einfache Fertigkeiten müssen immer wieder durch konkrete Nutzung aktiviert werden. Bis zum Erwachsenenalter bildet sich auf Basis des persönlichen Bewegungsverhaltens eine »koordinative Handschrift« aus, die ohne weitere Übung ab dem 30. Lebensjahr abnimmt, ab dem 50. Lebensjahr kommt es zu Rückbildungen.

Dies macht deutlich, wie wichtig es ist, Bewegungsangebote nicht erst im hohen Alter in Anspruch zu nehmen, sondern bereits in der Mitte des Lebens präventiv tätig zu werden!

Über alle Lebensphasen hinweg reagiert unser Körper auf Bewegung durch eine Fülle biochemischer und biophysikalischer Reaktionen aus den Organen und Drüsen. Das Gehirn bleibt bis ins hohe Erwachsenenalter ein plastisches, sich veränderndes Organ. Physische Bewegung regt die Neubildung von Nerven- und Stützzellen im Gehirn an, verbessert die Durchblutung und Sauerstoffzufuhr im Kortex, Kleinhirn und Hippocampus und trägt zu einer Verdichtung des Gewebes und einer Zunahme des Hirnvolumens bei, insbesondere in der Hirnrinde und im Stirnlappenbereich und schläfenseitig. Körperliche Aktivität beeinflusst die Hirnplastizität günstig, und kognitive Fähigkeiten werden gefördert. Der Verlust von Gehirnstrukturen kann – zumindest teilweise – rückgängig gemacht werden.

Unabhängig davon, wie sich im Einzelfall eine Demenz entwickelt, geht sie aufgrund der erhöhten Anpassungsleistung an die Umwelt immer mit einer Stressbelastung einher. Hinzu kommt, dass viele Betroffene Angst vor der Demenz haben und sich im Krankheitsverlauf immer weniger zutrauen. Bewegung ist Ausdruck der gesamten Persönlichkeit, es besteht ein enger Zusammenhang zwischen Wahrnehmen, Fühlen und Handeln. Daher ist es sehr förderlich, den Betroffenen positive Trainingserfahrungen zu ermöglichen – wer merkt, wie gut ihm Bewegung tut, wird gern weitermachen! Hinzu kommt, dass Bewegung ein wirksames Mittel zum Stressabbau ist und zu einem verbesserten Körpergefühl führt.

Yoga für Menschen mit Demenz

Methodisch gesehen ist Yoga ein ideales Übungssystem für Menschen mit Demenz. Als anerkannte Methode zum Stressabbau führt Yoga alle oben geschilderten Auswirkungen herbei. Neben den reinen Bewegungsaspekten können je nach Möglichkeit der Teilnehmer bewusste Atemführung, Mantra, Klang und Rhythmus integriert werden. Je höher der Kombinationsgrad, desto positiver wird sich die Yoga-Praxis auswirken.

Voraussetzung für eine Integration in Bewegungsprogramme ist eine an die Möglichkeiten angepasste Ausführung der Übungspraxis unter Berücksichtigung der Bewegungsbiografie. Viele Angehörige der heutigen älteren Generation haben in jungen Jahren, z. B. während des Studiums in den 60er-Jahren, Berührung mit Yoga gehabt und mögen heute gern wieder daran anknüpfen.

Demenzerkrankungen, insbesondere neurologisch bedingte Krankheitsbilder wie Alzheimer, haben den körperlichen Bezug zum Gehirn und Nervensystem. Energetisch werden diese Körperfunktionen dem 7. (Kronen-)Chakra und dem 8. Chakra (der Aura) zugeordnet. Die damit verbundenen Lebensthemen sind z. B. einen Sinn im Leben finden, Einbindung in etwas größeres Ganzes, heil=ganz=Eins werden, Urvertrauen entwickeln und eine Altersspiritualität entwickeln. Rüdiger Dahlke hat es körpersprachlich wie folgt beschrieben: »*Wenn ihr nicht werdet wie die Kinder« – diese christliche Aufforderung zur zweiten Lebenshälfte passenden Umkehr und inneren Einkehr ist im Falle einer Alzheimer-Erkrankung in den Schatten gesunken. Die Betroffenen werden nicht kindlich, sondern »kindisch« und entwickeln sich nicht im übertragenen, sondern im konkreten Sinne zurück.*«

Ein spezifisches Yoga-Programm wird auf einfach auszuführende Übungen fokussieren, die auf das 7. und 8. Chakra einwirken. Die Arbeit an den höheren Energiezentren erfordert zugleich eine gute Erdung, also die Arbeit am 1. Chakra.

Anforderungen an den Yoga-Coach

Für die erfolgreiche Durchführung von Bewegungsangeboten für Demenzkranke sind bestimmte Rahmenbedingungen und Verhaltensweisen günstig. Der erste Grundsatz: Das Wesentliche ist, überhaupt etwas zu tun! Auch wenn jemand nur noch sehr eingeschränkt am Bewegungstraining teilnehmen kann, ist dies besser als nichts. Es empfiehlt sich, sich an den individuellen Vorlieben zu orientieren und ihren inneren Antrieb zu suchen, anzuregen und zu fördern.

Da derartige Bewegungsgruppen sehr betreuungsintensiv sind, empfiehlt es sich, Kurse im 2er-Team anzubieten, damit zu jeder Zeit auf alle Teilnehmer eingegangen werden kann. Idealerweise finden die Kurse im Rahmen einer ambulanten oder stationären Einrichtung statt, wo auf die Unterstützung seitens der Pflegekräfte zurückgegriffen werden kann. Im Rahmen der häuslichen Pflege mag auch eine Einzelbetreuung in Form eines Yoga-Coachings infrage kommen. Bei der Durchführung des Kurses hat sich die Zusammenarbeit zwischen einer

Pflegekraft und dem Yoga-Lehrer/Coach bewährt. Darüber hinausgehend sind folgende persönliche Fähigkeiten im Umgang mit Demenzkranken hilfreich: Geduld, Einfühlungsvermögen und Humor. Wenn gegenseitiges Verstehen aufgrund fortgeschrittener Wortfindungsstörungen schwierig wird, ist ein permanentes Einstellen auf die Erkrankten nötig. In solchen Fällen ist es nötig, sich verbal kurz zu fassen und Übungen durch eigenen Körperausdruck/-bewegung anzuleiten.

Besonders wichtig ist es, die Demenzkranken als gleichberechtigte Person zu respektieren und mit ihnen stets auf gleicher Augenhöhe entgegenzutreten. Auch wenn ihr Verhalten zuweilen kindisch anmuten mag, so bleiben sie doch erwachsene Menschen am Ende ihres Lebens mit all ihren Erfahrungen im Gepäck.

4.4 Yoga-Coaching zur persönlichen Entwicklung

4.4.1 Krisenbewältigung – Altes loslassen und Neues wagen

»***Wünsche*** *sind Vorgefühle*
der Möglichkeiten und Fähigkeiten, die in uns liegen,
Ziele *sind Vorboten desjenigen,*
was wir zu leisten imstande sind.«
nach J. W. v. Goethe

Es ist nicht von der Hand zu weisen: Unsere elementaren Lebensbedingungen ordnen sich neu. Ob Finanzkrise oder Klimawandel, die alten Denkweisen und Verhaltensmuster stoßen immer häufiger an Grenzen und rufen uns auf, neue Wege des Zusammenlebens und -arbeitens zu finden. Was viele Menschen heute als Krise erleben, ist begründet in überholten Vorgehensweisen, die geradewegs in die aktuelle, schwierige Situation geführt haben. Wer versucht, eine veränderte Welt immer wieder den alten Vorstellungen anzupassen, ist zum Scheitern verurteilt. Im Verlauf einer Krise wird immer deutlicher, dass sich etwas grundlegend verändern muss, damit die anstehenden Aufgaben bewältigt werden können.

Die meisten Menschen gehen Veränderungen zunächst aus dem Weg. Sie tun sich schwer damit, ihre Vorstellungen darüber, wie die Welt beschaffen ist, aufzugeben und neue Denkkonzepte zu entwickeln. Aus diesem Grund halten sie an bestehenden Strukturen fest, manchmal bis zu deren Zusammenbruch. Doch wenn jemand dauerhaft den notwendigen Anpassungen ausweicht, wird der Druck mit der Zeit umso stärker. Diese »Vogel-Strauß-Politik« kostet viel Kraft und Energie, häufig zulasten der Gesundheit.

Wenn Menschen wegschauen und die notwendigen Veränderungen unterlassen, brechen schließlich überholte Strukturen zusammen und führen so die notwendigen Anpassungen herbei. Dies kann sich auch in Form von körperlichen und psychischen Gesundheitsbeschwerden, aber auch in Form von Sinn- und Lebenskrisen zeigen. So wird das menschliche Bewusstsein nachträglich angehoben: Was verdrängt wurde, kommt nun mit Macht ans Tageslicht und muss wohl oder übel doch bearbeitet werden. Denn die Körpersignale können auch als Hinweise auf die dahinterliegenden Themen verstanden werden.

Wie zahlreiche Studien belegen, hat die Yoga-Praxis, insbesondere Yoga-Meditation, einen direkten Einfluss auf Gehirnfunktionen und Strukturen – also auf den Körperbereich, wo wir unsere Geisteshaltung verorten. In psychologischer Hinsicht haben alle Meditationsformen letztlich das Ziel, den Gedankenstrom zu beruhigen. Dadurch gelingt es, innerlich mehr Raum zu schaffen, alte Vorstellungen los- und Neues zuzulassen.

Kundalini-Yoga, wie es von Yogi Bhajan vermittelt wurde, kennt spezielle Meditationsformen, die Denkmuster bewusst machen und überholte Konzepte auflösen. Wer auf diese Art und Weise meditiert, hat die Chance, die persönliche Entwicklung aktiv zu fördern. Im Laufe der Meditationspraxis steigt das Bewusstsein für die Zusammenhänge zwischen dem eigenen Verhalten, dem persönlichen Wohlbefinden und der jeweiligen Lebenssituation. Auf dieser Basis wächst die Einsicht über die Verantwortlichkeit für das eigene Leben – es entwickelt sich der Mut, dem eigenen Sinn zu folgen. Wer zudem weiß, wie Veränderungen typischerweise verlaufen, kann sich selbst gezielt durch diesen Wachstumsprozess steuern und sich mit Yoga-Übungen und Meditationen unterstützen.

Krisenzeiten erfordern grundlegende Änderungen. Unabhängig davon, welcher Art die anstehende Veränderung ist, gilt es, sich von lieb gewonnenen, alten Gewohnheiten zu verabschieden und sich dem Neuen zuzuwenden. Um überhaupt in die Lage zu kommen, eine Konsequenz zu ziehen und die nächsten Schritte zu gehen, benötigen wir Klarheit über die aktuelle Situation, unsere Wünsche und Ziele.

Daher tut jeder, der eine Veränderung vorantreiben möchte, gut daran, durchdacht vorzugehen und sich Zeit einzuräumen. Neben der Zeit erfordert jede Veränderung vor allem Kraft und Ausdauer. Keine Neuorientierung geht vollständig konfliktfrei ab, und jede Herausforderung bringt Stress mit sich. Nicht selten führt eine solche Stressbelastung zu psychosomatischen Reaktionen des Körpers, denen keine erkennbare organische Ursache zuzuordnen ist.

Aus diesem Grunde kommt es darauf an, gezielt die eigene Leistungsfähigkeit zu erhalten. Besonders effizient sind Methoden, die Bewegung und Entspannungselemente miteinander verbinden und sich problemlos in den Alltag integrieren lassen. Yoga ist nicht nur eine anerkannte Entspannungsmethode, es ist vor allem auch ein persönlicher Weg, der Entwicklung auf körperlicher, geistiger und seelischer Ebene fördert.

Ziel des Kundalini-Yoga ist es, Menschen in die Lage zu versetzen, ihr volles Potenzial zu entwickeln. Krisen und notwendige Veränderungen werden in der yogischen Philosophie als eine Chance verstanden, aus der ein Mensch etwas lernen und gestärkt hervorgehen kann. Es gilt also, diese Herausforderungen anzunehmen und selbst zu gestalten.

Oft sind wir nicht Herr von Entwicklungen in unserem Umfeld, die unsere Pläne umwerfen und uns Veränderungen abfordern. Neben diesen Herausforderungen von außen kennen mehrere psychologische Schulen verschiedene Lebenszyklen, in denen Menschen verstärkt mit Lebensthemen konfrontiert werden. Als Beispiel hierfür sei die typische »Midlife-Crisis« genannt, in der nach dem yogischen Verständnis in mehreren Stufen die existenzielle, materialistische Denkweise um geistige, spirituelle Aspekte erweitert werden soll.

Unter Lebenszyklen verstehen wir, aus der Tradition des Kundalini-Yoga kommend, Kreisläufe der Entwicklung, die uns die Gelegenheit geben, unser Leben, unsere Intelligenz und unser Bewusstsein zu überprüfen. Die Zyklen steuern das Gleichgewicht zwischen unserem Bewusstsein, unserer Intelligenz und unserer körperlichen Beschaffenheit. Nach diesem Verständnis wirken zwei Kräfte während des Lebensprozesses:

1. Durch unsere Sinne erfahren wir das Leben – wir gehen durch **Erfahrungen** und müssen uns den Konsequenzen stellen. Dieser Prozess erhöht die **Körperwahrnehmung**.
2. Auf Basis der Erfahrungen erhält der Geist **die Möglichkeit zu verstehen**. Dieser Einsatz gibt der Seele Stärke: der persönliche Weg/das Schicksal kann neu bestimmt werden.

So gesehen kann der Lebensprozess verstanden werden als:

- eine Serie von **7-Jahres-Zyklen** *(Bewusstseinszyklus),* in denen das Bewusstsein des Menschen von Zyklus zu Zyklus reift. »Wie begreifen wir Dinge? Was sind unsere Prioritäten?« Dieser Zyklus wird von der planetarischen Energie des Saturn regiert. Die Saturn-Energie wirkt konfrontativ, d. h. sie befördert Themen/Aspekte ins Bewusstsein, die wir in vergangenen Zyklen noch nicht bewältigt haben und die noch zur Lösung/Integration anstehen.
- eine Reihe von **9-Jahres-Zyklen** *(Zyklus der weiblichen Identität),* in denen eine Frau ihre Weiblichkeit und ihre Rolle als Frau entwickelt.
- als Serie von **11-Jahres-Zyklen** *(Intelligenzzyklus),* in denen sich der Verstand und die Intuition entwickeln. »Wie beeinflusst die Intelligenz unsere Handlungen?«
- eine Folge von **18-Jahres-Zyklen** *(Lebenszyklus),* in denen sich der Mensch vollständig, d. h. körperlich, mental, emotional und geistig, weiterentwickelt. Der Zyklus überprüft die körperliche Gesundheit und Vitalität zusammen mit der allgemeinen Lebensqualität.

Beispiele für krisenbehaftete Lebensalter:

	7er-Zyklus	9er-Zyklus	11er-Zyklus	18er-Zyklus
Midlife I	35	36	33	36–37
Midlife II	42/49	45	44	–
Midlife III	56	54	55	54–55

Die Häufungen der Lebenszyklen empfinden wir meistens zunächst als Krise. Diese Häufungen sind Höhepunkte der Veränderung und benötigen besondere Anstrengungen, um sie mit Integrität und im Gleichgewicht zu durchleben. Das chinesische Schriftzeichen für »Krise« wird ebenso für das Wort »Chance« verwandt.

Als Yogis fragen wir uns: »*Wie begegne ich der Krise? Wie kann ich die Herausforderung meistern? Wie kann und soll ich wachsen?*«

Zentrales Ziel des Yoga-Coachings ist es, Menschen in die Lage zu versetzen, ihr volles Potenzial zu entwickeln und ihr Leben daran auszurichten. Dabei ist Kundalini-Yoga kein eremitischer Weg, sondern der Versuch, die Welt zu meistern: In der bewussten Auseinandersetzung mit dem Alltag findet Entwicklung statt. Die in Veränderungssituationen entstehende Reibung durch Ängste, Herausforderungen oder Konflikte mit anderen Menschen ermöglicht erst persönliches Wachstum.

Veränderung braucht Zeit

Auch wenn wir eine Entscheidung in einem einzigen Moment fällen können, braucht persönliches Wachstum vor allem eins: Zeit. Um überhaupt in die Lage zu kommen, eine Konsequenz zu ziehen und die nächsten Schritte zu gehen, benötigen wir Klarheit über eine Situation, unsere Wünsche und Ziele. Dies ist erfahrungsgemäß meist nur im Rahmen eines Entwicklungsprozesses möglich – wie lange dieser dauert, ist bei jedem Menschen unterschiedlich und hängt von seiner persönlichen Konstitution und seinem aktuellen Umfeld genauso ab wie von der Tragweite der Veränderung.

Für die meisten Menschen besteht die größte Herausforderung darin, die Unklarheit und Unsicherheit während der Orientierungsphase auszuhalten. Dann kommt es besonders darauf an, Stress abzubauen und sich mental zu stabilisieren, um mit den auftauchenden Fragen und Sorgen umzugehen und Kraft für die angestrebte Veränderung zu sammeln.

Nicht selten stellen sich in solchen Situationen auch psychosomatische Reaktionen des Körpers ein, denen keine organische Ursache zuzuordnen ist. Da Kundalini-Yoga nachweislich unterstützend und gesundheitsfördernd auf Körper, Geist und Seele wirkt, ist die kontinuierliche und gezielte Yoga-Praxis eine hilfreiche flankierende Maßnahme während des gesamten Veränderungsprozesses – und natürlich darüber hinaus.

Veränderung innen und außen

Veränderungen zeigen sich nach außen zwar in erkennbaren Handlungen, doch geht damit auch immer ein innerer Prozess einher. Wenn Veränderungen aus eigenem Antrieb angestoßen werden, setzt sich der Mensch vorher – mehr oder weniger bewusst – mit der aktuellen Situation und den eigenen Vorstellungen und Werten auseinander, um zu einer Entscheidung zu gelangen.

Nicht immer ist die radikale Lösung auch die beste, wie z. B. einen Job zu kündigen, eine Beziehung zu beenden oder eine Sache ganz und gar aufzugeben. Eine Situation lässt sich auch dadurch entlasten oder verbessern, indem der innere Blickwinkel oder eigene Denk- und Verhaltensmuster verändert werden. Dann findet die Veränderung vorrangig im Menschen selbst statt und zeigt sich weniger in äußeren Handlungen.

Wer sich mit seinem »Veränderungsthema« auseinandersetzt, wird wahrscheinlich auch viele gute Seiten daran finden, die er nicht ohne Weiteres aufgeben mag. In diesem Fall wäre eine kurz entschlossene (auf-)lösungsorientierte Herangehensweise fatal. Vielmehr ist es wichtig herauszufinden, ob und was erhalten bleiben soll und wie dies weiterhin integriert werden kann. Falls dies nicht möglich ist, ist die Frage zu klären, ob man bereit ist, diesen »Preis der Veränderung« zu zahlen.

Ein Yoga-Coach hilft dabei, Ordnung und System in die Gedanken und Ideen zu bringen und den eigenen Handlungsspielraum auszuschöpfen. Doch auf die »innere Stimme«, den »6. Sinn«, muss schon jeder Mensch selbst lauschen – das kann einem niemand abnehmen.

Kundalini-Yoga stärkt nachhaltig das Projektionsvermögen und die Intuition. Die Entwicklung dieser Fähigkeiten ist notwendig, um sich an der »inneren Führung« zu orientieren. Die innere Stimme wird umso hörbarer, je ruhiger der Mensch und die Umgebung werden. Der Weg in die Stille ermöglicht, sich selbst zuzuhören. Ein gutes Training hierfür ist die tägliche Meditationspraxis: Je häufiger ein Mensch in Meditation geht, umso mehr Chancen hat er, die Signale der Seele mitzubekommen.

Um Neues zu integrieren, ist es oftmals erforderlich, Raum zu schaffen und sich zunächst von alten Gewohnheiten oder auch Beziehungen und Dingen zu lösen. Die Technik des Kundalini-Yoga erlaubt es, sich über die notwendigen Schritte klar zu werden, sich physisch als auch psychisch gezielt zu stärken und damit den Veränderungsprozess zu unterstützen.

Yoga kann sehr wohl Mut machen, Veränderungen selbst anzugehen und zu steuern, unabhängig davon, ob sie selbst gewählt oder fremdbestimmt sind. Die Yoga-Praxis vermittelt ein Gefühl für den persönlichen Handlungsspielraum, um

- mit den Herausforderungen in Veränderungsprozessen umzugehen,
- körperliche und psychische Wirkungszusammenhänge für den Erfolg der anstehenden Veränderung für sich zu nutzen und ganz konkret
- mithilfe von speziellen Yoga-Übungen und Meditationen
  - Kraft, Energie und Durchhaltevermögen aufzubauen,
  - Stress abzubauen, der auf unangenehme Gefühle zurückgeht, z. B. Sorgen, Ängste, Enttäuschung, Wut etc.,
  - blockierende Denk- und Verhaltensmuster aufzulösen,
  - Klarheit über Ihre Ziele und Wünsche zu erlangen.

Alle klagen über Stress: Menschen, die Arbeit haben, genauso wie diejenigen, die eine Beschäftigung suchen. Diejenigen, die berufstätig sind, müssen sich mit drohendem Arbeitsplatzabbau und sich verändernden Rahmenbedingungen, wie z. B. längeren Arbeitszeiten und Anfahrtswegen, auseinandersetzen. Und wer ungewollt seinen Job verliert, ist gezwungen, sich umzuorientieren, das Selbstbewusstsein zu erhalten und sich nach einer Absage aufs Neue zu bewerben.

Gleichzeitig wissen wir: Die Arbeitswelt verändert sich unaufhaltsam und mit ihr die Tätigkeiten und das berufliche Umfeld. Doch der Mensch ist ein Gewohnheitstier. Solange die Grundbedürfnisse befriedigt sind und alles »im grünen Bereich ist«, besteht keine Notwendigkeit, aus eigenem Antrieb etwas anders anzugehen. Wir werden in der Regel nur dann etwas verändern, wenn sich entweder die Aussicht ergibt, eine unangenehme Situation zu verbessern und/oder die Lebensqualität zu steigern. In der Psychologie kennt man zwei unterschiedliche Motivatoren, die Menschen zum Handeln bringen:

1. Spaß, Freude oder Genuss.
2. Leidensdruck oder Schmerz.

In den letzten Jahren gaben in verschiedenen Umfragen stets 70 – 80% der Befragten an, dass ihnen Veränderungen große Angst machen. Sich auf etwas Neues, Unbekanntes einzulassen, erfordert also Mut und Orientierung darüber, wohin »die Reise geht« bzw. welchen Nutzen die Veränderung haben kann. Aus Verunsicherung oder Angst warten Menschen zunächst einmal ab und hoffen, dass sich die unangenehme Situation von allein zum Guten löst. Doch wer passiv bleibt, liefert sich auch den Handlungen anderer aus und muss dann selbst zusehen, wie er mit dem Ergebnis zurechtkommt.

Oft sind wir nicht Herr von Entwicklungen in unserem Umfeld, die unsere Pläne umwerfen und uns Veränderungen abfordern. Gerade in solchen Phasen erleben Menschen, dass sich Veränderungen nicht allein im Kopf vollziehen. Andauernde Belastungen und Überforderung zeigt sich oftmals zuerst auf körperlicher Ebene: Gesundheitliche Beschwerden können als Signale und Hinweise des Körpers verstanden werden, die eigene Arbeits- und/oder Lebensweise anzupassen. In Fällen einer Erkrankung kommt die existenzielle Sorge um die eigene Leistungsfähigkeit im Berufsleben noch hinzu. Spätestens dann gilt es, sich mit der vollzogenen oder anstehenden Veränderung auf allen Ebenen auseinanderzusetzen und für sich selbst sinnvolle Perspektiven zu finden.

Yoga wirkt auf die verschiedenen Erfahrungsebenen des Menschen ein und bietet – wie oben bereits erwähnt – zahlreiche Möglichkeiten, sich zu stabilisieren:

Körperliche Ebene: Stress bewältigen und mit Belastung umgehen

Auf der körperlichen Ebene stehen Bewegung und Veränderung für Gesundheit – wenn der Körper bleibt, wie er ist, wenn die Atmung aufhört oder das Herz stehen bleibt, stirbt der Mensch! Mit diesem Bild vor Augen wird jede Veränderung zu einem ganz natürlichen, selbstverständlichen Vorgang, der den Menschen am Leben erhält und ihm Entwicklung ermöglicht.

Muskuläre Anspannung vollzieht sich dann, wenn sich ein Mensch bewegt. Wird die Bewegung vorzeitig abgebrochen (z. B. aus Angst vor den möglichen Konsequenzen oder mangels Freiraum), wird aus *An*-Spannung eine *Ver*-Spannung, die Kraft bleibt im Körper gebunden. Dies gilt nicht nur für körperliche Aktivitäten, sondern auch für Handlungen auf geistiger Ebene, z. B. eine anstehende berufliche Entscheidung, die immer wieder aufgeschoben wird. Auch diese mentale Anstrengung schlägt sich als Stress im Körper nieder.

Ein wichtiges Ziel der Yoga-Praxis ist es, Verspannungen und Blockaden zu lösen – dann kann körpereigene Energie wieder fließen und gebundene Kräfte werden freigesetzt. Dies führt zu mehr Ausdauer, Durchsetzungsvermögen und Mut, der zum Handeln aus eigener Kraft notwendig ist. Aus yogischer Sicht empfehlen sich in Zeiten der Veränderung alle Übungen, die besonders zur körperlichen Stressbewältigung beitragen. Um eine gute Erdung zu unterstützen, haben sich Übungen zur Dehnung des Ischiasnervs und für Füße, Knie und Hüften bewährt.

Geistige Ebene: Selbstbewusstein und Ziele entwickeln

Neben der Stressbewältigung auf körperlicher Ebene ist es in Veränderungssituationen wichtig, sich die eigenen Fähigkeiten und Stärken bewusst zu machen. An dieser Stelle kann z. B. ein klassisches Bewerbertraining oder ein Job-Coaching unterstützen. Doch häufig verengen Denkmuster und einmal gemachte Erfahrungen, die für allgemeingültig gehalten werden, unseren Blick in die Zukunft. Achtsam ausgeführte Yogaübungen und Meditationen helfen dabei,

- sich die eigenen Potenziale und Kapazitäten bewusst zu machen,
- den Horizont zu weiten und neue Ideen zuzulassen und
- der eigenen Motivation auf die Spur zu kommen.

Hieraus kann sich schließlich ein eigenes Ziel entwickeln, das Kraft für notwendige Entscheidungen freisetzt und für die Umsetzung motiviert. Wer dies in sich spürt oder gar seine Berufung findet, hat das Leuchten in den Augen und wird auch in Bewerbungsgesprächen überzeugend auftreten. Als unterstützend hat sich in dieser Zeit Yoga-Praxis bewährt, die vorrangig das 3., 4. und 6. Chakra anspricht.

Emotionale Ebene: Ängste und Sorgen loslassen

Gerade in der Konfrontation mit ungewollten Ereignissen erleben Menschen Angst vor dem Unbekannten, dem Neuen. Die in Veränderungssituationen entstehende Reibung durch Ängste, persönliche Herausforderung oder Konflikte mit anderen Menschen ermöglicht erst persönliches Wachstum. Wer jedoch in seinen Sorgen stecken bleibt, blockiert seine mentale Vorstellungskraft, die für die Zielfindung und

Neuorientierung notwendig ist. Daher ist es so wichtig, sich mit unangenehmen Gefühlen und Erlebnissen aktiv auseinanderzusetzen. In der Yoga-Meditation können diese auf psychischer Ebene verarbeitet und losgelassen werden. Der Mensch wird in die Lage versetzt, sowohl mit seinen Sorgen und inneren Konflikten zurechtzukommen als auch Konflikte mit anderen Personen zu reflektieren und anschließend problemlösend aktiv zu werden. Empfehlungen für den Umgang mit Ängsten im Rahmen des Yoga-Coachings finden sich im Kapitel »Emotionales Selbstmanagement«.

Seelische Ebene: eine Frage der Identität

Ungewollte Veränderungen, z. B. ein Arbeitsplatzverlust, oder belastende Ereignisse wie eine Erkrankung stürzen uns oft in Krisen. Sie können Anstoß geben, die bisherige Lebens- und Arbeitsweise zu hinterfragen und umzuorientieren. So bedeutet das Wort »Krise« sinngemäß Wendepunkt, bedeutsame Situation. Nicht selten begreifen Betroffene Krisen sogar als Chance: sich neu auszurichten und das zu verwirklichen, was sie schon lange tun wollten.

Die Grundsatzfragen, wie man leben oder arbeiten will, betreffen unsere Identität: Wir definieren uns selbst über einen Berufsstand, z. B. Arzt zu sein, und unsere Aufgabe innerhalb der Familie, z. B. als Ehemann, und der Gesellschaft, z. B. als Vereinsvorstand. Und wir werden von anderen, die uns kennen oder begegnen, darüber definiert. Sich selbst treu und dadurch für andere einschätzbar zu bleiben, gibt innere Sicherheit und ist eine wichtige Grundlage für psychische Gesundheit. Wenn sich hieran etwas ändert, sind wir im tiefsten Innern betroffen: Unser Selbstbild, unsere Einstellungen und Werte werden infrage gestellt und müssen gegebenenfalls neu von uns festgelegt werden.

Letztlich liegt in der Identitätsfrage, die jede bedeutsame Veränderung aufwirft, eine spirituelle Dimension. Auf Basis unseres eigenen Welt- und Selbstbildes treffen wir Entscheidungen darüber, wie wir leben wollen und womit wir uns in der Welt einbringen. Eine eigene spirituelle Praxis, z. B. mit kontinuierlichen Yoga-Übungen und Meditation wie auch Gebete und Kontemplation, geben gerade in schwierigen Lebensphasen Halt und Stabilität. Diese innere Orientierung wird umso bedeutsamer in einer Zeit, in der äußere Lebens- und Arbeitsbedingungen grundlegenden Wandlungen unterworfen sind.

4.4.2 Biografiearbeit – Vergangenheitsbewältigung

»Nur wenn wir uns erinnern, können wir vergessen.«

Wer bewusst eine Lebensphase abschließen möchte, muss notwendigerweise innehalten und zurückschauen. Dies ermöglicht es uns:

- das Gute der Vergangenheit zu würdigen, indem wir uns nochmals bewusst machen, was uns gut gelungen ist bzw. wer oder was uns geholfen hat
- sich von Dingen oder Beziehungen zu verabschieden, die wir beenden möchten, und
- all das hinter sich zu lassen, was in die Vergangenheit gehört und in der Zukunft keinen Platz mehr hat.

Manchmal geschieht es, dass wir »in der Vergangenheit hängen bleiben«. Dies passiert meistens dann, wenn Ereignisse und die damit einhergehenden Emotionen (z. B. Wut, Verletzung, Enttäuschung) nicht vollends verarbeitet worden sind und im Unterbewusstsein weiterwirken.

Dies zeigt sich daran, dass eine Person plötzlich und unerwartet von Emotionen überrollt wird oder automatische Denk- oder Verhaltensmuster in ihr ablaufen, die sie kaum durchbrechen kann, weil der Geist keine zufriedenstellenden Antworten findet. In solchen Fällen ist der Zugriff auf das Vergangene unterbrochen.

Für diesen Fall hält Kundalini-Yoga zahlreiche Möglichkeiten bereit, die vergangenen Erinnerungen, die auf der feinstofflichen Festplatte des Energiesystems ebenso gespeichert sind wie in Form der Gehirnstruktur, zugänglich zu machen bzw. sie umzuschreiben oder gar zu löschen. Ein derart angelegtes Yoga-Programm erfordert vom Yoga-Coach spezifische Kenntnisse und eine besonders achtsame Begleitung während des Coachingprozesses. Denn häufig fördert die Yoga- und Meditationspraxis die zurückliegenden, unverarbeiteten Erfahrungen in Form von emotionalen Aufwallungen, vorübergehenden physischen Beschwerden oder tatsächlichen bewussten Erinnerungen zutage. Für eine Person, die dieses – möglicherweise zum ersten Mal – erlebt, ist es sehr wichtig, die auftretenden Symptome als zum Prozess zugehörig zu begreifen, um damit sinnvoll umgehen und die Entwicklung durchschreiten zu können. Es braucht also einen Yoga-Coach, der weiß, wie in solchen Fällen vorzugehen ist, und der in der Lage ist, den Coachee entsprechend zu reflektieren und zu unterstützen.

»Wer seine Zukunft gestalten will, muss seine Vergangenheit kennen.«

Immer dann, wenn im Leben weitreichende Entscheidungen anstehen, wird unser zugrunde liegendes Wertesystem berührt. Eine Möglichkeit, darüber zu reflektieren, was uns im Kern antreibt und wirklich wichtig für uns ist, ist der Blick auf unsere familiären Wurzeln, möglichst über die eigene Generation und die unserer Eltern hinausgehend.

Dies eröffnet die Möglichkeit, in einem größeren Zusammenhang die uns prägenden Verhaltens- oder Krankheitsmuster zu erkennen ebenso wie typische Familienstrukturen und Beziehungsdynamiken. Ein Genogramm kann dabei helfen, sich selbst und die eigene Position in der Familie aus neuer Perspektive, aus anderen Augen zu sehen – es erweitert also den Horizont und liefert neue Lösungsansätze.

Dafür ist es nicht unbedingt nötig, eine aufwendige Ahnenforschung zu betreiben. Auch wer nicht die komplette Familiengeschichte kennt, kann dennoch aus den vorhandenen Daten einen Erkenntnisgewinn ziehen. Erfahrungsgemäß bietet das Genogramm einen Einstieg, später mit den Eltern oder anderen Angehörigen über die Familie ins Gespräch zu kommen und weitere Informationen zusammenzutragen. So kann das Genogramm zu einem »lebenden Produkt« werden, das mit der Zeit weitergeführt und vervollständigt wird.

Auch dieser Arbeitsansatz erfordert vom Yoga-Coach eine qualifizierte Ausbildung, da es darauf ankommt, bei der Betrachtung der Familienstruktur gezielt hilfreiche und nützliche Fragen zu stellen, die dem Coachee die in seiner Herkunft liegenden Ressourcen bewusst machen, ihm aber auch die Annäherung an unangenehme und möglicherweise offene Familienthemen erlauben.

In meiner Coachingpraxis hat es sich in solchen Fällen bewährt, dem Coachee zur Unterstützung des Auseinandersetzungsprozesses eine mental stärkende Yoga-Praxis zu empfehlen, die vorrangig das erste und das vierte Chakra anspricht. Dies ermöglicht es, eine stabile innere Orientierung aufrechtzuerhalten, gerade dann, wenn Erinnerungen aufsteigen.

Der Kundalini-Yoga kennt zudem einige spezifische Meditationen, die an den psychomentalen Aspekten des 2. Chakras arbeiten und darauf abzielen, unverarbeitete Erinnerungen bzw. Emotionen energetisch auszubalancieren. Des Weiteren gibt es Yoga-Techniken, dies es erlauben, an Energiestrukturen zu arbeiten, die aus Handlungen der Vergangenheit resultieren und im System so lange gespeichert bleiben, bis sie ausgeglichen und aufgelöst werden. Dieser Arbeitsansatz erfordert vom Yoga-Coach profunde Kenntnisse über die infrage kommenden Yoga-Übungen und Meditationen.

4.5 Chancen und Grenzen des Yoga-Coachings

4.5.1 Yoga-Coaching in Ergänzung zu herkömmlichen Therapien

»Yoga hilft immer.« Diese Überzeugung teilen viele begeisterte Yoga-Lehrende und -Schüler. Fraglich ist, ob die Aussage auch standhält, wenn Yoga zu therapeutischen Zwecken praktiziert wird.

Um diesem Ansatz auf die Spur zu kommen, ist zunächst eine Begriffsdefinition hilfreich. Das Wort *Therapie* kommt aus dem Griechischen und meint sinngemäß »den Dienst bzw. die Pflege des Kranken«. In der westlichen Schulmedizin versteht man darunter alle Maßnahmen zur Behandlung von Krankheiten, die die Heilung beschleunigen und/oder Symptome lindern und beseitigen sollen. Im Wesentlichen fokussiert dieser Ansatz darauf, die körperliche oder psychische Funktion wiederherzustellen. Die Schulmedizin ist zweifellos in der Lage, Krankheitsbilder zu diagnostizieren und gezielt zu behandeln. Es existieren zahlreiche ausgefeilte diagnostische Verfahren und Behandlungsmethoden, die gerade bei lebensbedrohlichen Erkrankungen nicht mehr wegzudenken sind. Allerdings führt dieser Ansatz dazu, dass der Betroffene zum Behandelten wird und damit eine passive Haltung gegenüber seiner eigenen Erkrankung einnimmt.

Bei chronischen Erkrankungen, von Allergien bis hin zu Rheuma, komplexen Krankheitsbildern wie z. B. multiple Sklerose oder psychomentalen Belastungen stößt die Schuldmedizin zudem an ihre Grenzen. Typisch für all diese Erkrankungen ist ihre Komplexität. Anders als ein glatter Knochenbruch werden sie von vielen Faktoren bestimmt, die miteinander im Wechselspiel stehen und die den Menschen sowie seine Umwelt als Ganzes betreffen.

Das therapeutische Verständnis im Yoga hingegen spricht den Menschen auf all seinen Ebenen zugleich an und bezieht auch relevante Umweltfaktoren mit ein. Vereinfacht ausgedrückt versteht man im Yoga Krankheiten als ein Ungleichgewicht der im Menschen wirkenden Kräfte, die es auszubalancieren und zu harmonisieren gilt. Dies erfordert die aktive Mitarbeit des Betroffenen und führt ihn letztlich dahin, für sein Wohlbefinden Sorge zu tragen und dafür eigene Verantwortung zu übernehmen. Damit wirkt Yoga über die physischen Aspekte hinausgehend auf das alltägliche Verhalten und den Lebensstil des Praktizierenden ein und stärkt seine Autonomie.

An dieser Stelle kommt einem systematisch angelegten Yoga-Coaching eine besondere Bedeutung zu: Es befähigt den Menschen dazu, die eigenen Ressourcen (wieder) zu entdecken und zu nutzen.

Dies hat erfahrungsgemäß einen wichtigen positiven Effekt und geht mit einem gewissen Erkenntnis- und Entwicklungsprozess des Erkrankten einher, der hierfür meistens ein gewisses Maß an Zeit benötigt. Damit eignet sich Yoga-Coaching allein zwar nicht zur Behandlung von akut lebensbedrohlichen Krankheiten, empfiehlt sich aber in jedem Fall als begleitende Therapie zu gängigen schulmedizinischen Behandlungsmethoden. Dies gilt insbesondere dann, wenn ein Erfolg versprechender Heilungsverlauf abhängig davon ist, dass der Erkrankte seine Lebensweise anpasst oder seine innere Einstellung verändert.

Stellt man die relativ spitz ansetzende Schulmedizin dem ganzheitlichen Ansatz des Yoga gegenüber, spricht grundsätzlich vieles dafür, dass sich die beiden Heilmethoden ergänzen können. Damit sich beide Ansätze sinnvoll miteinander verweben lassen, sind auf der einen Seite Ärzte erforderlich, die die Wirkweise des Yoga kennen bzw. akzeptieren und ihre Patienten dazu ermuntern, ihre Yoga-Praxis unter Abstimmung auf die aktuelle Situation fortzusetzen oder aufzunehmen. Auf der anderen Seite werden qualifizierte Yoga-Coaches benötigt, die in der Lage sind, individuelle, auf die Situation der Erkrankten abgestimmte Yoga-Pprogramme zu entwickeln bzw. anzuleiten, und zugleich die Grenze zur Schulmedizin wahren. Idealerweise arbeiten Ärzte und Yoga-Coaches in einem Kooperations-Netzwerk eng miteinander zusammen, um ihren gemeinsamen Patienten optimal begleiten zu können.

Viele Schulmediziner öffnen sich zunehmend unterstützenden Heilungsansätzen und sind für eine übergreifende Zusammenarbeit offen. Zweifellos ist an dieser Front noch einige Aufklärungsarbeit über die Chancen, Möglichkeiten und Grenzen des Yoga zu leisten. Unstrittig ist indes die gesundheitsfördernde Wirkweise von Yoga. Auch ist es kein Geheimnis mehr, dass die Kombination aus Bewegung, Atmung und Meditation positiv auf psychomentale Belastungsstörungen wirkt und neurologisch günstige Effekte hat.

Yoga-Coaching als Therapieersatz

Yoga-Coaching ist die Anwendung von Methoden und Techniken aus dem Yoga. Diese können mit dem Ziel ausgewählt und eingesetzt werden, auf konkrete Gesundheitsbeschwerden heilend einzuwirken und die Selbstheilungskräfte im Menschen zu aktivieren. Therapeutisches Yoga-Coaching bezieht die verschiedenen menschlichen Ebenen – Körper, Geist und Seele – gleichermaßen ein. Wichtige Grundprinzipien sind: Reinigen, Harmonisieren, Stärken.

Durch gezielt ausgewählte Körper- und Atemübungen werden Muskeln und Organe systematisch so bewegt und massiert, dass sich Ablagerungen und Schlacken aus dem Gewebe lösen und abtransportiert werden. Zugleich werden Prana und Sauerstoff verstärkt zugeführt, also regenerierende Kraft aufgebaut. Dieser Effekt kann unterstützt werden durch spezielle Ernährungsempfehlungen, die die Ausleitung fördern und so für Entlastung/Entgiftung sorgen.

Neben dem körperorientierten Ansatz werden im therapeutischen Yoga-Coaching auch energetische Aspekte berücksichtigt. Im Grundsatz gilt: Je harmonischer die Energie im menschlichen System fließt, umso gesünder ist der Mensch. Treten energetische Blockaden auf, kommt es zu Störungen auf körperlicher oder psychischer Ebene. Als Basis für die Diagnose dient das Chakrasystem. Jedem Chakra = Energiezentrum lassen sich neben bestimmten Körper- oder Organfunktionen auch psychische und emotionale Aspekte zuordnen. So erhält der Yoga-Coach erste Ansatzpunkte für die gezielte Auswahl geeigneter Yoga-Übungen, die energetische Blockaden auflösen und den Energiefluss harmonisieren.

Die energetische Betrachtung bildet zugleich die Grundlage für den ganzheitlichen Behandlungsansatz im Yoga-Coaching. Denn eine gezielte Yoga-Praxis spricht das ganze Energiesystem und damit alle Erfahrungsebenen des Menschen zugleich an.

Yoga-Coaching bezieht insbesondere einen gesundheitsorientierten Lebensstil mit ein. Aus diesem Grund ist es für einen therapeutisch tätigen Yoga-Coach wichtig, nicht nur kompetent im Umgang mit yogischem Wissen, Übungen und Methoden zu sein, sondern auch eine geeignete Kommunikation mit dem Patienten zu initiieren. Mithilfe geeigneter Fragestellungen regt er die Reflexion der bisherigen Arbeits- und Lebensweise an und erarbeitet gemeinsam mit dem Patienten umsetzbare Schritte, die über die Yoga-Praxis hinausgehen und im besten Fall den Heilungsprozess systematisch unterstützen.

Auch wenn eine Verzahnung der westlichen Schulmedizin mit den östlichen Heilungsansätzen wie dem Yoga wünschenswert ist, darf dies nicht zu einer einseitigen Anpassung zulasten des Yoga geschehen, z. B. durch Weglassen seelisch-spiritueller Aspekte. Denn Yoga führt zu einer Horizonterweiterung des tendenziell funktional ausgerichteten medizinischen Ansatzes, indem es stets den ganzen Menschen mit all seinen Erfahrungsebenen in den Blick nimmt und das herkömmliche Behandlungssystem um eben diese systemisch-universelle Komponente ergänzt. Dieses ganzheitliche Selbstverständnis darf nicht um den Preis einer vermeintlichen Anerkennung des gängigen Therapieverständnisses klein gehalten oder gar geopfert werden.

4.6 Coaching-Tools

Abschließend stelle ich vier Coaching-Instrumente vor, mit denen ich viele nützliche Erfahrungen gesammelt habe und die den Einstieg in die Yoga-Coaching-Praxis erleichtern.

4.6.1 Fragen zur Auftragsklärung

Wie im Einführungsteil bereits ausführlich erläutert wurde, dient die Auftragsklärung dazu, dass Yoga-Coach und Coachee ein gemeinsames Verständnis darüber erzielen, für welche Themen in dem Coaching-Prozess Lösungen gefunden werden sollen. Nachstehend sind die Vorgehensweise zu Beginn des Coachings und eine beispielhafte Auswahl von hilfreichen Frageformen dargestellt:

Wann im Coaching-Prozess?
Fragen zur Auftragsklärung sind immer relevant, und zwar

- am Anfang eines Coachings
- und dann immer wieder zu Beginn jedes einzelnen Termins, als Rückkopplung auf das ursprünglich vereinbarte Coachingziel.

Wie?
Die Fragen können in unterschiedlicher Form Eingang in die Kommunikation finden:

- Telefonisch vorab, z. B. im Rahmen einer Anfrage und Terminanfrage.
- Per Mail vorab quasi als »Coaching vor dem Coaching«, um bereits vor dem ersten Termin die Reflexion des Coachees über seine Problemstellung anzuregen.
- Im persönlichen Gespräch zu Beginn des ersten Zusammentreffens von Yoga-Coach und Coachee.

Was sind die Fragen?

Erstgespräch:
- Anlass: Was führt Sie her?
  - Was führt Sie her? Gab es einen konkreten Auslöser?
  - Warum gerade jetzt?
- Anliegen: Was möchten Sie hier?
  Ziel: Der Coachee betrachtet sich als Eigner des Problems.
  - Was ist das Problem? Bei mehreren: Welches ist das wichtigste?
  - Was vermuten Sie, woran es liegt?
  - Was haben Sie bisher versucht?
  - Was sollte hier passieren?
  - Was wäre das Schlimmste, was passieren kann?
- Auftrag: Was wollen Sie dabei von mir?
  - Was soll heute hier passieren?
  - Unter welchen Bedingungen sagen Sie am Ende der Sitzung: Das hat sich gelohnt?

    - Wer sonst aus dem Problemsystem möchte etwas von mir – und was genau? Möchten Sie das auch? Wie gehen wir mit einer evtl. Diskrepanz um?
- Kontrakt: Was biete ich an?
    - Ich habe Folgendes verstanden (Zusammenfassung).
    - Abgrenzung: Das kann ich leisten/das kann ich nicht leisten!
    - Angebot: Das kann ich Ihnen anbieten (Beispiele):
        - Verstehen, was das Problem bedeutet
        - Mit Ihnen gemeinsam nach Lösungen suchen
        - Sie dabei fachlich und persönlich unterstützen
        - Dabei brauche ich Ihre Hilfe und Ideen (→ Kooperationsbeziehung)
        - Ankündigung von verschiedenen Stadien – auch Turbulenzen; Wertschätzung für Nichtänderung
        - Äußerer Rahmen: Anzahl Sitzungen, Frequenz, Ort, Preis und Rechnungstellung

Auftragsklärung für Folgegespräch:

- Was ist passiert seit dem letzten Mal?
- Was hat sich verändert?
- Worauf führen Sie das zurück?
- War es bisher ein guter Weg? Sind Sie zufrieden?
- Bin ich zufrieden?
- Neue Wünsche, Ideen, Kontraktmodifizierungen

4.6.2 Das strukturierte Zielbild

Das Zielbild kann bereits im Rahmen der Auftragsklärung angelegt werden, um wesentliche Absprachen festzuhalten, z. B. das Coaching-Ziel selbst, Zeithorizont, wichtige Rahmenbedingungen.

Damit wird es quasi zu einer schriftlich festgehaltenen Vereinbarung zwischen Coach und Coachee, auf die im Coaching-Verlauf immer wieder Bezug genommen werden kann.

Zugleich ist das Zielbild ein Werkzeug: es wird dem Coachee mitgegeben. So kann er es zu Hause sichtbar aufhängen, um sich seines Vorhabens bewusst zu bleiben und es bis zum nächsten Coaching-Termin gegebenenfalls um wichtige Aspekte ergänzen. Diese bieten gute An-

Vorlage für ein Zielbild

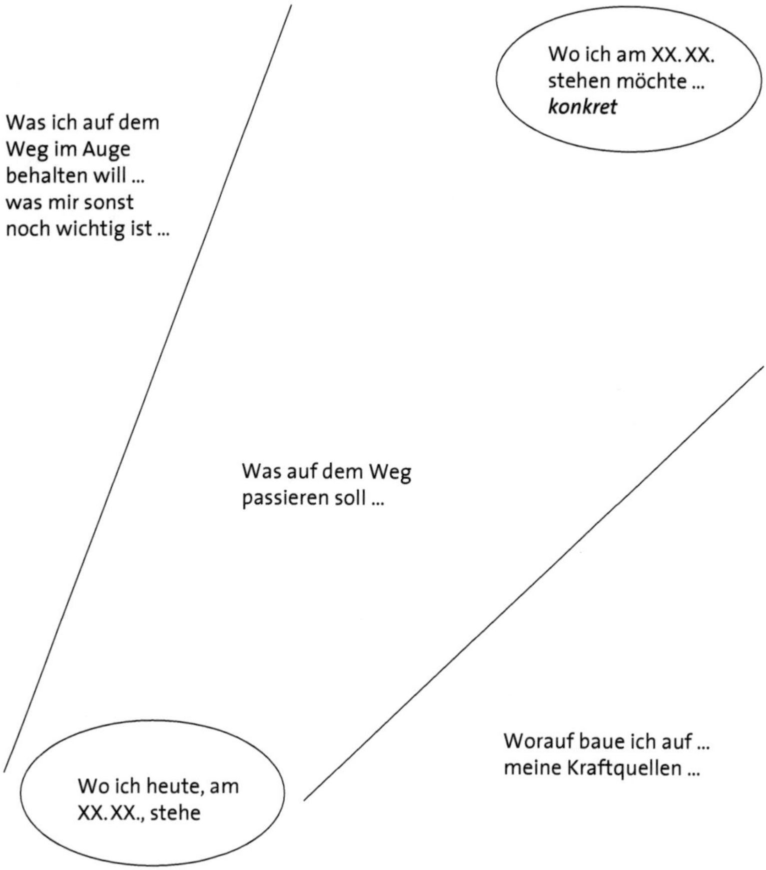

knüpfungspunkte für das nächste Coaching i.S.v. »Was ist seit dem letzten Mal passiert?«

Anders als bei einer Symbolisationsübung (z.B. nach einer Fantasiereise) hat das Zielbild Struktur. Wesentliche Bestandteile sind:

- die Zeitschiene, d.h. die gesamte Dauer des Coachings bzw. bis zur angestrebten Zielerreichung.
- das konkret ausformulierte Coaching-/Entwicklungsziel.
- Ressourcen und Kraftquellen, auf die der Coachee zurückgreifen kann.

- Dinge/Umstände/Menschen, die für den Coachee von Bedeutung sind.
- Vorgehensweise, konkrete Schritte bzw. Meilensteine.

Erfahrungsgemäß entfaltet ein Zielbild eine eigene Energie: Die Ideen und Vorstellungskraft werden gebündelt in Form gegossen und materialisiert (Metapher: Die geistige Energie wird in die Welt/zu Papier gebracht – it brings heavens to earth!).

Eine hohe Identifikation entsteht, wenn der Coachee dieses Bild selbst mitgestaltet.

Der Coach kann im Verlauf immer wieder auf das Zielbild Bezug nehmen und damit auch den Faden mit Blick auf das vereinbarte Ziel in der Hand behalten. Das gibt sowohl dem Coachee als auch dem Coach Orientierung und bietet eine gute Entscheidungsgrundlage, wenn der Coachee in der Gefahr ist, sich auf Nebenschauplätzen zu verlieren.

4.6.3 Abschlussintervention

Am Ende eines jedes Coaching-Termins kommt der sogenannten Abschlussintervention eine wichtige Bedeutung zu, da sie sicherstellt, dass die im Rahmen des Coachings erarbeiteten Erkenntnisse in die Lebenspraxis des Coachees überführt werden und damit die angestrebte Veränderung erreicht bzw. verfolgt wird.

Mögliche Aufgabenstellungen

1. Mehr desselben tun

Der Klient soll mehr von dem Verhalten zeigen, das er eigentlich ändern möchte. (Unterstellt wird dabei, dass jedes Verhalten neben Nachteilen auch Vorteile hat!) Dem Klienten wird durch diesen »absurden« Rat deutlich, dass er Verhaltensoptionen hat, dass er sein Verhalten steuern und damit auch ändern kann.

2. Etwas unterlassen

Der Klient bekommt den Auftrag, das Verhalten, das tragend für ein bestimmtes problematisches Muster war, zu unterlassen. Ziel der Intervention: Musterunterbrechung.

3. Etwas Neues ausprobieren
Der Klient bekommt die Empfehlung, ein neues, bisher noch nicht ausprobiertes Verhalten zu zeigen.

4. Hausaufgaben, z. B. bestimmte Informationen einholen, Themen recherchieren, den Kontakt zu einer bestimmten Person aufnehmen, einen Lebenslauf zusammenstellen, ein Genogramm anfertigen usw.

5. Abschlussintervention im Yoga-Coaching
Um den Coaching-Prozess zu unterstützen, die Selbstheilungskräfte zu aktivieren und Verhaltens- und Denkmuster zu durchbrechen, stellt der Yoga-Coach ein gezielt ausgewähltes Übungs- und/oder Meditationsprogramm zusammen. Dabei berücksichtigt er sowohl die Konstitution als auch die organisatorischen und zeitlichen Möglichkeiten des Coachees. Dieser übt das Programm dann – idealerweise täglich – über einen längeren Zeitraum hinweg aus. Empfohlen wird eine 40-, 90- oder 120-tägige Praxis.

4.6.4 Neutralitäts-Check für Yoga-Coaches

Coaching hat zum Ziel, den Coachee beim Finden eigener Antworten oder Lösungen zu unterstützen. D. h., der Coachee ist NICHT in eine bestimmte Richtung zu drängen oder zu beraten, sondern beim Erarbeiten der für ihn selbst besten Lösung zu begleiten. Die nachfolgenden Fragen dienen der Selbstreflexion des Coachs, um festzustellen, inwieweit seine neutrale Grundhaltung im Coaching eingehalten wird. Diesen Fragen nachzugehen, ist besonders empfehlenswert

- in komplexen und/oder für den Coach herausfordernden Coaching-Situationen,
- immer dann, wenn der Coach
  - ein merkwürdiges Bauchgefühl hat,
  - unsicher hinsichtlich der weiteren Vorgehensweise ist,
  - der Coachingprozess schwergängig verläuft,
  - persönlich (mental/emotional) durch das Thema berührt ist,
- bei Coachings, in denen scheinbar überraschend schnell einfache Lösungen gefunden werden.

Personen-Neutralität

*d. h., Coach nimmt **nicht** Stellung für oder gegen eine bestimmte Person/ Partei*

- Wen mag ich lieber? Wessen Position kann ich besser nachvollziehen?
- Wer ist mir unsympathisch? Wessen Meinung/Verhalten lehne ich ab?
- Wer erscheint mir emotional unzulänglich?
- Übersehe ich jemand?
- Spreche ich jemand mehr Einfluss zu?

Problem-Neutralität

d. h., Coach sieht den positiven und negativen Aspekt eines Problems gleichermaßen

- Sehe ich nur die negativen Seiten eines Problems?
- Lege ich mich auf eine reine Defizit-Sicht fest?
- Neige ich dazu, das Problem klein- oder schönzureden?
- Kann ich den Sinn/die Funktion des Problems erkennen?

Veränderungs-Neutralität

Veränderung und Nicht-Veränderung von Verhalten sind gleichwertig

- Finde ich, dass sich dringend etwas ändern muss?
- Ärgere ich mich darüber, dass alles stagniert?
- Ergreife ich Partei für die Seite, die auf Veränderung drängt?
- Widerspricht die Situation des Coachees meinen Wertvorstellungen?

System-Neutralität

alle geäußerten Begriffe, Erklärungen und Bewertungen gelten gleich viel

- Finde ich bestimmte Begriffe unpassend oder störend?
- Finde ich eine Problemerklärung besonders einleuchtend?
- Spüre ich das Bedürfnis, die Ausdrucksweise des Coachees zu korrigieren?

Anhang

Anmerkungen und zitierte Literatur

1 Patanjali, Die Wurzeln des Yoga, O. W. Barth Verlag, München 2012, S. 21

2 KRI, The Aquarian Teacher™, Kapitel 5, S. 66

3 Yogi Bhajan, Perlen der Wahrheit, Yantra Verlagsgesellschaft mbH, Wien, S. 69

4 KRI, The Aquarian Teacher™, Kapitel 6, S. 81

5 KRI, The Aquarian Teacher™, Kapitel 22, S. 346

6 KRI, The Aquarian Teacher™, Kapitel 22, S. 346

7 KRI, The Aquarian Teacher™, Kapitel 22, S. 353

8 KRI, The Aquarian Teacher™, Kapitel 9, S. 132

9 KRI, The Aquarian Teacher™, Kapitel 9, S. 139

10 KRI, The Aquarian Teacher™, Kapitel 8, S. 118

11 KRI, The Aquarian Teacher™, Kapitel 7, S. 86

12 KRI, The Aquarian Teacher™, Kapitel 11, S. 176

13 KRI, The Aquarian Teacher™, Kapitel 9, S. 132

14 Wissenschaftliches Institut der AOK, veröffentlicht in der Hannoverschen Allgemeinen Zeitung am 17. 8. 2012

15 Mukesh D. Jain und Hedwig H. Hepp, *Yoga als adjuvante Therapie,* Hippokrates Verlag/Kundalini Research Institut 1998

16 Arist von Schlippe und Jochen Schweitzer, *Lehrbuch der systemischen Therapie und Beratung,* Vandenhoeck & Ruprecht 2002, S. 86

17 Arist von Schlippe und Jochen Schweitzer, *Lehrbuch der systemischen Therapie und Beratung,* Vandenhoeck & Ruprecht 2002, S. 87

18 Arist von Schlippe und Jochen Schweitzer, *Lehrbuch der systemischen Therapie und Beratung,* Vandenhoeck & Ruprecht 2002, S. 87

19 Arist von Schlippe und Jochen Schweitzer, *Lehrbuch der systemischen Therapie und Beratung,* Vandenhoeck & Ruprecht 2002, S. 88

20 Hans Rudi Fischer, ZSFB Heidelberg, Aufbaukurs systemische Beratung 2010

21 Michael Mary, *Das Leben lässt fragen, wo Du bleibst,* Verlagsgruppe Lübbe

22 Arist von Schlippe und Jochen Schweitzer, *Lehrbuch der systemischen Therapie und Beratung,* Vandenhoeck & Ruprecht 2002, S. 103
23 Hans Rudi Fischer und Arnold Retzer, ZSFB Heidelberg, Aufbaukurs systemische Beratung 2003
24 George Lakoff und Mark Johnson, *Leben in Metaphern,* Carl-Auer-Systeme-Verlag, S. 138
25 Arist von Schlippe und Jochen Schweitzer, *Lehrbuch der systemischen Therapie und Beratung,* Vandenhoeck & Ruprecht 2002, S. 98
26 Demenz Support Stuttgart, *Bewegung und Demenz,* 2/2008
27 Ulrich Ott, *Meditation für Skeptiker,* O.W. Barth Verlag, 2010
28 KRI, The Aquarian Teacher™, *Die Wurzeln des Kundalini-Yoga,* Kapitel 2, S. 26
29 Ulrike Reiche, *Kundalini-Yoga,* O. W. Barth Verlag, 2012, in Anlehnung an Tabelle auf S. 255/256
30 Ulrike Reiche, *Kundalini-Yoga,* O. W. Barth Verlag, S. 23 ff.
31 Karin Brucker, *Die Urkraft Kundalini,* S. 187 ff., O. W. Barth Verlag, München 2010, S. 187 ff.
32 KRI, The Aquarian Teacher™, *Die Wurzeln des Kundalini-Yoga,* Kapitel 2, S. 26
33 Quelle: Spiegel 14/2010 »Wutgetränkte Apathie«, ein Interview mit dem Soziologen Wilhelm Heitmeyer http://www.spiegel.de/spiegel/print/d-69821798.html

Literaturempfehlungen

Lehrbuch der systemischen Therapie und Beratung
Arist von Schlippe und Jochen Schweitzer, Vandenhoeck & Ruprecht 2002
Grundlagenwerk zum systemischen Arbeitsansatz, das die Geschichte und Entwicklung und die theoretische Basis verknüpft mit der praktischen Umsetzung in der systemischen Beratung.

Kundalini-Yoga – Mit der universalen Lebenskraft zum Wahren Selbst
Ulrike Reiche, O.W. Barth Verlag, München 2012
Kundalini-Yoga umfasst Körper- und Atemübungen sowie Mantra & Meditation. Damit lässt sich der Energiefluss gezielt aktivieren und erlaubt es dem Menschen, sich seelisch und geistig schneller und effektiver zu entwickeln. Das Mul-Mantra dient als Kompass auf diesem spirituellen Weg. Im Buch wird das System der Energiekörper und seine Verbindung mit den Chakren detailliert beschrieben. Empfehlungen für die Yoga-Praxis sowie Reflexionsfragen unterstützen das persönliche Wachstum. Yoga-LehrerInnen finden Anregungen für den Unterricht und ein exemplarisches Kursprogramm.

Das Kundalini-Yoga-Handbuch
Satya Singh, Ullstein Verlag, Berlin 2004
Das Buch empfiehlt sich für alle, die eine Einführung zum Kundalini-Yoga suchen. Neben einer gut verständlichen Einleitung zur yogischen Philosophie werden in anschaulicher Weise die Wirkungen von Übungsreihen auf den Organismus dargestellt und mit dem Meridiansystem sowie mit Lebensthemen verknüpft.

Kundalini-Yoga – Harmonie für Körper und Seele durch die Chakra-Energien
Anand Kaur Seitz, Rowohlt Verlag, Reinbek 1999
Die Autorin erklärt die acht Energiezentren und ihre Funktion auf umfangreiche und verständliche Weise. Die vorgeschlagenen Übungsreihen und Meditationen sind bebildert, die Worterklärungen sehr hilfreich.

Informationen im Internet

www.kundaliniresearchinstitute.org
Online-Auftritt der von Yogi Bhajan gegründeten Non-Profit-Organisation, die mit der Verbreitung seiner Lehren sowie der Zertifizierung der Ausbilder beauftragt ist. Auf der Homepage finden sich umfangreiche Hintergrundinformationen über Kundalini-Yoga und Links zu Ausbildungsinstituten in aller Welt.

www.3HO.de
Homepage von 3HO Deutschland e.V., des deutschen Verbandes von Kundalini-Yoga-LehrerInnen, u.a. Adressliste von Yoga-Lehrern in ganz Deutschland, Aus- und Fortbildungsangebote, Informationen und Veranstaltungstermine.

www.shuniya.de und www.yoginisgrace.de
Internetauftritt meiner Yoga-Lehrer Atma Kaur und Atma Singh Ahlers. KRI-zertifizierte Yoga-Lehrer-Ausbildungen sowie Fortbildungen, Meditations-Retreats.

Zur Autorin

In meiner Tätigkeit als Yoga-Lehrerin und Coach fließen die systemische Vorgehensweise und die Yoga-Praxis zusammen. Diesen Arbeitsansatz vermittele ich in Yoga-Workshops, Seminaren und berufsbezogenen Fortbildungen und natürlich in Einzelcoachings, die sich gleichermaßen an Yoga-Laien, qualifizierte Yoga-Lehrer sowie an professionelle Coaches, Trainer und Therapeuten wenden. Ich freue mich über eine Kontaktaufnahme!

E-Mail: kontakt@ulrikereiche.de
Homepage: www.ulrikereiche.de

Glossar

Asana

Eine bestimmte Körperhaltung bzw. Yoga-Position. Sie wird als Übung verwendet, um Muskelgruppen gezielt anzusprechen. Des Weiteren wirkt eine Körperhaltung immer auch auf bestimmte Punkte oder Bereiche, die als Reflexauslöser die Funktion der Drüsen und Organe stärken. Gleichermaßen kann die Asana einen gewissen Druck auf Körperpartien ausüben, dadurch den Blutkreislauf lenken oder anregen.

Atheist

Ein Mensch, der davon überzeugt ist, dass es keinen Gott bzw. keine Götter gibt.

Ayurveda

Der Ayurveda ist eine rund 5000 Jahre alte, traditionelle indische Heilslehre, die wörtlich übersetzt so viel wie Lebensweisheit oder Lebenswissenschaft bedeutet. Ayurveda betrachtet alle wichtigen physischen, mentalen, emotionalen und spirituellen Aspekte in Bezug auf die menschliche Gesundheit. Es gibt zwischen der yogischen Philosophie und den Grundsätzen des Ayurveda viele Schnittmengen, wenngleich beides eigenständige Systeme sind.

Chakra

Das Wort *Chakra* bedeutet sinngemäß Rad, Wirbel oder Lichtrad. Die Chakras werden als feinstoffliche Energiezentren beschrieben, die den physischen Körper permanent mit Energien der unterschiedlichsten Frequenz und Qualität versorgen. Diese verschiedenen Kräfte werden von den Chakras angezogen, umgewandelt und auch wieder abgegeben. Über die Chakras stehen wir energetisch ständig in Kontakt mit unserer Umwelt.

Dharma

Ein Dharma ist eine an den ethisch-spirituellen Werten ausgerichtete Lebensweise einer Person. Im Dharma zu leben, bedeutet, aus der Ebene des Herzens zu handeln, also stets im Einklang mit sich und der Welt im übergeordneten Sinne zu sein.

Hatha Yoga
Der Hatha Yoga hat die Meisterschaft über die physischen und energetischen Polaritäten zum Ziel. Im Wesentlichen umfasst er die körperorientierten Praktiken wie Asanas, Pranayama und Tiefenentspannungstechniken.

Hypothese
Eine Hypothese ist eine vorläufige, im weiteren Verlauf zu überprüfende Annahme über das, was ist. In der systemischen Arbeit geht es weniger darum, eine zutreffende Hypothese zu finden, sondern über mehrere nützliche Hypothesen zu neuen Sichtweisen zu gelangen und neue Möglichkeiten zu erkennen.

Karma
Prinzip von Ursache und Wirkung von Handlungen. Karma berücksichtigt die Konsequenzen, die aus einer Handlung resultieren, und fordert den Menschen auf, dafür einzustehen und sich entsprechend zu verantworten.

Kriya
Eine Kriya im Yoga ist eine Abfolge von Haltungen, bewusster Atemführung und Klang, die eine Einheit bilden, um einen bestimmten Effekt möglich zu machen.

Kundalini
Die Bezeichnung *Kundalini* beschreibt die schöpferischen Aspekte des universellen Kraftstroms. Alles, was existiert, ist Ausdruck der Kundalini und wird von Prana genährt. Prana bekommt erst im Zusammenwirken mit Kundalini eine Zielrichtung. Immer dann, wenn etwas seine Form verändert oder verliert, also von einem Zustand in einen anderen übergeht, ist die Kundalini als der ursprüngliche kreative Aspekt der Natur daran beteiligt.

Kundalini-Yoga
Yoga der Energie. Kundalini-Yoga beruht auf dem Energiesystem mit seinen Chakras (Energiezentren) und Nadis (Energiekanälen). Kundalini-Yoga beinhaltet Praktiken, die Prana erhöhend wirken und die Chakras harmonisieren und öffnen. Eine regelmäßige Praxis führt im

Laufe der Zeit zur Erweiterung des Bewusstseins und Entfaltung des menschlichen Potenzials. Kundalini-Yoga, wie er von Yogi Bhajan gelehrt wurde, ist eine spezielle Form des Kundalini-Yogas, die die wesentlichen Yoga-Wege miteinander vereint.

Mantra
Ein Mantra ist ein Meditationswort. MAN bedeutet Geist, TRA bedeutet Projektion/Richtung. Es fungiert als ein Instrument, mit dem der Yoga-Praktizierende seinen Geist ausrichten und seinen emotionalen und geistigen Zustand verändern kann – ein akustisches Hilfsmittel zur Lenkung der Aufmerksamkeit und ein energetisches Mittel zur Lenkung des Energieflusses mithilfe des Klangstroms.

Metapher
Das Wort *Metapher* kommt aus dem Griechischen und bedeutet wörtlich »Übertragung«. Mithilfe einer Metapher »übertragen, übersetzen, transportieren« wir ein Wort in eine andere Bedeutung, die jedoch dem ursprünglichen Wortsinn noch ähnlich ist.

Mudra
Eine Mudra ist eine spezifische Hand- und Fingerhaltung. Sie aktiviert bestimmte Reflexzonen und hat über die Nervenbahnen eine Rückwirkung auf das Gehirn. Unter energetischen Gesichtspunkten lenkt und versiegelt sie den Energiestrom, der durch die Yoga-Praxis aktiviert wurde.

Nyamas
5fache tägliche Disziplin, die folgende Aspekte umfasst:
Reinigung und Eifer *(Tapas)*: Entschlossenheit, Bereitschaft zur Disziplin.
Studium *(Svadhyaya)*: Betrachtung, Meditation, Wissenserweiterung.
Reinheit *(Saugha)*: Ausgewogenheit von Geist, Gedanken, Sprache. Reinheit des Körpers.
Zufriedenheit *(Santosha)*: Dankbarkeit, Akzeptanz, Gelassenheit.
Hingabe und Ergebenheit *(Ishvara Pranidhana)*: Glaube, sich in den Dienst stellen.

Patanjali
war ein indischer Gelehrter, der wahrscheinlich im 4./5. Jahrhundert lebte und als Verfasser der Yoga-Sutren, den Leitlinien des Yoga, bekannt ist.

Prana
Prana ist die Ur-Ressource, aus der jedwede Existenz hervorgeht. Doch Prana an sich ist keine gestaltende Kraft, sondern lediglich eine latent vorhandene Energie, die einen Handlungs- bzw. Schöpfungsimpuls braucht, damit sich etwas durch sie materialisieren kann.

Pranayama
Bewusste Atemführung, aber auch Energiemanagement. Die Palette von Pranayama-Techniken nutzt den jeweiligen Atemrhythmus und die Atemtiefe, um verschiedene Energiezustände in Bezug auf Gesundheit, Bewusstsein und Emotion hervorzubringen und zu lenken.

Pratyahara
Rückzug der Sinne: das Kanalisieren der Gefühle durch die Beherrschung der Gedanken und Sinnesorgane.

Rapport
französisch für Verbindung, Beziehung: eine vertrauensvolle, von wechselseitiger empathischer Aufmerksamkeit getragene Beziehung herstellen

Resilienz
Der Begriff stammt aus dem Lateinischen *resilire* und bedeutet so viel wie zurückspringen, abprallen. Resilienz ist ein Synonym für Widerstandsfähigkeit, Belastbarkeit. Sie beschreibt die Stresstoleranz eines Menschen gegenüber von innen oder von außen kommenden Störungen. Ein resilienter Mensch kann Irritationen ausgleichen oder ertragen bei gleichzeitiger Aufrechterhaltung der Identität.

Sat Nam Rasayan®
Meditative Heiltechnik aus der Tradition des Kundalini-Yoga. Es trainiert Ihre Fähigkeit, Veränderungen im elektromagnetischen Feld wahrzunehmen und heilend damit zu arbeiten.

Self-Coaching
Beschreibt den Umstand bzw. die Fähigkeit, die eigene Entwicklung gezielt und systematisch voranzutreiben, ohne dass ein Coach oder anderer Berater hinzugezogen wird.

Sikhismus
Eine im 15. Jahrhundert entstandene Religion mit heute weltweit rund 23 Millionen Anhängern. Wesentliche Aspekte der Sikh-Religion sind die Betonung der Einheit der Schöpfung, die Abkehr von »Aberglauben«, traditionellen religiösen Riten und sozialer Hierarchisierung nach Religion, Herkunft und Geschlecht. Zentrales Ziel ist es, die religiöse Weisheit für den Alltag nutzbar zu machen.

Spiritualität
Die durch seinen Glauben grundgelegte und seine konkreten Lebensbedingungen ausgeformte geistig-geistliche Orientierung und Lebenspraxis eines Menschen.

Sushumna
Der mittlere, feinstoffliche Energiehauptkanal inmitten der Wirbelsäule, dem alle Chakren entspringen und durch den die Kundalini-Energie fließt.

Tantra
Unter Tantra versteht man yogische Techniken, die darauf abzielen, das Unterbewusstsein zu entlasten und die geistige Dimension bewusst zu erfassen bzw. zu erfahren. Es wird unterschieden zwischen weißem Tantra, das auf Meditation beruht, rotem Tantra, das auf eine bewusst erfahrene Sexualität abzielt und schwarzem Tantra, das die Energie lenkt, um einen anderen Menschen zu manipulieren.